会社法
実務問答集 Ⅰ 上

大阪株式懇談会 編
前田雅弘 著
北村雅史 著

商事法務

はしがき

　大阪株式懇談会の法規研究分科会は、実務家が会社法制上の諸問題について設問を提示し、それに対してわれわれ研究者が解説を行うという形で実施され、その設問および解説は、大阪株式懇談会の『会報』に掲載されている。本書は、同会報の平成19年1月号から平成21年12月号に掲載された設問・解説をとりまとめたものである。同会報掲載時から現在まで10年近くが経過し、その間、平成26年には会社法改正が実現したことから、この機会に、できるだけ当時の問題意識を活かしつつ、現行法に合うよう内容の見直しを行った。

　本書は、第1章「株主総会における諸問題」と第2章「株主総会以外に関する諸問題」とから構成されているが、第2章で扱う各テーマの設問・解説の中には、第1章で扱う株主総会に関連する問題も含んでいる。これらの問題は、第2章の各テーマのもとで一連の問題としてとりあげるほうが有意義であると考えたからである。

　前記法規研究分科会は、50年余の伝統を有し、過去には、河本一郎先生、森本滋先生が講師を務められ、平成18年1月からは前田がこれを引き継ぎ、平成19年2月からは北村がこれに加わって現在に至っている。設問は、企業法務の第一線で活躍中の実務家によって「生の素材」をもとに作成されたものであり、これに向き合うことは、大学で会社法制について研究・教育に従事しているわれわれ研究者にとって、法制度・理論が実務の場でどのように適用されるかを学ぶ貴重な機会となっている。

　本書の解説は、多くの先学の教えに負うところが大きい。本書の性格上、文献の引用は最小限度にとどめているが、この場を借りて深く感謝の意を表したい。

　本書の刊行にあたっては、宮﨑浩行委員長をはじめ、大阪株式懇談会の委員の皆様方に大変お世話になった。とりわけ、木村敢二副委員長には、各回の法規研究分科会で扱われた設問・解説を本書の体系に合わせて分解・整序してい

はしがき

ただいたほか、内容面においても多くの貴重なご助言をいただいた。また、商事法務書籍出版部の小山秀之氏には、刊行に際し多大のご配慮をいただいた。心よりお礼申し上げたい。

平成29年1月

前田　雅弘
北村　雅史

刊行にあたって

　大阪株式懇談会は、昭和14年に株式法務・実務の研究会として結成した「株式事務懇談会」を母体として、太平洋戦争の混乱期を挟み、昭和22年に発足しました。本年は、その発足の年から数え70年の節目にあたります。結成時、わずか21社であった会員会社数は、現在410社あまりに拡大しています。

　当会では、株式・株主総会の業務に関連する法令解釈や実務の調査・研究等のほか、会員会社相互の情報交換と交流を図るため、6つの部会、3つの分科会（法規研究・株式実務・証券情報）、講習部、会報部、研究部等を運営しています（後記「大阪株式懇談会の概要」参照）。いずれも、当会にとって、活動の充実化を図る上で欠かせないものですが、とりわけ、昭和39年に開始され今日まで続く法規研究分科会は、実務家が抱える会社法制に関する諸問題に対し、時期ごとの順に、河本一郎・森本滋・前田雅弘・北村雅史の高名な先生方にご解説をいただいてきた場であり、当会にとって珠玉ともいうべき活動です。

　そこで、創立70周年を迎えるにあたり、会社法施行（平成18年）後の法規研究分科会の活動に焦点を当てた文献の制作を企図しました。その方針として、平成19年1月以後の当会の『会報』に掲載された「法規問答集」の内容を現行法に則したアップ・ツー・デートなものとする一方、「設問」についても、できるかぎり当時の問題意識を損なわないよう配慮した形で置くこととしました。こうした観点を踏まえ、前田雅弘先生、北村雅史先生には、過去の「法規問答集」について、改めて解説の再考をお願いすることとなり、多大なご尽力を賜りました。このように勝手なお願いをご快諾いただき、両先生には深くお礼申しあげます。

　本書は、『会報』・平成19年1月号から平成21年12月号に掲載された「法規問答集」をとりまとめましたが、それ以後の続編につきましても、本書の趣旨を活かしつつ、刊行していく所存です。本書が、会員会社の方々はもちろん、広く株式・株主総会に係る研究者・実務家の方々に利用されることを願ってやみ

刊行にあたって

ません。
　最後に、これまで幾世代にも亘り当会を支えてくださった先生方をはじめ先輩諸氏に、この場を借りて厚くお礼申しあげます。また、本書の刊行にあたっては、株式会社商事法務の小山秀之氏に格別のご配慮をいただきました。心より感謝の意を表します。

　平成29年1月

大阪株式懇談会
委員長　宮﨑　浩行

大阪株式懇談会の概要

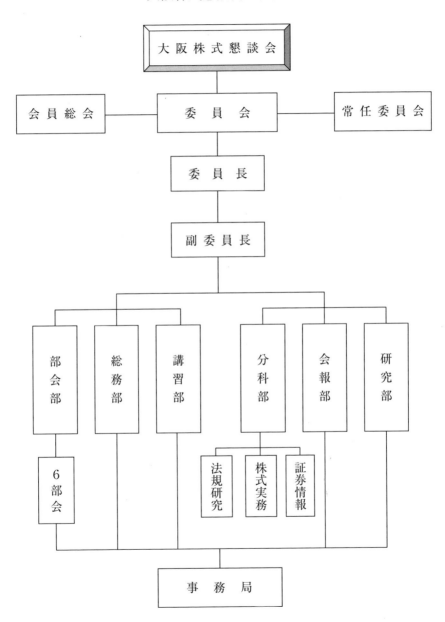

著者紹介

□**前田雅弘**（まえだ・まさひろ）
　　1982年　　京都大学法学部卒業
　　現　在　　京都大学大学院法学研究科教授
【主要著作】
「取締役の自己取引――商法265条の適用範囲の再検討――」森本滋ほか編『企業の健全性確保と取締役の責任』（共編著、有斐閣、1997年）
『会社法1・2（第5版）』（共著、有斐閣、2005年）
「発行可能株式総数の定めと株主保護」森本滋先生還暦記念『企業法の課題と展望』（共編著、商事法務、2009年）
「監査役会と三委員会と監査・監督委員会」江頭憲治郎編『株式会社法大系』（有斐閣、2013年）

□**北村雅史**（きたむら・まさし）
　　1983年　　京都大学法学部卒業
　　現　在　　京都大学大学院法学研究科教授
【主要著作】
『取締役の競業避止義務』（有斐閣、2000年）
「競業取引・利益相反取引と取締役の任務懈怠責任」森本滋先生還暦記念『企業法の課題と展望』（共編著、商事法務、2009年）
「コーポレート・ガバナンスと会社法改正の動向」藤田勝利先生古稀記念『グローバル化の中の会社法改正』（共編著、法律文化社、2014年）
『現代会社法入門（第4版）』（共著、有斐閣、2015年）

凡　例

1　法令等

　正式名称のほか、以下の略語を用いる。

会社法整備法	会社法の施行に伴う関係法律の整備等に関する法律（平成17年7月26日法律第87号）
施行規則	会社法施行規則（平成18年2月7日法務省令12号）
計算規則	会社計算規則（平成18年2月7日法務省令13号）
金商法	金融商品取引法（昭和23年4月13日法律第25号）
金商法施行令	金融商品取引法施行令（昭和40年9月30日政令第321号）
定義府令	金融商品取引法第二条に規定する定義に関する内閣府令（平成5年3月3日大蔵省令第14号）
開示府令	企業内容等の開示に関する内閣府令（昭和48年1月30日大蔵省令第5号）
委任状勧誘府令	上場株式の議決権の代理行使の勧誘に関する内閣府令（平成15年3月28日内閣府令第21号）
取引規制府令	有価証券の取引等の規制に関する内閣府令（平成19年8月8日内閣府令第59号）
内部統制府令	財務計算に関する書類その他の情報の適正性を確保するための体制に関する内閣府令（平成19年8月10日内閣府令第62号）
振替法	社債、株式等の振替に関する法律（平成13年6月27日法律第75号）
振替法施行令	社債、株式等の振替に関する法律施行令（平成14年12月6日政令第362号）
振替命令	社債、株式等の振替に関する命令（平成14年12月6日内閣府、法務省令第5号）

凡例

平成16年株券等決済合理化法	株式等の取引に係る決済の合理化を図るための社債等の振替に関する法律等の一部を改正する法律（平成16年6月9日法律第88号）
旧商法	平成17年7月26日法律第87号による改正前の商法（明治32年3月9日法律第48号）
商法特例法	株式会社の監査等に関する商法の特例に関する法律（昭和49年4月2日法律第22号）
旧保振法	株券等の保管及び振替に関する法律（昭和59年5月15日法律第30号）
上場規程	東京証券取引所有価証券上場規程
保振業務規程	株式等の振替に関する業務規程

2　判例等

　判例、判例集等については、以下のとおり表記する。

最判昭和30年10月20日民集9巻11号1657頁
　　　最高裁昭和30年10月20日判決最高裁判所民事判例集9巻11号1657頁

民集	最高裁判所民事判例集
下民集	下級裁判所民事判例集
判時	判例時報
判タ	判例タイムズ
金判	金融・商事判例
商事法務	旬刊商事法務

目　次

はしがき／i
刊行にあたって／iii
大阪株式懇談会の概要／v
著者紹介／vi
凡例／vii

第1章　株主総会における諸問題

第1節　事業報告等 ………………………………………………… 2

1. 企業集団の現況に関する事項の記載方法（会社法施行規則120条2項）／2
2. 他の会社の株式等の取得に関する記載基準／4
3. 会社法施行前に発行されたストック・オプションに関する記載／5
4. 期中の役員の地位および担当の異動／6
5. 役員の記載に関する重要性基準／7
6. 附属明細書の会社役員についての兼職の状況の明細／9
7. 監査役の財務および会計に関する相当程度の知見の記載／11
8. 役員報酬(1)／13
9. 役員報酬(2)／14
10. 役員退職慰労金／17
11. 剰余金の配当等の権限行使に関する方針（会社法施行規則126条10号）／19
12. 会計監査人の解任または不再任の決定の方針の記載／21
13. 買収防衛策を導入していない会社の記載／23
14. 会社の支配に関する基本方針／25
15. 不当（不正）な業務執行等の記載についての監査報告との関係／27

目　次

　16．金融商品取引法の内部統制報告書制度と会社の状況に関する重要な事項との関係／29
　17．後発事象／33
　18．事業報告、計算書類および連結計算書類の過年度事項の取扱い／34
　19．「企業が反社会的勢力による被害を防止するための指針」と事業報告／37
　20．内部統制報告書／40

第2節　基準日および招集手続の前 …………………………………………… 42
　1．基準日後の株主の一部に対する議決権の付与／42
　2．基準日後の株式取得者による議決権行使／45
　3．基準日後に株主となった者への議決権の付与／47
　4．基準日後の第三者割当増資の差止め／49
　5．株主総会招集決議前の株主からの照会対応／52
　6．大株主等への事前説明／56
　7．個別株主通知の法定期限の超過／58
　8．辞任した監査役に対する辞任後最初の株主総会招集の通知／61

第3節　株主提案 …………………………………………………………………… 65
　1．期限を過ぎた株主提案／65
　2．適法な株主提案を付議しなかった株主総会の決議／67
　3．複数の関連する議案の提案／68
　4．株主提案権の行使（振替株式の場合）／71
　5．株主提案権の行使（修正が可能な範囲）／74
　6．配当額が会社提案よりも高い株主提案の場合／77
　7．剰余金処分議案の修正動議／79
　8．分配特則規定適用会社における剰余金の配当に関する株主提案／81
　9．株主提案による自己株式取得議案／83

10. 株主提案による自己株式消却議案(1)／85
11. 株主提案による自己株式消却議案(2)／87
12. 取締役選任議案が会社と株主との双方から提案され、その取締役候補者の合計の員数が定款に定める上限を上回る場合／89
13. 提案株主が提案を取り下げた場合／91
14. 法定の目的事項ではない議案の提案／93
15. 株主提案が認められない定款変更／95
16. 株主権の行使に関する利益供与──東京地裁平成19年12月6日判決の射程／97

第4節　少数株主による招集請求および延会等 …………………… 101

1. 少数株主による株主総会の招集の請求／101
2. 延会および継続会の手続／105
3. 延会の開催と招集手続の要否／107

第5節　招集事項の決定および招集通知 …………………………… 109

1. 招集の決議と株主総会の日・場所の決定が必要となる場合／109
2. 招集通知における株主総会の場所を決定した理由の記載／111
3. 招集通知における「特定の時」を定めない場合の取扱い／113
4. ウェブ開示／115
5. 招集事項の決定とウェブ開示／118
6. ウェブ開示の対応／120
7. 修正事項の通知制度（ウェブ修正）の適用範囲／123
8. ウェブ修正すべき範囲／125
9. ウェブ修正の掲載期限／130
10. 招集通知のウェブ修正の限界／132
11. 会計監査人非設置会社における計算書類のウェブ修正／134

目　次

12. 修正事項に対する総会当日の対応／137
13. 計算書類等の備置義務とウェブ修正／139

第6節　株主総会参考書類等（決議事項を含む）……………… 140

1. 株主総会参考書類の記載事項／140
2. 株主総会参考書類における他の書面との重複を避ける定め／144
3. 剰余金の処分／147
4. 役員選任議案／153
5. 役員選任議案に記載する役員候補者の所有株式数／156
6. 社外取締役選任議案／158
7. 補欠監査役の選任方法／160
8. 株主総会の決議なしで剰余金処分をすることができる範囲／162
9. 計算書類の承認議案／164
10. 会計監査人の適法意見がない場合の対応／167
11. 承認特則規定非適用の場合／170
12. 定款の事業目的の記載／172
13. 定款変更議案において法令遵守規定を定款に盛り込む意味／174
14. 敵対的株主からの自己株式取得と利益供与／176
15. 自己株式の処分によるインセンティブ付与の方法／178
16. 新株予約権の有利発行／181
17. 買収防衛策の導入／185
18. 買収防衛策の効果／188
19. 買収防衛策の発動を規定する定款変更を平時または有事に行う場合／190

第7節　議決権の行使（事前行使および当日行使）…………… 193

1. 議決権行使の期限／193
2. 電子投票システムの障害等の影響／195

3．ほふり名義失念株式の議決権の取扱い／197
 4．株主権の行使方法／199
 5．書面投票制度と委任状勧誘制度の併用／202
 6．プロキシー・ファイト時における議決権の行使／204

第8節　株主総会の運営（事前準備および受付を含む）……………208

 1．事前質問状の有効性／208
 2．事前質問状の送付期限／210
 3．株主総会設営のコスト／212
 4．株主総会の公開／214
 5．複数会場で開催する株主総会／215
 6．株主の資格確認／217
 7．実質株主の出席／219
 8．実質株主の権利行使／222
 9．通訳の議場への入場／224
 10．新型インフルエンザ流行への対応／227
 11．記録用ビデオの措置の開示／230
 12．親子会社上場の場合の子会社／233
 13．業務・財産状況調査者／236
 14．株主総会の会場変更／238
 15．IR説明会で利用した映像の利用等／240

第9節　株主総会の議事進行（議案採決の効力を含む）……………242

 1．議事運営における多数株主の意思の尊重／242
 2．株主総会の開会時間の遅延／244
 3．議事運営・議事整理／246
 4．議事進行（説明義務と役員の欠席理由）／248

目　次

　5．議事進行（株主による区別と説明義務）／250
　6．議事進行（同時通訳）／252
　7．一括上程方式／254
　8．審議方式の切替え／256
　9．報告事項の報告方法／257
　10．議長等が謝罪する場合／259
　11．子会社の不祥事の陳謝／261
　12．議案に対する賛否の詳細の公開／263
　13．議事の休憩／265
　14．説明義務規定と議長の権限／267
　15．説明義務(1)（会社法314条）／269
　16．説明義務(2)（会社法314条ただし書、会社法施行規則71条）／270
　17．説明義務(3)（会社法314条その他の規定）／275
　18．剰余金の配当決定の特則適用会社における取締役選任議案の説明義務／276
　19．役員退職慰労金額の開示と説明義務／278
　20．社外役員の説明義務／281
　21．質問への対応／283
　22．質問株主の氏名の開示／285
　23．回答者を指定した質問への対応／287
　24．議長の議事運営／289
　25．将来の増配に関する言及／290
　26．株主総会における質疑の打切り／292
　27．株主の再入場／294

第10節　動議等（議案の修正、撤回および否決を含む）……………296

　1．手続的動議の取扱い／296
　2．議事進行（必要的手続動議と説明義務）／298
　3．株主総会の議事運営に関する必要的手続的動議／300

4．動議対応(1)（会社法316条・317条・398条2項）／303
　5．動議対応(2)（会社法304条ただし書・305条4項）／305
　6．動議対応(3)議案の修正が可能な場合／307
　7．修正動議の修正可能な範囲／309
　8．修正動議の取扱い／314
　9．議案の変更／318
　10．議案の撤回(1)／321
　11．議案の撤回(2)／324
　12．辞任により役員に欠員が生じた場合の措置／326
　13．株券電子化と定款変更／328
　14．決議（定款変更議案の否決）／330

第11節　株主総会の終了後　……………………………………………… 332

　1．株主総会議事録（備置き）／332
　2．株主総会議事録（出席取締役の意義）／333
　3．株主総会議事録（出席議決権数の記載）／334
　4．株主総会議事録の記載内容(1)／336
　5．株主総会議事録の記載内容(2)／338
　6．株主総会決議通知等の取扱い／339
　7．議決権行使結果の開示／341
　8．議案別の議決権行使結果等の開示／342
　9．持株数に比例しない株主優待制度等／344

第12節　法定書類の備置き　………………………………………………… 347

　1．法定書類の備置き対応／347
　2．法定書類の備置き場所／349
　3．株主名簿の閲覧・謄写／351

目　次

4．会計帳簿・株主名簿の閲覧・謄写請求の拒否事由／353
5．議決権行使書面の備置き(1)／356
6．議決権行使書面の備置き(2)／358
7．議決権行使書面等の閲覧等請求権者／360
8．株主総会議事録の備置き対応／363

事項索引／365

```
                    目次（下）
    第2章　株主総会以外に関する諸問題
      第1節　監査役監査
      第2節　組織再編
      第3節　剰余金の配当
      第4節　買収防衛策
      第5節　内部統制
      第6節　インサイダー取引規制
      第7節　役員報酬
      第8節　株券の電子化
      第9節　少数株主権等
      第10節　新株予約権・種類株式
      第11節　株式（振替株式、金庫株等を含む）
      第12節　所在不明株主の株式売却
```

第1章
株主総会における諸問題

第1章　株主総会における諸問題

第1節　事業報告等

1．企業集団の現況に関する事項の記載方法（会社法施行規則120条2項）

【設　問】

連結計算書類を作成している会社は、株式会社の現況に関する事項を当該会社およびその子会社から成る企業集団の現況に関する事項とすることができるとしていますが（施行規則120条2項）、株式会社の現況に関する事項の一部のみを企業集団の現況に関する事項としてもよいでしょうか。

【回　答】

> 事業報告における会社の現況に関する事項は、その一部のみを連結ベースで記載することが認められる。

【解　説】

　平成17年の会社法制定前の旧商法施行規則105条2項は、営業報告書に記載すべき事項のうち、連結計算書類作成会社については、一定の事項に代えて、当該会社および子法人等から成る企業集団の状況に関する事項を記載すること（連結ベースでの記載）ができる旨を定めていた。

　会社法施行規則は、「株式会社の現況に関する事項」はすべて連結ベースで記載することを認め（同規則120条2項）、連結ベースで記載することのできる事項を拡大した。具体的には、旧商法施行規則の下では、重要な企業結合の状況および主要な借入先については連結ベースの記載は認められていなかったが（同規則105条2項本文・103条1項3号・8号）、会社法施行規則の下ではこれが認められる（同規則120条2項・1項3号・5号ハ～ヘ・7号）。また、旧商法施行規則の下では、過去3年以上の営業成績および財産の状況の推移ならびにこれについての説明は、連結ベースで記載をしてもなお単体ベースでの記載が必

要であったが（同規則105条2項ただし書・103条1項4号）、会社法施行規則の下では連結ベースで記載をすれば単体ベースでの記載は必要ない（同規則120条2項・1項6号）。

このように、会社法施行規則は、「株式会社の現況に関する事項」すべてについて連結ベースでの記載を認めており、一括して連結ベースで記載するか、一括して単体ベースで記載するのが通常であると思われるが、そのうち一部は連結ベースで記載をし、他は単体ベースで記載をすることは認められるか。同規則120条2項の規定は、同条1項の「各号に掲げる事項」について連結ベースでの記載を認めると定めており（「株式会社の現況に関する事項」とは表現されていない）、文言上、事項ごとに連結ベースか単体ベースかを使い分けることを許容するように読める。実質的に考えても、同規則が「株式会社の現況に関する事項」について連結ベースでの記載を認めたのは、連結計算書類を作成している会社では、これらの事項はむしろ連結ベースでの開示が株主にとって有用であると考えられたからであり、その趣旨は、一部だけ連結ベースで記載することを認めたからといって、必ずしも損なわれることはないと思われる。

したがって、会社法施行規則120条1項各号に掲げる事項の一部についてのみ連結ベースで記載すること（たとえば同条1項5号ハ〜ヘ、6号および7号だけは単体ベースで記載し、それ以外は連結ベースで記載することなど）は認められると解すべきであろう。

（前田雅弘）

2．他の会社の株式等の取得に関する記載基準

【設問】
　他の会社の株式等の取得または処分として記載する基準は、どのように設定することが考えられるでしょうか。

【回答】
　他の会社の経営に影響を及ぼすほどの株式等の取得・処分については、事業報告への記載を要する。

【解説】
　会社法施行規則120条1項5号ヘは、「他の会社（外国会社を含む。）の株式その他の持分又は新株予約権等の取得又は処分」についての状況（重要なものに限る）の記載を要求するが、これは、企業結合に関する情報を提供するという観点から（同号ハ〜ホ参照）、「株式会社の現況に関する事項」として株主に開示するのが適切であると考えられたものと解される。したがって、記載すべき株式取得等としては、事業譲渡など（同号ハ〜ホ参照）との均衡から、他の会社の経営に影響を及ぼすほどの株式取得等だけを記載すれば足り、経営に影響を及ぼさないわずかな出資まで記載する必要はないと解すべきであろう。

　また、開示すべき事項として重要であるのは、株式取得等により企業結合関係が形成・解消されたことであり、その株式取得等がどのような方法で行われたか（たとえば市場で買い付けたか、吸収分割によって承継したか、事業譲受けにより譲り受けたかなど）は重要ではなく、1つの項目にまとめて記載することは差し支えないと思われる。

　　　　　　　　　　　　　　　　　　　　　　　　（前田雅弘）

3．会社法施行前に発行されたストック・オプションに関する記載

【設　問】

　平成17年の定時株主総会の特別決議で発行したストック・オプションは、会社法施行規則123条1号の「職務執行の対価として交付したもの」ではないとして、同号の「事業年度末日における役員の保有する新株予約権等」としては記載せずに、参考情報として、「当該株式会社の新株予約権等に関する重要な事項」として記載すればよいでしょうか。

【回　答】

> 　平成17年以前の定時株主総会において有利発行の手続を経て発行された新株予約権は、その実質は報酬として交付されたものであり、現存する限り、「新株予約権等に関する重要な事項」として記載すべきである。

【解　説】

　会社法施行規則123条1号は、当該事業年度の末日において会社役員が有する新株予約権の保有・交付状況を事業報告に記載すべきことを要求するが、その新株予約権は、「職務執行の対価として」会社が交付したものに限られる。平成17年の定時株主総会において有利発行の手続を経て発行された新株予約権は、法的には「無償」で交付されたものと構成されるため（だからこそ有利発行となる）、同規定に基づく開示の対象とはならない。

　しかし、これらの新株予約権もその実質は報酬として交付されたものであり、現存する限り、会社法施行規則123条3号の「新株予約権等に関する重要な事項」として記載すべきものと解される。

（前田雅弘）

4．期中の役員の地位および担当の異動

【設　問】

　会社役員に関する事項については、当該事業年度の末日時点という限定がないため、期中の地位および担当の異動についても記載することが必要でしょうか。

【回　答】

> 　会社役員に関する事項について、事業年度の末日時点の状況だけでは足りず、当該事業年度中の地位および担当の異動についても記載する必要がある。

【解　説】

　事業報告においては、会社役員に関する事項として、その地位および担当を開示しなければならず（施行規則121条2号）、開示すべき基準時について特に限定は設けられていないので、単に当該事業年度の末日時点の状況を開示するだけでは足りず、当該事業年度中の地位および担当の異動についても記載する必要がある。

　ただし、直前の定時株主総会の終結により任期が満了する会社役員を含め、同株主総会の終結までに退任した会社役員は開示の対象ではない（施行規則121条1号）。また、事業報告は事業年度単位で作成されるものであるから、当該事業年度の末日後に就任した会社役員も、原則は「会社役員に関する事項」として開示の対象とはならない。もっとも、当該事業年度の末日後に就任した会社役員であっても、「会社役員に関する重要な事項」（同規則121条11号）として、開示対象となることはありうるであろう。

（前田雅弘）

5．役員の記載に関する重要性基準

【設　問】

　事業報告に関して、会社法施行規則121条8号では、会社役員の「重要な兼職の状況」とあり、一方、株主総会参考書類に関して、同規則74条2項2号では、「重要な兼職に該当する事実」とあります。これらの重要性について差異はあるでしょうか。

【回　答】

> 　会社法施行規則121条8号の重要性は、一般的に会社の状況を株主が理解するのに資するかという観点から判断され、同規則74条2項2号の重要性と違いはない。

【解　説】

　重要性の基準は、一般的な基準を設定することは困難であり、規定の趣旨に照らし、実務において合理的な基準を確立すべき問題である。重要かどうかの判断は、第一次的には取締役会が行うが、取締役会には広範な裁量が認められ、著しく不合理でない限り、その判断は尊重されると解される。すなわち、会社が重要でないと判断して記載しなかった事項について、客観的には重要性があるとして法定の記載事項を欠くこととなるのは、取締役会の判断が著しく不合理である場合に限られるであろう。

　会社法施行規則121条8号で問題となる重要性は、事業報告における開示の要否を決する基準となる重要性であり、一般的に会社の状況を株主が理解するのに資するかという観点から判断すべきものである。これに対し、株主総会参考書類における開示が問題となる場面では、重要性は、当該候補者が取締役として適任かどうかを株主が決するのに資するかという観点から本来判断すべきものであり、同規則74条2項2号における重要性は、平成21年の同規則改正前は、同規則121条8号における重要性とは判断の観点が異なり、したがってそ

の範囲も異なりうると解するのが合理的であった。しかし、平成21年改正後の同規則74条2項2号は、明文で「第121条第8号に定める重要な兼職」と定め、同規則121条8号における重要性をそのまま取り込む形をとったため、このような規定振りからは、同規則121条8号と74条2項2号とで重要性に違いはなくなったと解さざるをえない。

　このほか、会社法施行規則124条1項1号または2号で問題となる重要性は、本来は、当該社外役員の独立性の有無の判断に資するかという観点から判断すべきものであるが、ここでも、平成21年改正により「第121条第8号に定める重要な兼職」と定められることとなった結果、これらの重要性についても、やはり同規則121条8号と違いはないこととなる。

（前田雅弘）

6．附属明細書の会社役員についての兼職の状況の明細

【設　問】

　事業報告において会社役員の重要な兼職の状況を記載した場合、事業報告の附属明細書において記載する兼職の状況の明細には、何を記載すべきでしょうか。

【回　答】

> 　重要な兼職先の事業が会社の事業と同一の部類であるときは、事業報告の附属明細書にその明細を記載することを要し、会社と取締役等との利益衝突の有無に影響を及ぼすと考えられる限度で、兼職先の事業の種類・規模・取引範囲等も記載すべきである。

【解　説】

　平成17年の会社法制定前の旧商法施行規則108条1項5号は、小会社以外の会社の附属明細書には、他の会社の取締役等を兼務する取締役等の兼務の状況の明細を記載すべきことを要求していた。会社法施行規則121条8号は、会社役員の重要な兼職の状況を事業報告に記載すべきことを要求することとしたが、附属明細書の記載に関する旧商法施行規則の前記規定も実質的に残されているので（施行規則128条2項）、両者の関係が問題となる。

　附属明細書における記載は、競業取引または利益相反取引（会社法356条1項）に該当する場合も含め、会社と取締役等との間に利益衝突の可能性が存在することを補足的に開示させる趣旨の規定であると考えられる。通常は、事業報告において重要な兼職の状況を記載すれば、さらに附属明細書で補足すべき事項は存在しないであろうが、兼職先の法人等の事業が会社の事業と同一の部類のものであるときは、兼職の状況の「明細」としてその旨を記載することを要するし（施行規則128条2項後段）、ほかにもたとえば、会社と取締役等との利益衝突の有無に影響を及ぼす重要な事実と考えられる限度において、兼務先

の法人等の事業の種類・規模・取引範囲等も「明細」として記載すべきであろう。

　附属明細書に記載すべき事項がすでに事業報告に記載されている場合には、附属明細書には、事業報告に記載したとおりである旨を記載すれば足りると解される。

（前田雅弘）

7．監査役の財務および会計に関する相当程度の知見の記載

【設問】
「財務及び会計に関する相当程度の知見を有しているもの」は、どのような観点から記載するかどうかを判断すべきでしょうか。また、同じ監査役である以上、知見を有するかどうかにより、善管注意義務の程度が異なるものではないと考えますが、いかがでしょうか。

【回答】

> 公認会計士や税理士などの資格を有する場合のほか、経理部門で職務を行った経験等の事実も含まれる。専門的知識・経験があることを考慮して監査役に選任された者は、当該専門的知識・経験があることを前提とした高い水準の善管注意義務を負う。

【解説】
会社法施行規則121条9号は、監査役等が「財務及び会計に関する相当程度の知見を有しているものであるとき」は、その事実を開示すべきものとしている。

監査役は、財務・会計に関して必ずしも専門的知識・能力を有することが資格要件となっているわけではないが、特に監査役が専門的知識・能力を有する場合には、株主が会社の状況を理解するための資料の1つとして、それを株主に開示することが要求されるのである。「財務及び会計に関する相当程度の知見を有」するとは、公認会計士や税理士などの法的資格を有する場合が含まれるのはもちろんであるが、これに限らず、経理部門で職務を行った経験がある等の事実も含まれる。「相当程度」の知見であるから、わずかに経理部門の事務に携わったことがあるという程度の事実はこれに含まれない。

監査役が負う善管注意義務の水準は、その地位・状況にある者に通常期待される程度の義務であるが、特に専門的知識・経験があることを考慮して監査役

に選任された者は、当該専門的知識・経験があることを前提として善管注意義務を負うのであり、期待される義務の水準は、高くなると解される。

（前田雅弘）

8．役員報酬(1)

【設問】
　当該事業年度に係る役員報酬（月額報酬、賞与、退職慰労金）とは、会計上の計上ベースの金額でしょうか。それとも支払ベースの金額でしょうか。退職慰労金については当該事業年度に新たに引き当てた金額だけを記載すべきでしょうか。

【回答】
　事業報告における会社役員の報酬等の開示は、当該事業年度と対応関係にある金額が対象となるが、当該事業年度と対応関係にない一定の報酬等も対象となる。

【解説】
　会社法施行規則121条4号は、役職ごとの総額を開示する方法、役員全部につき個別開示する方法、または役員一部を個別開示してその他は役職ごとの総額を開示する方法の3つの方法のいずれかにより、報酬等を事業報告において開示すべきこととしている。報酬等を開示させる趣旨は、事業年度ごとに報酬等が適正であるかどうかを株主が検討する機会を与えることであり、当該事業年度中に現実に支払われた金額ではなく、当該事業年度に費用計上すべき金額が開示の対象になると解される。
　ただし、開示の対象となる事業年度と対応関係がない退職慰労金等であっても、「当該事業年度において受け、又は受ける見込みの額が明らかとなった会社役員の報酬等」については、開示の対象となる（施行規則121条5号。同条4号に基づく開示と重複して開示する必要はない）。「当該事業年度において受け」とは、当該事業年度において現に支給されたことを意味し、「当該事業年度において……受ける見込みの額が明らかとなった」とは、支給予定の報酬等の額が当該事業年度中に明らかになったことを意味する。

（前田雅弘）

9．役員報酬(2)

【設　問】

　会社法施行規則121条5号および124条7号（現在の同条1項6号）では、「当該事業年度において受け、又は受ける見込みの額が明らかとなった会社役員および社外役員の報酬等について」と規定されています。

(1)　これらの規定は具体的にどのような報酬等を想定しているのでしょうか。

(2)　これらの規定により記載が求められる会社役員および社外役員について、当該事業年度において在任していない会社役員および社外役員についても該当事項がある場合には記載が求められるのでしょうか。

(3)　会社法施行規則124条9号（現在の同条1項8号）では、事業報告の記載事項として、「社外役員についての前各号に掲げる〔事業報告〕記載事項の内容に対して当該社外役員の意見があるときは、その意見の内容」を記載せよとされています。

　124条7号（現在の同条1項6号）により、当該事業年度に在任していない社外役員に関する事項を記載した場合、当該社外役員についても、記載事項に関する意見の有無を確認しなければならないでしょうか。

【回　答】

(1)　当該事業年度において現に支給された報酬等または支給予定の額が明らかになった報酬等を意味する。

(2)　当該事業年度においてわずかでも在任した会社役員は開示の対象となるが、まったく在任しなかった会社役員は開示の対象とはならない。

(3)　当該事業年度に在任しなかった社外役員については、意見を有するかどうかを確認する必要はない。

【解　説】

1　(1)について

　平成20年3月19日に公布された会社法施行規則改正により、事業報告において「当該事業年度に係る」報酬等（施行規則121条4号）としては開示されない報酬（当該事業年度との対応関係がない退職慰労金等）について、開示の根拠規定が明確化された。すなわち会社法施行規則121条5号の規定が新設され、「当該事業年度において受け、又は受ける見込みの額が明らかとなった会社役員の報酬等」を開示すべきことが明らかにされた。「当該事業年度において受け」とは、当該事業年度において現に支給されたことを意味し、同改正前には、同規則118条1号に基づいて開示すべきものと解釈されていた事項である。「当該事業年度において……受ける見込みの額が明らかとなった」とは、支給予定の報酬等の額が当該事業年度中に明らかになったことを意味し、同改正前には、同規則121条9号に基づいて開示すべきものと解釈されていた事項である。社外役員の報酬等についても、同規則124条7号（現在の同条1項6号）において同様の改正がなされた。

2　(2)について

　事業報告における会社役員の報酬等に関する開示制度の趣旨は、ある事業年度における会社役員の報酬等の額が適正であるかどうかについての情報を株主に対して提供することにある。したがって、事業報告の対象となる事業年度においてわずかでも在任した会社役員は、会社法施行規則121条5号に基づく開示の対象となる反面、当該事業年度においてまったく在任しなかった会社役員は開示の対象とはならないと解される。

　平成20年3月19日に公布された会社法施行規則改正前は、「会社役員」の範囲について「直前の定時株主総会の終結の日の翌日以降に在任していたもの」という限定があり、ある事業年度の開始後に在任していても、直前の定時株主総会の終結の日までに退任したものは含まれないこととなっていた（同改正前施行規則119条2号参照）。しかし、事業報告における会社役員の報酬等に関する開示制度の前記の趣旨に照らせば、このような限定を設けることの合理性は

疑わしく、同改正により、報酬等に関する開示においては、このような限定は撤廃された。

　会社法施行規則124条7号（現在の同条1項6号）に基づく開示の対象となる社外役員の範囲についても同様である。

3　(3)について

　事業報告の対象となる事業年度に在任しなかった社外役員は、前記2と同様、会社法施行規則124条9号（現在の同条1項8号）に基づいて開示の対象となる「社外役員」ではなく、その者が意見を有するかどうかを確認する必要はないと解される。

（前田雅弘）

10. 役員退職慰労金

【設　問】

(1) 当社は、今総会において役員退職慰労金贈呈議案を付議する予定ですが、その具体的金額の決定については総会決議後の取締役会決議（監査役分は監査役の協議）に一任願うとの方式をとります。役員退職慰労引当金の会計基準を採用しており「受ける見込みの額」の算定は可能ですが、事業報告作成時点においては具体的金額の決定前であるということを理由として、今年度の事業報告には開示せず、来年度の事業報告に支給実績を開示することで問題ないでしょうか。

(2) 役員退職慰労金については、内規に基づき期末要支給額を算定し当期増加額を当事業年度に係る役員報酬等として事業報告に開示しています（施行規則121条4号・124条1項5号）。あわせて、当事業年度の事業報告において、期末要支給額である役員退職慰労引当金の期末残高について、会社法施行規則121条4号、124条1項5号の規定する役員の区分に応じた総額および員数を開示しておこうと考えています。この場合に、次期事業年度以降の事業報告において、同規則121条5号、124条1項6号括弧書に基づき、すでに開示済みであるとの理由で、前事業年度の退任役員に支給した役員退職慰労金の支給額開示を省略してしまうことは問題ないでしょうか。

【回　答】

(1) 事業報告では、報酬等は、現に支給された段階または支給予定額が明らかになった段階のいずれかで開示が求められる。

(2) 当該事業年度に引き当てた退職慰労金の額は、当該年度の事業報告で開示され、次年度に重ねて開示する必要はない。

【解　説】

1　(1)について

　会社法施行規則121条5号に基づいて、「当該事業年度において受け、又は受ける見込みの額が明らかとなった会社役員の報酬等」を開示する場合に、現に支給された段階で開示をするか、それとも支給予定の報酬等の額が明らかになった段階で開示するかは、文言上いずれを選択することもできるように読むことができるし、実質的に考えても、いずれかの段階で開示がなされれば、会社役員の報酬等の額が適正であるかどうかについての情報を株主に対して提供するという報酬等の開示の制度の目的は達せられると考えられる。したがって、受ける見込みの額の算定が可能な場合であっても、今年度の事業報告には開示をせず、現に支給された額を来年度の事業報告に開示することは差し支えないと解してよいのではなかろうか。

2　(2)について

　役員退職慰労金については、事業報告の対象となる事業年度に引き当てた額は、会社法施行規則121条4号の「当該事業年度に係る会社役員の報酬等」として開示されることとなり、これによる開示と重複することのないよう、同条5号の「当該事業年度において受け、又は受ける見込みの額が明らかとなった会社役員の報酬等」からは、括弧書において、「前号の規定により当該事業年度に係る事業報告の内容とする報酬等」が除かれる旨が明示されている。

　すなわち、会社法施行規則121条4号に基づいて開示済みの役員退職慰労金については、重ねて同条5号に基づいて開示をする必要はない。社外役員の退職慰労金についても同様である（施行規則124条6号・7号〔現在の同条1項5号・6号〕）。

（前田雅弘）

11. 剰余金の配当等の権限行使に関する方針（会社法施行規則126条10号）

【設　問】

　昨年（平成18年）の定時株主総会において、定款変更で取締役会の決議で剰余金の配当等をすることができる旨の定款の定めを設けました。事業報告において「取締役会に与えられた権限の行使に関する方針」を記載しなければならなくなりましたが、どのような内容を記載すればよいでしょうか。会社法制定前の旧商法下の利益処分案では、旧商法施行規則13条１項４号に基づき、議案作成の方針として、「安定配当を基本として、業績・財務状況等を勘案して行う」と記載してきましたが、事業報告にこのような記載を行うことで問題ないでしょうか。

【回　答】

> 　剰余金の配当等の権限を行使するための方針は、中長期的な方針に限らず全般的な方針であり、また、旧法の利益処分・損失処理に関する方針に限らず、自己株式取得なども包摂した剰余金分配全般に関する方針である。

【解　説】

　平成17年の会社法制定前の旧商法施行規則141条１号においては、委員会等設置会社について「利益の処分又は損失の処理に関する中長期的な方針」を定時株主総会で報告すべきこととされていた。委員会等設置会社では取締役会に利益処分権限が与えられるため、その見返りに、取締役が適切に利益処分・損失処理の決定を行ったかどうかを株主が判断できるよう開示を強化したのである。

　会社法の下では、委員会設置会社に限らず、会計監査人設置会社で一定の要件を満たす会社は、剰余金配当等を取締役会が決定する旨の定款の定めを設けることが認められることとなり（同法459条１項）、これに伴い、会社法施行規

則126条10号は、当該定款の定めを設けた会社では、当該定款の定めにより取締役会に与えられた権限の行使に関する方針を事業報告に記載すべきこととした。

　もっとも、会社法施行規則126条10号で求められる開示は、中長期的な方針に限らず全般的な方針の開示であり、また、旧商法の下におけるような利益処分・損失処理に関する方針に限らず、自己株式取得なども包摂した剰余金分配（会社法459条1項参照）の全般に関する方針であることに注意が必要である。具体的には、「安定的な剰余金分配を基本として、業績・財務状況等を勘案して行う」などの記載が考えられるであろう。

（前田雅弘）

12. 会計監査人の解任または不再任の決定の方針の記載

【設　問】
(1) 会計監査人の解任または不再任の決定の方針を定めていない場合は、事業報告にその旨を記載すれば足りるでしょうか。
(2) 会計監査人の解任または不再任の方針はいずれの機関で決定すべきでしょうか。取締役会が決定する場合は、事業報告の承認とは別に決議すべきでしょうか。

【回　答】

> (1) 会計監査人の解任・不再任の決定方針は、当該決定が適正に行われているかを株主が間接的にチェックすることを目的とするものであり、「方針を定めていない」旨の記載では、方針を記載したことにならない。
> (2) 会計監査人の解任・不再任の方針は、監査役会が決定し、事業報告の記載事項として、取締役会の承認（会社法436条3項）を要する。

【解　説】
1　(1)について

　会社法施行規則126条4号は、会計監査人の解任または不再任の決定の方針を事業報告に記載すべきことを要求する。会計監査人は、いったん選任されると特に株主総会決議がない限りは再任されたものとみなされるため（会社法338条2項）、通常は株主総会決議を経ることなく自動的に再任されることとなる。そこで会社法施行規則は、会計監査人の解任または不再任の決定の方針を事業報告において開示すべきこととし、業務停止処分に関する事項の開示（同規則126条5号・6号）と併せて、解任・不再任が適正に行われているかを株主が間接的にチェックすることができるようにしたものと解される。同規則126条4号の規定がこのような趣旨で設けられ、かつその文言に「方針を定めているとき」という留保がないことを考慮すると、「方針を定めていない」旨の記

載では、「方針」を開示したことにはならず、認められないと解すべきではなかろうか。

2 (2)について

　平成26年の会社法改正前は、取締役が会計監査人の解任・不再任の議案を株主総会に提出するには、監査役会の同意を要するものの（同改正前会社法344条1項2号・3号・3項）、議案の決定は取締役会で行うものとされていた。監査役会決議で会計監査人を解任することのできる場合があるが（会社法340条1項・4項）、これは一定の事由が存する特別な場合だけであり、会計監査人の解任・不再任については、基本的に取締役会がイニシアティブをとる制度となっていた。このような制度の下では、会計監査人の解任・不再任の方針の決定は、取締役会決議だけで行うことができると解することに合理性があった。

　しかし、平成26年の会社法改正により、監査役会が会計監査人の解任・不再任の議案を決定することとなった（同法344条1項・3項）。同改正法の下では、従前からの監査役会決議による解任（同法340条1項・4項）と併せ、会計監査人の解任・不再任については、監査役会がイニシアティブをとる仕組みがとられており、このような仕組みを前提とすると、会計監査人の解任または不再任の方針は、監査役会が決定すると解するのが合理的であろう。

　もっとも、会計監査人の解任または不再任の方針は、事業報告の記載事項として、取締役会の承認（会社法436条3項）も必要になると解される。

（前田雅弘）

13. 買収防衛策を導入していない会社の記載

【設　問】

「株式会社の支配に関する基本方針」について、買収防衛策を導入していない会社では記載しなくてもよいでしょうか。たとえば、敵対的買収に備えたマニュアル作成等の社内体制構築を行っている会社は何らかの記載が必要でしょうか。

【回　答】

> 　敵対的買収防衛策を採用しているかどうかにかかわらず、会社は、支配に関する基本方針を定めていれば、それを事業報告に記載しなければならない。

【解　説】

　会社法施行規則118条3号は、会社の財務・事業の方針の決定を支配する者のあり方に関する基本方針を会社が定めた場合には、一定の事項を事業報告に記載すべきことを要求する。会社が敵対的買収に対する防衛策を採用しているかどうかにかかわらず、支配に関する「基本方針」を会社が定めていれば、会社はそれを開示する義務を負う。具体的な買収防衛策はまだ採用していなくても、企業価値を損なう買収には徹底的に対抗するなどの「基本方針」を定めている場合はありうるのであって、その場合にはその「基本方針」を開示する必要がある。

　敵対的買収に備えたマニュアル作成等の社内体制の構築をすでに行っている会社は、具体的な防衛策はまだ決定されていないとしても、何らかの「基本方針」（敵対的買収に対しては何らかの防衛策を発動するなどの方針）は決定されているのが通常であろう。

　「基本方針」を定めることなく、したがって「基本方針」の開示を行わなかったからといって、事後に防衛策を導入することが妨げられるわけではない

が、防衛策の適法性を高めるためには事前開示が望ましいという現在の一般的な考え方からすれば、そのような防衛策は適法性の判断において不利な扱いを受けるおそれがあろう。

（前田雅弘）

14. 会社の支配に関する基本方針

【設　問】

「会社法施行規則及び会社計算規則の一部を改正する省令案」の中で、事業報告の記載事項である「株式会社が当該株式会社の財務及び事業の方針の決定を支配する者の在り方に関する基本方針」に関して、基本方針の内容については概要でよいことに変更される予定（施行予定日・平成21年4月1日）ですが、実際にはどの程度の記載であれば足りることになるでしょうか。また、3月決算会社の適用は来年度分からとされていますが、今年度分についての記載はどのように対応すればよいでしょうか。

【回　答】

> 会社の経営方針の決定を支配することが可能な量の株式を有する株主の取扱いについての基本的な対処方針の概要を記載すればよい。改正前の文言の下でも、基本方針の「内容の概要」を記載すれば足りる。

【解　説】

改正前の会社法施行規則127条は、会社が「財務及び事業の方針の決定を支配する者の在り方に関する基本方針」を定めている場合には、一定の事項を事業報告の内容としなければならない旨を規定していた。平成21年1月29日に公表された会社法施行規則の改正案は、この規定がすべての株式会社に共通の規律であることがわかりやすくなるよう、事業報告に関する通則として、規定の位置を同規則の118条3号に移動するとともに、開示すべき事項のうち、「基本方針の内容」は「基本方針の内容の概要」で足りることを明確化している。

支配に関する基本方針とは、会社の経営方針の決定を支配することが可能な量の株式を有する株主の取扱いについての基本的な対処方針をいうところ、株主が会社の状況を理解する上では、当該経営方針の概要が開示されれば十分であると考えられる。それにもかかわらず、改正前の会社法施行規則127条は、「基

本方針の内容」の開示を文言上要求しているため、たとえば取締役会で支配に関する基本方針が決定された場合には、その決定内容をそのまますべて開示しなければならないのではないかという疑義が生じていた。そこで改正案は、「基本方針の内容の概要」の開示で足りることを明文で明らかにしようとしたのである。したがって、この改正は、規律の内容の実質的変更というよりは、規律の内容の明確化であると捉えるべきものであろう。

　同改正の施行時期は平成21年4月1日であるが、施行日前にその末日が到来した事業年度のうち最終のものに係る事業報告については、従前の例によることとされた。3月決算会社については、平成20年度に係る事業報告については、改正前の会社法施行規則127条の規定が適用され、基本方針の「内容」を開示すべきこととなるが、前記のように、改正案は規律の実質的変更というよりは規律の内容の明確化であると考えられるから、改正前の文言の下でも、基本方針の「内容の概要」を開示すれば足りると解してよいであろう。

（前田雅弘）

15. 不当（不正）な業務執行等の記載についての監査報告との関係

【設　問】

(1) 事業報告において、会社法施行規則124条1項4号ニの社外取締役の不当な業務執行に関する記載がある場合、監査役の監査報告への同規則129条1項3号の記載の要否について、どのように考えればよいでしょうか。

(2) 社外監査役の不正な業務執行に関する記載がある場合はどうでしょうか。

【回　答】

> (1) 業務執行が不当ではあっても違法とまではいえない場合には、事業報告での開示は要求されるが、監査報告への記載は必要ない。
>
> (2) 社外監査役については、取締役に違法な業務執行があった場合にのみ事業報告での開示が要求され、監査報告にも記載することを要する。

【解　説】

1　(1)について

　事業報告においては、当該事業年度中に法令・定款違反の重要事実その他不当な業務執行が行われた重要事実があるときは、各社外取締役が当該事実の発生の予防のために行った行為および当該事実発生後の対応として行った行為の概要を記載しなければならない（施行規則124条1項4号ニ）。各社外取締役が適正に行為したかどうかの情報を株主に提供する趣旨であると考えられる。

　社外取締役について、法令・定款違反の事実がある場合のみならず、「不当な」業務執行が行われた事実がある場合にまで開示が要求されたのは、社外取締役も含めて、取締役には業務執行の適法性（法令・定款違反）のみならず妥当性についても監視義務が課せられていることとの関係上、不当な業務執行が行われた場合まで含めて、各社外取締役がどのように対応したかを開示させることが、各社外取締役が適正に行為したかどうかの情報として有益であると考えられたからであろう。

他方、監査役が作成する監査報告には、取締役の職務の遂行に関し不正の行為または法令・定款違反の重大な事実があったときは、その事実を記載しなければならない（施行規則129条1項3号）。「不正の」行為とは、会社財産の費消のように、会社に損害を生じさせる故意の行為をいうと解されている。監査役については、その権限は業務執行の適法性の監査に限られると解するのが通説であり、監査報告の記載事項としても、不正の行為または法令・定款違反の重大な事実だけを記載すればよい。

したがって、業務執行が違法（法令・定款違反）とまではいえないが不当ではあったという重要事実がある場合、社外取締役に関する前記開示（施行規則124条1項4号ニ）は必要となるが、監査報告への記載（同規則129条1項3号）は必要ないこととなる。

2 (2)について

社外監査役については、社外取締役とは異なり、事業報告への開示が要求されるのは、当該事業年度中に法令・定款違反の事実その他「不正な」業務執行が行われた重要な事実があるときである（施行規則124条1項4号ニ）。社外監査役も含めて、監査役については、その権限は業務執行の適法性の監査に限られること（通説）との関係上、会社に違法行為があった場合にのみ、各社外監査役が適正に行為したかどうかを開示すれば足りると考えられたのであろう。

したがって、社外監査役に関して前記開示がなされるのは、事業年度中に違法行為があった場合ということとなるので、この場合には、当該違法行為があったことは監査報告においても記載されるべき事実（施行規則129条1項3号）に該当することとなる。

（前田雅弘）

16. 金融商品取引法の内部統制報告書制度と会社の状況に関する重要な事項との関係

【設　問】

　上場会社は平成20年4月1日以降の事業年度開始分より金融商品取引法による財務報告に係る内部統制報告書制度が適用となります。取締役の作成する内部統制報告書、（会計）監査人の作成する内部統制監査報告書、そして監査役（会）の作成する監査報告は作成・提出の順序が時期的に前後し、いわゆる「期ずれ」問題も指摘されています（日本監査役協会「監査役からみた財務報告に係る内部統制報告制度に関するＱ＆Ａ」〔平成19年9月29日〕Ｑ8）。これらの報告書作成過程（主に事業年度末日後と考えられますが）あるいは当該事業年度中に「重要な欠陥」に該当する事項が含まれていると判明した場合に、事業報告の作成に関しては、どのような対応が考えられるでしょうか。

【回　答】

　どのような内容の内部統制システムを構築すべきかは、取締役の経営判断事項であり、「重要な欠陥」があるにもかかわらずそれを是正することなく事業報告が作成されたとしても、その判断が合理的な過程を経て行われたのであれば、それが著しく不合理である場合を除き、取締役の責任は生じない。

　監査役は、合理的な情報収集を経て監査報告を作成したのであれば、内部統制システムの内容が相当性を欠くものであったとしても、その旨の記載をしなかったことについて責任を負うことはない。

【解　説】

1　内部統制に関する会社法と金融商品取引法の規律の関係

　会社法上、大会社は、取締役の職務の執行が法令・定款に適合することなど、会社の業務の適正を確保するための体制（内部統制システム）の整備について

第 1 章　株主総会における諸問題

決定しなければならない（会社法362条5項）。取締役会設置会社においては、取締役会が自らこれを決定しなければならず（同条4項6号）、当該取締役会決議の内容は、事業報告に記載されることにより開示され（施行規則118条2号）、内容の相当性が監査役による監査の対象となる（同規則129条1項5号）。

　他方、金融商品取引法においては、ディスクロージャーの信頼性を確保するためには財務報告に係る内部統制の充実を図ることが重要であるとの観点から、上場会社等に対し、財務報告に係る内部統制の有効性に関して経営者が評価した報告書（内部統制報告書）の提出が義務づけられている（同法24条の4の4）。内部統制報告書は、原則として公認会計士または監査法人の監査（内部統制監査）を受けなければならない（同法193条の2第2項）。

　会社法において構築が求められる内部統制システムには、法令遵守の体制が含まれ（同法362条4項6号、施行規則100条1項4号）、当該「法令」には金融商品取引法も含まれる。したがって、会社法上の内部統制システムは、金融商品取引法上の財務報告の信頼性を確保するための体制を含んでいるが、より広く、業務の適正を確保するための体制全般を含んでいる。この意味において、金融商品取引法に基づく内部統制は、会社法に基づく内部統制の一部を構成するということができる。金融商品取引法は、会社法に基づいて構築すべき広い内部統制の枠組みの中から、特に上場会社等について、投資者に対して適正な情報開示を確保するという公益的要請から、財務報告の適正性に係る内部統制について特に開示規制を設けたものと考えられる。

2　「重要な欠陥」がある場合の事業報告作成

　内部統制は、組織におけるコスト・ベネフィットとの比較衡量の下で整備・運用されるべきものであり（企業会計審議会「財務報告に係る内部統制の評価及び監査の基準並びに財務報告に係る内部統制の評価及び監査に関する実施基準の設定について（意見書）Ⅰ3⑶参照）、どのような内容の内部統制が適切かは、取締役の経営判断事項である。事業報告の作成中または当該事業年度中において、内部統制システムに「重要な欠陥」のあることが判明したのであれば、それを直ちに是正し、事業報告には是正後の内部統制システムの内容を記載する

ことが望ましいといえるが、事業報告作成までに是正措置をとることが時間的に不可能な場合はありうる。また、時間的に是正が可能だとしても、是正のために合理的な範囲を超える費用がかかるため、是正することができない場合などもありうる。これらの場合には、是正をしないままの内部統制システムの内容を事業報告に記載するほかない。このことは、取締役の責任を生じさせることとなるか。

どのような内容の内部統制システムを構築すべきかは、会社の事業規模、内容、特性などによって会社ごとに異なるものであって、取締役の経営判断事項であり、取締役に広範な裁量が認められる。取締役の責任については、経営判断が合理的な過程（情報収集）を経てなされた場合には、その判断内容が著しく不合理でない限り取締役は責任を負わないという考え方が存在し（いわゆる経営判断原則）、どのような内容の内部統制システムを構築すべきかは、経営判断原則が妥当する領域である。したがって、内部統制システムに「重要な欠陥」があるにもかかわらずそれを是正しないという判断をするのであっても、それが合理的な過程を経て行われたのであれば、その判断内容が著しく不合理である場合を除き、取締役に善管注意義務違反が認められることはない。監査人との連携等に不備があり、合理的な情報収集がなされなかった場合には、取締役が任務懈怠（善管注意義務違反）の責任を負わされるおそれがある。しかし、合理的な情報収集がなされたのであれば、それに基づいて時間または費用等の理由により是正をしない場合、取締役が任務懈怠責任を負うことはないであろう。

なお、金融商品取引法上は、財務報告に係る内部統制に重要な欠陥がある場合、内部統制が有効である等と開示すれば虚偽記載となるが、重要な欠陥がある旨（および是正されない理由）を開示すれば、虚偽記載の問題は生じない。

3　内部統制システムに関する監査役の監査

監査役は、事業報告に記載された取締役会決議の概要（施行規則118条2号）が相当でないと認めるときには、その旨およびその理由を監査報告において明らかにしなければならない（同規則129条1項5号）。

内部統制システムの内容に「重要な欠陥」があると判明した場合には、監査役は、内部統制システムの内容が相当でない旨およびその理由を監査報告に記載しなければならない。

金融商品取引法上の内部統制報告書およびそれに対する監査人の内部統制監査報告が作成・提出されるのは、時期的に、会社法上の監査役の監査報告が作成・提出されたあとであり（いわゆる「期ずれ」問題）、監査報告の作成・提出後に「重要な欠陥」が発見・指摘されるという事態が起こりうるが、取締役・監査人等との連携により合理的な情報収集がなされ、それに基づいて監査報告を作成したのであれば、仮に内部統制システムの内容が相当性を欠くものであったとしても、その旨の記載をしなかったことについて監査役が任務懈怠（善管注意義務違反）の責任を負うことはないであろう。

（前田雅弘）

17. 後発事象

【設　問】

　後発事象は、会社法制定前は営業報告書の記載事項とされていましたが、会社法の下では計算書類の注記表に記載すべきこととされました。後発事象は事業報告に記載しなくともよいでしょうか。

【回　答】

> 　事業年度の末日後に、会社の財産または損益に影響を及ぼさない重要な事象が生じた場合、事業報告において会社の現況に関する重要な事項として記載する。

【解　説】

　平成17年の会社法制定前の旧商法施行規則103条1項11号は、決算期後に生じた会社の状況に関する重要事実（後発事象）を営業報告書の記載事項としていた。会社法の下では、事業報告が計算書類でないものとして整理されたことに伴い、事業年度の末日後に会社の翌事業年度以降の財産または損益に重要な影響を及ぼす事象については、会社計算規則114条により、計算書類の注記表に記載すべきこととなった。財産または損益に影響を及ぼさない重要な事象が生じた場合には、事業報告において会社の現況に関する重要な事項（施行規則120条1項9号）として記載することを要すると解される。

（前田雅弘）

18. 事業報告、計算書類および連結計算書類の過年度事項の取扱い

【設　問】

　事業報告では、株式会社（企業集団）の現況に関する事項のうち、直前3事業年度の財産および損益の状況について、修正後の過年度事項を反映することを妨げないものとされています（施行規則120条3項）。また、計算書類および連結計算書類（個別および連結の注記表を除く）について、過年度事項の提供が認められています（計算規則133条3項・134条3項）。

　平成19年6月定時株主総会の事例では、前記に関連するものと思われるものとして、①過年度決算訂正の内容報告の件（報告事項）とするもの、②前期営業報告書修正の件（報告事項）とするとともに、前期連結貸借対照表と連結損益計算書の一部修正の件（議案）とするものがあります。

　前記①、②の事例に照らし、会社法・関係法務省令で認められた過年度事項の提供（開示）とはどのような趣旨のものでしょうか。また、その場合の開示方法（規制）はどのようなものでしょうか。

【回　答】

　過年度事項の表示・提供の趣旨は、会社の財産や損益の状態が1事業年度だけで的確に評価することができず、過年度の状況と当該事業年度の状況を比較することにある。過年度の事業報告や計算書類の変更は、当期の事業報告・計算書類に記載する方法による。

【解　説】

　公開会社の事業報告には、直前3事業年度の会社の財産および損益の状況を「株式会社の現況に関する事項」の内容として、記載しなければならない（施行規則119条1号・120条1項6号）。また、計算書類を株主に提供する場合には（会社法437条）、当該事業年度より前の事業年度に係る貸借対照表、損益計算書

または株主資本等変動計算書に表示すべき事項を併せて提供することができる（計算規則133条3項。連結計算書類についても同様〔同規則134条3項〕）。このように、当該事業年度より前の年度に関する事項（これを「過年度事項」という）を当該事業年度の事業報告や計算書類において、表示するものとされ、または提供できるものとされている趣旨は、会社の財産や損益の状態は、1事業年度だけで評価することができず、その的確な判断のためには時系列的な分析が必要であって、また、過年度の状況と当該事業年度の状況を比較することが重要であるためである。

会社法施行規則・会社計算規則において定められている過年度事項の修正とは、「過年度事項が会計方針の変更その他の正当な理由により当該事業年度より前の事業年度に係る定時株主総会において承認又は報告をしたものと異なるものとなっているときは、修正後の過年度事項（を反映した事項）」を開示・提供することができる、というものである（施行規則120条3項、計算規則133条3項・134条3項）。これは、前記過年度事項の開示の趣旨である期間比較の観点からすると、過年度事項が正当な理由により変更された場合は、修正後の事項を提供するほうが望ましいことによる。

ここで問題となる過年度事項の修正は、会社法上の、過年度に係る決算手続（計算書類確定手続）とは別個のものである。仮に、過年度の計算書類等の記載に誤りがあったこと等により、決算手続が違法となって当該過年度の計算書類が確定していない場合に、当該過年度の計算書類等を修正するときは、会社法に定める承認・監査手続を経た上で、当該過年度に係る計算書類確定手続を完結することになる。しかし、【設問】の過年度事項の修正は、これとは異なり、過年度の計算書類は適法に確定したことを前提に、その計算書類等を確定後に修正するものである。もっとも、この修正によっても、当該過年度の決算が変更されるものではないから、修正前の当該過年度の計算書類に基づいて剰余金が分配されたとしても、それは完全に適法である。過年度修正は、当期の計算書類等の前提となっている過年度の計算書類等を修正するものではあるが、それはあくまでも、当期の決算手続の問題となる。

以上から、過年度の事業報告や計算書類に記載された事項の変更は、当期の

事業報告・計算書類において、記載・開示することで足りる。過年度事項の修正は、過去の年度の決算手続のやり直しではないから、それ自体を独立の議案とする必要はないし、そもそも議案とすることは、適当でない。

(北村雅史)

19.「企業が反社会的勢力による被害を防止するための指針」と事業報告

【設　問】

　平成19年6月に内閣府から「企業が反社会的勢力による被害を防止するための指針」が出されました。事業報告の「業務の適正を確保するための体制の整備に関する事項（内部統制）」において、反映させなければならないのでしょうか。なお、反社会的勢力に対する考え方は、全従業員に配布した企業行動基準において記載しており、現在の事業報告において企業行動基準を遵守する旨を記載しています。

【回　答】

> 　反社会的勢力の排除について、内閣府の指針や金融商品取引所の要請に対応できる内部統制システムをすでに構築しているとの判断をするのであれば、すでに行った取締役会の決議内容を変える必要はない。事業報告には決議の内容の概要の記載で足りるため、必ずしも反社会的勢力の排除を明示する必要はない。

【解　説】

　内閣府の提示する「企業が反社会的勢力による被害を防止するための指針」は、近年、暴力団をはじめとする反社会的勢力が、組織実態を隠蔽する動きを強めるとともに、活動形態においても、企業活動を装ったりするなど、さらなる不透明化を進展させており、また、証券取引や不動産取引等の経済活動を通じて、資金獲得活動を巧妙化させていることに鑑み、各企業が暴力団排除意識を高め、反社会的勢力との関係遮断のための取組みをより一層推進する必要があるとの認識の下に、公表された。

　その内容として、「内部統制システムと反社会的勢力による被害防止との関係」という項目があり、そこでは、「反社会的勢力による被害の防止は、業務

の適正を確保するために必要な法令等遵守・リスク管理事項として、内部統制システムに明確に位置付けることが必要である」と述べられている。

　これに関連して、東京証券取引所においては、企業行動規範において、「上場会社は、上場会社が反社会的勢力の関与を受けているものとして施行規則で定める関係を有しないものと」し（上場規程443条）、「反社会的勢力による被害を防止するための社内体制の整備及び個々の企業行動に対する反社会的勢力の介入防止に努めるもの」（同規程450条）とされ、コーポレートガバナンスに関する報告書において、上場会社は、「内部統制システムに関する基本的な考え方及びその整備状況」の一環として、反社会的勢力排除に向けた体制整備についての開示が、要請されるようになった。

　このように、会社の内部統制システムにおいて、反社会的勢力の排除ないし被害防止の役割が期待されるようになってきている。

　会社法上、大会社、監査等委員会設置会社および指名委員会等設置会社について、内部統制システムを整備することが義務づけられ（会社法348条3項4号・4項・362条4項6号・5項・399条の13第1項1号ハ・2項・416条1項1号ホ・2項）、それ以外の会社では、内部統制システムを構築すべきかどうかは、会社の規模や特性に応じて、取締役会（取締役会設置会社でなければ取締役）が善良な管理者の注意をもって判断する。事業報告には、内部統制システムの「整備についての決定又は決議があるときは、その決定又は決議の内容の概要及び当該体制の運用状況の概要」を記載することになっている（施行規則118条2号）。したがって、事業報告への記載の前提は、内部統制システムの整備に関する決議・決定が存在することであり、それがあってはじめて、決議・決定の内容の概要が記載される。

　そうすると、いったん内部統制システムの整備に関する決議があって、それ以降それを改定する決議がなければ、「決議の内容の概要」に関する事業報告の記載は変える必要がない。内閣府の指針や証券取引所の要請に対応できる内部統制システムをすでに構築していると判断できるのであれば、すでに整備について行った決議を変える必要はない。したがって、【設問】にあるように、「反社会的勢力に対する考え方は、全従業員に配布した企業行動基準において記載

しており、現在の事業報告において企業行動基準を遵守する旨を記載して」いるのであれば、特に反社会的勢力に対する考え方を事業報告に反映させる必要はないことになる。

　これに対し、現在の内部統制システムでは反社会的勢力の排除への取組みが不十分であると取締役会が考えるのであれば、反社会的勢力の排除のために内部統制システムの改定を決議すべきである。その決議を行った場合は、反社会的勢力に対する考え方が事業報告に反映されることになることが多いと思われるが、事業報告には決議の概要を記載することで足りるので、必ず「反社会的勢力の排除」が事業報告に明示されなければならないわけではない。

　なお、平成27年の会社法施行規則の改正により、反社会的勢力排除に向けた内部統制システムの運用状況について述べるべき点があれば、その概要を事業報告に記載しなければならない（施行規則118条2号）。

（北村雅史）

20. 内部統制報告書

【設　問】

　今年（平成21年）6月定時株主総会の終結後に提出された内部統制報告書では、「重要な欠陥（不備）に該当する」と記載するものが散見しました。たとえば、不適切または誤った会計処理があったとする場合、すでに定時株主総会において報告ないし決議された計算書類の内容や決議された剰余金の処分は、どのように考えられるでしょうか。

【回　答】

> 　内部統制報告書において内部統制システムに重要な不備があると評価されたとしても、計算書類が不正確であることを意味せず、計算書類および剰余金配当の適法性は、内部統制報告書の記載とは関係なく実質的に判断される。

【解　説】

　上場会社等については、平成20年4月以降の事業年度分より、当該会社の属する企業集団および当該会社に係る財務に関する情報の適正性を確保するために必要なものとして内閣府令で定める体制の有効性を評価した内部統制報告書を、有価証券報告書と併せて提出しなければならなくなった（金商法24条の4の4）。上場会社以外の有価証券報告書提出会社についても、内部統制報告書の任意提出は可能である。金融商品取引法上の内部統制報告書は、財務報告の信頼性を確保するために必要な会社内の体制について、経営者がその有効性を評価するための報告書である。

　内部統制報告書の記載事項の詳細は、「財務計算に関する書類その他の情報の適正性を確保するための体制に関する内閣府令」およびその第一号様式等に定められている。それによれば、財務報告に係る内部統制の評価結果は、「有効である旨」「評価手続の一部が実施できなかったが有効である旨」「開示すべ

き重要な不備があり有効でないる旨」および「重要な評価手続が実施できなかったため評価結果を表明できない旨」の4段階が定められている。内部統制報告書の記載事項について、同府令において定めのない事項については、一般に公正妥当と認められる財務報告に係る内部統制の評価の基準に従うものとされている（内部統制府令1条1項）。企業会計審議会の「財務報告に係る内部統制の評価及び監査の基準並びに財務報告に係る内部統制の評価及び監査に関する実施基準の改訂に関する意見書」はそれに該当するとされる。開示すべき重要な不備とは、同意見書によれば、財務報告に重要な影響を及ぼす可能性が高い財務報告に係る内部統制の不備をいうとされる。

　内部統制報告制度は、財務報告に関する内部統制システムを経営者が評価し、かつ監査人が監査することにより、上場会社等の財務報告の信頼性を高めることを目的とするものである。内部統制報告書は、それ自体が計算書類の記載事項の適正性を評価するものではない。内部統制報告書において、内部統制システムが有効と評価されることが必ずしも計算書類等の適正さを保証することになるのではなく、反対に、内部統制報告書において内部統制システムに重要な不備があると評価されたとしても、計算書類が不正確であることを意味するわけではない。したがって、内部統制報告書における内部統制システムについての評価と、会社法上の計算書類の適正さ・剰余金配当の適法性・有効性は、別の問題である。内部統制報告書において内部統制システムに重要な不備があり、それが事業年度末までに是正されていないと評価されている場合には、計算書類等について事実と異なる記載がされる可能性が高くなるかもしれないが、会社法上の計算書類および剰余金配当の適法性は、金融商品取引法上の内部統制報告書の記載とは関係なく実質的に判断される。

（北村雅史）

第2節　基準日および招集手続の前

1．基準日後の株主の一部に対する議決権の付与

【設　問】

　基準日後の株主の一部に対する議決権の付与については、会社法124条4項に定めがあります。

　平成19年6月定時株主総会では、実例として、①株主総会参考書類にその旨を任意的に参考記載しているもの、②株主総会参考書類の記載が間に合わない段階の決定であり、一般に公表しているものがあります。

　そこで、前記①・②の事例に照らし、会社法124条4項の定めに基づいて、前記の手続をとる場合の留意事項は、どのようなことでしょうか。

【回　答】

> 　基準日後の株式取得者に議決権行使を認めると、基準日における株主の議決権行使に影響が生じないわけではないから、招集通知にその旨と理由を開示することが望ましく、基準日後の株式取得者に議決権を行使させる正当な理由を明らかにすることが適当である。

【解　説】

　会社法124条4項は、基準日に係る株主の権利が株主総会または種類株主総会における議決権である場合には、株式会社は、当該基準日後に株式を取得した者の全部または一部を、当該権利を行使することができる者と定めることができるものとする。この規定は、基準日後に組織再編行為等によって新たに株主になった者に、取締役選任等について議決権を行使させるようにしたいとの、実務上の要請に応えたものである。

　会社法124条4項の規定に従って、基準日後に株主になった者に議決権を行使させる場合には、基準日現在の株主名簿上の株主（基準日株主）の権利を害

することができないとされている（同法124条4項ただし書）。したがって、自己株式の処分以外の株式譲渡によって、基準日後に株式を取得した者に議決権を行使させることは、譲渡人が承諾しているなどといった事情がない限り、原則としてできない。

基準日後に新株発行があった場合に、当該新株発行によって株式を取得した者に議決権を行使させると、基準日現在の株主の議決権比率が低下するが、そのことは当該制度が本来的に予定していることであるから、基準日株主の権利を害するものとは解されない。

会社法124条4項は、基準日後の株式取得者の一部に議決権を行使させることも認めているが、株主平等原則に反するような取扱いはできない。基準日後に新株発行があった場合、同じ新株発行によって株式を取得した者の一部のみに議決権を行使させることは、株主平等原則違反となる。基準日後に複数回の新株発行があった場合、その中の特定の新株発行によって株式を取得した者に議決権を行使させることは、法文上許される。

株主総会において会社支配権の争いが生じると予想される場合に、経営者が自派に第三者割当ての方法で新株を発行したとき、そのような新株発行によって株式を取得した者に議決権を行使させる場合には、決議の適法性に問題が生じることがある。このとき、新株発行が差し止められずに効力を生じても、株主総会招集に際して、新株発行によって株式を取得した者に議決権を行使させることを決定すれば、招集手続の著しい不公正（会社法831条1項1号）になる可能性がある。

会社法124条4項に基づく議決権行使を認める場合において、株主への通知その他の開示については、特に会社法に定めはないので、開示しなくても、招集手続の法令違反（会社法831条1項1号）にはならない。もっとも、基準日後の株式取得者に議決権行使を認めると、基準日現在の株主の議決権行使に関する行動に影響が生じないわけではないから、招集通知に際して、その旨と理由を開示することが望ましい。特に、基準日後の新株発行によって株式を取得した者に議決権行使をさせる場合には、経営者の保身の疑いが生じる場合もあるので、議決権行使をさせる正当な理由を明らかにすることが適当である。その

ような理由として「株主総会開催時に近接した時点での株主の意思を株主総会に反映する」ことを述べたとすると、基準日後株主総会までに複数回の新株発行があった場合に、株主総会に最も近接した新株発行によって株式を取得した者に議決権を行使させるのであれば、それまでの新株発行によって株式を取得した者すべてに議決権を行使させなければならないであろう。

（北村雅史）

2．基準日後の株式取得者による議決権行使

【設　問】
　会社法では、3月末日の基準日後に発行した新株を取得した者にも議決権を付与することができるようになりましたが、「当該株式の基準日株主の権利を害することができない」（会社法124条4項ただし書）と定められていることについて、どのように考えればよいでしょうか。

【回　答】
> 　会社法124条4項ただし書は、基準日後に会社以外の者から株式を譲り受けて株式を取得した者には、原則として議決権行使を認めることはできないことを明らかにするために設けられた規定である。

【解　説】
　平成17年改正前の旧商法においては、基準日後に新株発行があり、または会社の保有する自己株式（金庫株）が処分された場合に、当該株式を取得した者に議決権行使をさせることができるかどうかについて明文の規定がなかったが、実務界からはこれを認めるべき旨の要望が強く、会社法は124条4項において、これを認める旨の規定を設けた。たとえば、基準日を3月31日とする会社において、4月1日を合併の効力発生日とし、この会社を存続会社とする吸収合併が行われると、合併により株主構成は大きく変わることとなるが、6月の定時株主総会では、この規定に基づき、新たな株主構成でさらに企業再編を進めることが可能となる。
　会社法124条4項本文の文言は、基準日後に株式を「取得した者」と定め、新株発行または自己株式処分による取得に限らず、基準日後に会社以外の者から株式を譲り受けて株式を取得した者も含んでいるが、ただし書において、基準日株主の権利を害することができない旨を定めているため、通常は、基準日後の株式譲受人の議決権行使を認めることはできない。基準日後に株式が譲渡

される場合、それは議決権行使ができないことを前提に低い価格で取引がされているはずであり、会社が一方的に譲受人の議決権行使を認めると、譲渡人の利益が害されることとなるからである（譲渡人の同意があれば差し支えない）。会社法124条4項ただし書は、このように、基準日後の株式譲受人には原則として議決権行使を認めることはできないことを明らかにするために設けられた規定である。

　なお、会社が基準日後に新株発行を行い、その新株発行で株式を取得した者に議決権が付与された結果、既存株主の議決権比率が低下することは、会社法124条4項ただし書にいう「当該株式の基準日株主の権利を害する」場合には当たらない。同ただし書は、「当該」株式の基準日株主と定めており、基準日後に新株発行がされた株式については基準日株主は存在しないことから、前記の既存株主は「基準日株主」には該当しないからである。

（前田雅弘）

3．基準日後に株主となった者への議決権の付与

【設　問】
　基準日後に株主となった者（議決権比率33％を超える程度）に議決権を付与した事例がありましたが、その場合の留意点はどのようなことでしょうか。

【回　答】

> 　新株発行によって発行済株式総数が増加し、基準日における株主の持株比率が低下すること自体は「株主の権利を害する」とはいえないが、経営者の保身目的であれば、招集手続の著しい不公正に該当し、合理的理由がなければ、株主総会の決議取消しの原因となる可能性がある。

【解　説】
　株式会社は、基準日を定めて、その日において株主名簿上の株主である者に株主としての権利行使をさせるものとすることができる（会社法124条1項）。その「株主としての権利」が株主総会または種類株主総会における議決権である場合には、株式会社は、当該基準日後に株式を取得した者の全部または一部を当該権利を行使することができる者と定めることができる。基準日後に株主となった者に議決権行使を認める定め（同条4項）は、会社法によって新設された。これは、基準日後に組織再編行為や募集株式の発行等によって新たに株主となった者に、取締役選任等について議決権を行使させるようにしたいとの、実務上の要請に応えたものである。
　基準日後に株式を取得した者に議決権を行使させる旨を決定する機関については、会社法に特段の定めはない。株主総会における議決権行使が問題になるのであるから、取締役会設置会社では株主総会招集事項を決定する取締役会が、これを決定するものと解される。
　基準日後に株式を取得した者に議決権を行使させる場合でも、基準日現在株主名簿上の株主である者（基準日株主）の権利を害することはできない（会社法

124条4項ただし書)。このことから、自己株式の処分以外の株式の譲渡によって基準日後に株式を取得した者については、原則として議決権行使を認めることはできない。

　新株発行や自己株式の処分の場合には、譲渡の場合の譲渡人に相当する基準日株主は存在しない。したがって、基準日株主の権利を害することは基本的にない。この場合にも株主平等原則に反する取扱いは認められないから、同じ新株発行によって株式を取得した者については、一律に議決権行使を認めなければならない。ただし、基準日後、株主総会までの間に、複数回の新株発行があった場合に、そのうちある回の新株発行によって株主となった者についてのみ議決権行使をさせる旨を定めることはできる（法文上、「取得者の一部」に議決権行使をさせることは認められている）。基準日後に合併と新株発行があった場合に、合併によって株式を取得した者についてのみ議決権を行使させることも可能である。

　新株発行によって発行済株式総数が増加し、基準日現在の株主の持株比率が低下することになるが、これは当該制度が本来的に予定しているところであるから、会社法124条4項ただし書にいうところの基準日株主の権利を害するものとは解されない。しかし、現経営陣等の保身のため基準日現在の株主の持株比率低下を狙って新株発行がされ、それによって株主となった者に議決権を行使させる旨を決定した場合、新株発行が不公正発行として差止事由となる（会社法210条2項）ほか、当該株主が議決権を行使した株主総会決議の適法性が問題になる。そのときは、新株発行が差し止められずに効力を生じても、経営者の保身のために基準日後株主に議決権を行使させる旨を決定したのであれば、招集手続の著しい不公正（同法831条1項1号）になる可能性がある。本件事例のように、発行済株式の3分の1超の第三者割当てによる新株発行があれば、基準日株主の持株比率の希釈化は激しいといえるので、基準日後の株式取得者に議決権を行使させる合理的理由がなければ、決議取消しのおそれがある。

（北村雅史）

4．基準日後の第三者割当増資の差止め

【設　問】
　基準日後に第三者割当増資を行い、それを引き受けた株主に議決権を与えた場合は、会社法124条4項の「基準日株主の権利を害する場合」には当たらないと解されているようですが、基準日株主にたとえば50％超や33.3％超の株主がいて、その増資によりそれぞれ50％未満や33.3％未満になってしまう場合に、「基準日株主の権利を害する場合」に当たり、差止め請求が認められる余地はあるでしょうか。

【回　答】
> 　会社法124条4項ただし書の規定は、基準日後に会社以外の者から株式を取得した者について議決権の行使を認めることができないことを明らかにするもので、本規定に基づいて、基準日後の新株発行の差止めを請求することはできない。

【解　説】
　平成17年改正前の商法においては、基準日後に新株発行があり、または会社の保有する自己株式（金庫株）が処分された場合に、当該株式を取得した者に議決権行使をさせることができるかどうかについて明文の規定がなかったが、実務界からはこれを認めるべき旨の要望が強く、会社法は124条4項において、これを認める旨の規定を設けた。たとえば、基準日を3月31日とする会社において、4月1日を合併の効力発生日とし、この会社を存続会社とする吸収合併が行われると、合併により株主構成は大きく変わることとなるが、6月の定時株主総会では、この規定に基づき、新たな株主構成でさらなる企業再編を進めることが可能となる。
　会社法124条4項本文の文言は、基準日後に株式を「取得した者」と定め、新株発行または自己株式処分による取得に限らず、基準日後に会社以外の者か

ら株式を譲り受けて株式を取得した者も含む表現となっているが、ただし書において、基準日株主の権利を害することができない旨を定めているため、通常は、基準日後の株式譲受人の議決権行使を認めることはできない。基準日後に株式が譲渡される場合、それは議決権行使ができないことを前提に低い価格で取引がされているはずであり、会社が一方的に譲受人の議決権行使を認めると、譲渡人の利益が害されることとなるからである（譲渡人の同意があれば差し支えないであろう）。

　会社法124条4項ただし書は、このように、基準日後に会社以外の者から株式を譲り受けて株式を取得した者について、通常は議決権行使を認めることができないことを明らかにする趣旨で設けられた規定であり、【設問】のように、第三者割当ての新株発行が行われ、既存の50％超の株主等の議決権比率が減少する場合を想定した規定ではない。同規定のただし書の文言は、「当該」株式の基準日株主と表現されており、基準日後に第三者に新株発行された株式については基準日株主は存在しないことから、この文言により、前記の50％超の株主等は「基準日株主」には該当せず、第三者に議決権を認めることは、同条4項ただし書には違反しない。

　実質的に考えても、公開会社においては、機動的な資金調達を可能にするため、取締役会に広範な新株発行の決定権限が与えられている（会社法201条1項）。払込金額が特に有利であれば株主総会の特別決議を要求することで（同項・199条2項）、株主の株式価値についての利益は保護されているが、株主の議決権比率維持の利益は、取締役会が発行できる株式数（発行可能株式総数）が発行済株式総数の4倍以内に制限されるほかは、著しく不公正な方法がとられた場合に個別的に問題となる（同法210条2号参照）にすぎない（ただし、平成26年改正により、支配株主の異動を伴う新株発行について、旧株主保護のための特則が設けられた。同法206条の2）。すなわち、会社法は、公開会社における株主の持株比率維持の利益を一般的には重視しておらず、株主割当て以外の方法により新株発行がなされ、旧株主の議決権比率が低下することを通常は許容している。したがって、会社法124条4項ただし書においても、新株発行により既存株主の議決権割合が低下することは、実質的に見ても既存株主の「権利を

害する」とまで評価はできない。

　以上のところから、【設問】の50％超の株主等は、議決権比率が低下することを理由として、会社法124条ただし書に基づいて新株発行の差止めを請求することはできない。

　ただし、会社支配の帰属をめぐる争いがある場合には、現経営陣側が支配権の維持・強化を主要な目的として第三者割当ての新株発行を行うことは、判例・多数説によれば、著しく不公正な方法による新株発行として、新株発行の差止め原因（会社法210条2号）となる。

（前田雅弘）

5．株主総会招集決議前の株主からの照会対応

【設　問】
　株主提案権を行使したいという株主より、取締役会の招集決定前に総会の日程について照会があった場合、どこまで対応する必要があるでしょうか。
　また、同様に議題について照会があった場合はいかがでしょうか。
　特に剰余金の配当を株主総会で決定する会社については、配当議案の有無は提案権行使を議案の通知請求によって行うか修正動議で対応するかの判断材料になると思われます。
　また、当該会社が無配を予定している場合、剰余金配当の株主提案をするときには、各種準備金・積立金の取崩しなど方法を指定することは可能でしょうか。

【回　答】

> 　株主総会の招集決定までに株主総会の日程・議題に関する照会が株主からあったとしても、会社はこれに応じる義務はない。株主が準備金の額を減少する旨の株主提案を行い、その可決を条件として剰余金配当を行うべき旨の株主提案をすることはできる。積立金取崩しについても同様であるが、株主総会の決議事項となる場合のみ可能である。

【解　説】
1　日程等に関する情報を提供すべき義務
　会社法は、株主が会社情報を取得できるよう、さまざまな閲覧等請求権など（会社法31条2項等）を株主に付与しているが、株主総会の招集通知までに株主総会の日程に関する情報を株主が取得する権利は認めていない。株主提案権を行使したいという株主が総会の日程について照会をしても、会社はこれに応じる義務はない。議題に関する情報についても同様である。

2 株主提案権行使との関係

　株主提案権の行使は、株主総会の会日の8週間前までに請求することが要件とされているところ、株主は、請求の時点では、会日が何時であり、また議題が何であるかを知らないのが通常である。したがって、株主提案権を行使しようという株主は、日程に関して十分な余裕を見込んで請求する必要があることとなる。また議題についても、ある議題が取締役会で決定されることが予測される場合であっても、それが確実である場合（たとえば、総会終結時に任期満了となる取締役が存在し、会社法・定款で定めた員数を満たすために取締役選任が議題となることが確実である場合など）を除いては、自ら議題提案権（会社法303条2項）を行使しておく必要があることとなる。なぜなら、たとえば、剰余金配当を議題とすることが取締役会で決定されると株主が予測をし、自らは議題提案権を行使することなく、単に自己の議案の通知請求（同法305条1項）だけを行い、または、会場において議案（取締役提出議案に対する修正動議等）を提出することを予定していたところ、もしも取締役会において剰余金配当の議題が決定されない場合には、自己の議案の通知請求も会場における提案権行使もできないこととなってしまうからである。

　会社が総会の会日を例年より大幅に前倒しすることとした場合には、株主提案権を行使することができない株主が生じうる。合理的な理由もなしに例年よりも会日を大幅に前倒しすることは、株主提案権の行使を阻害することとなるし、何よりも株主の出席を困難にするおそれが生じるから、そのような総会の招集手続は著しく不公正であり、決議取消事由（会社法831条1項1号）を生じるといわねばならない。しかし大幅な前倒しであっても、それが会場確保の必要のためなど合理的な理由に基づくのであれば、著しく不公正であると評価されることはなく、決議取消事由を生じることはない。

　会日の大幅な変更によって株主の出席が困難になるという弊害は、会日の大幅な前倒しだけでなく、総会が例年より大幅に遅い時期に開催される場合にも同じく生じうる。会社法施行規則63条1号イは、定時株主総会の日時が前事業年度に係る定時株主総会の応当日と著しく離れた日であるときは、その理由を決定すべき旨を定めている。どこまでの変更が「著しく」に該当するかについ

第1章　株主総会における諸問題

て明確な基準はなく、当該会社の過去の開催状況等を考慮要素として、社会通念によって判断するほかないが、この規制により、会社は事実上、合理的な理由なしには総会の会日を例年より著しく変更することはできないこととなる。この限りで、会社法は、会日の大幅な変更によって株主の出席が困難となる弊害、または会日の大幅な前倒しによって株主提案権の行使ができなくなるおそれがあるという弊害に対処していると考えられる。

3　会社が任意に日程等に関する情報を提供することの可否

総会の日程等について株主から照会があっても、前記のように会社にはこれに応じる義務はないが、会社は、任意に株主の照会に応じて総会の日程等に関する情報を提供することはできるか。会社が任意に情報提供に応じることは、原則として差し支えないと考えてよいが、次のような問題があることに留意しなければならない。

第1に、特定の株主に対してのみ総会の日程等に関する情報を提供することは、株主平等原則に反することとならないかが問題となりうる。しかし、株主総会参考書類の交付など、会社が株主全員に対して会社法上要求される情報を提供している限り、それを超える情報を任意に一部の株主にだけ提供することは、株主平等原則の観点からは問題とはならないと思われる。もっとも、経営陣に友好的な株主による照会には応じ、他方で敵対的な株主からの照会には応じないなどの恣意的な扱いがなされる場合には、招集手続または決議方法が著しく不公正であるとして、決議取消原因を生じるおそれを否定できない。

第2に、会社が総会の日程等に関する情報を提供したにもかかわらず、もしその後の取締役会において提供した情報と異なる決定がなされた場合に、法的にはどのような問題が生じるかが問題となる。たとえば会社がある株主に総会の開催予定日を示したにもかかわらず、取締役会においてはそれと異なる会日が決定されたために、当該株主が総会に出席することができなかった場合、または、会社が剰余金配当の議題を提出する予定である旨の情報をある株主に提供したにもかかわらず、取締役会においては当該議題を提出する決定がなされなかったために、当該株主が剰余金配当に関して予定していた修正動議を会場

54

で提出することができなかった場合などである。会社が総会の日程等に関して故意に虚偽の情報を株主に提供したような場合は、総会の招集手続は著しく不公正であり、決議取消事由（会社法831条1項1号）を生ずることとなる。株主に損害が生じれば、虚偽の情報を提供した取締役（同法429条1項または民法709条）および会社（会社法350条）は損害賠償責任を免れない。これに対して、会社が総会の日程等に関する合理的な予測に基づいて、株主に総会の日程等の予定を示したのであれば、もし取締役会においてそれとは異なる決定がなされたとしても、決議取消しの問題が生じることはなく、取締役または会社の損害賠償責任が生ずることもないであろう。

4　剰余金配当の株主提案と準備金等の減少

　準備金の額の減少は、株主総会の決議事項であるから（会社法448条1項）、株主は、分配可能額を増加させるため、準備金の額を減少する旨の株主提案を行い、それが可決されることを条件として、剰余金配当を行うべき旨の株主提案をすることは差し支えない。

　任意積立金の取崩しについては、その積立ての目的に従って取り崩す場合には、株主総会決議を要しないので、取崩しの株主提案をすることはできないが、目的の定められた積立金を目的外に使用する場合、または目的が定められていない積立金（別途積立金）を取り崩す場合には、その積立ての根拠に応じて定款変更または株主総会決議を要することとなるから（会社法452条。同法459条の場合を除く）、前記の準備金の減少の場合と同じく、株主提案をすることができる。

（前田雅弘）

第1章 株主総会における諸問題

6．大株主等への事前説明

【設　問】
　大幅な減額となる配当議案について理解を得るため、事前に大株主や議決権行使助言会社等に説明する場合、留意しておくべき事項としてどのようなものがあるでしょうか。
　また、配当等について取締役会で決定する会社についてはいかがでしょうか。

【回　答】

> 　会社が一部の大株主にのみ配当議案について事前に説明をする場合には、株主平等の原則との関係、利益供与との関係、およびインサイダー取引規制との関係に留意しなければならない。

【解　説】
1　株主平等原則との関係
　一部の大株主に対してのみ配当議案について事前に説明をすることは、株主平等原則に反しないかが問題となる。株主総会参考書類の交付など、会社法上要求される情報を会社が株主全員に対して提供している限りは、特に大株主の賛同を得るため、それを超える情報を任意に当該大株主にだけ提供して説明を行うことは、株主平等原則の観点からは問題とはならないと思われる。このような考え方は、法定の記載事項を記載した議決権行使書面および株主総会参考書類を株主全員に送付した上で、重ねて一部の大株主に対してのみ、委任状勧誘を行うことは差し支えないと一般に解されていることとも整合する。
　剰余金配当等を取締役会で決定する会社（会社法459条1項）においては、剰余金配当の決定に株主は関与せず、株主平等原則の問題は生じない。

2　利益供与との関係
　会社が大株主または議決権行使助言会社等に対して配当議案について説明を

する際、「株主の権利の行使に関し」て財産上の利益を供与することは禁止される（会社法120条1項）。「株主の権利の行使に関し」とは、議決権など何らかの株主権の行使または不行使に影響を及ぼす趣旨で、という意味に解するのが通説である。単に手土産を交付する程度のことであれば、社会的儀礼と認められる範囲を超えない限りは、「株主の権利の行使に関し」てなされたものとはいえず問題はないが、配当議案に賛成することのいわば対価として財産上の利益を交付することは、利益供与として禁止される。

剰余金配当等を取締役会で決定する会社（会社法459条1項）においては、議決権の行使または不行使との関連で利益供与が成立することはないが、たとえば、配当の減額があっても株主代表訴訟提起等により経営陣を攻撃しないことの対価として財産上の利益を交付すれば、利益供与となる。

3　インサイダー取引規制との関係

会社が剰余金配当を行う決定をしたこと、または行わない決定をしたことは、金融商品取引法上の「業務等に関する重要事実」に該当する（金商法166条2項1号ト）。ここにいう「決定」とは、必ずしも取締役会の決定に限らず、代表取締役など、実質的に会社の意思決定と同視されるような意思決定を行うことのできる機関による決定で足りると解するのが判例である（最判平成11年6月10日刑集53巻5号415頁）。会社が配当議案について事前に大株主または議決権行使助言会社等に説明する際、提供する情報の中に前記決定があった事実が含まれる場合には、これらの者は、情報受領者となり、当該事実が「公表」（同法166条4項）されるまでに当該会社の株式等の取引を行うことは、インサイダー取引規制に違反することとなる（同条3項）。したがって、会社が説明をする際には、提供する情報の中に未公表の重要事実が含まれないよう留意しなければならない。

インサイダー取引規制については、剰余金配当等を取締役会で決定する会社（会社法459条1項）においても、前記と異なるところはない。

（前田雅弘）

第1章　株主総会における諸問題

7．個別株主通知の法定期限の超過

【設　問】

　株主提案権の行使が個別株主通知後4週間を経過していたため、会社は、権利行使者に対してあらためて個別株主通知の申出をするよう求めました。その場合、会社は、情報提供請求を行い、株主か否かを確認することにより当該株主の権利行使を認めるべきでしょうか。

【回　答】

> 　個別株主通知に基づく権利行使が4週間以内になされない場合、会社は、当該権利行使を拒むことができる。会社の側から権利行使を認めることはでき、必要があれば情報提供請求をすることもできる。

【解　説】

　振替制度の下では、会社に対する株主の権利のうち、株主提案権のような個別的な権利（振替法では「少数株主権等」と呼ばれる。同法147条4項）を株主が行使するには、個別株主通知によらなければならない。すなわち、株主は、直近上位機関を経由して、振替機関に対し、自己が有する振替株式の数または増減の経過など一定の事項を会社に通知するよう申し出なければならない（同法154条3項〜5項）。この個別株主通知によって、会社は、その株主が権利行使の要件を満たしているかどうかを確認することができる。

　個別株主通知があれば、株主名簿の名義書換なしに、その株主は会社に対して少数株主権等を行使することができる（振替法154条1項・2項）。もし会社法130条1項の原則どおり、株主名簿の名義書換がなければ少数株主権等を行使できないこととすると、振替制度の下では、株主名簿の名義書換は、総株主通知に基づいて通常年2回しか行われないため、権利行使の機会が著しく制限されることとなる。そこで少数株主権等の行使については、会社法の原則の例外を認め、株主名簿の名義書換なしに、個別株主通知に基づいて行うこととし

たのである。株主は、振替機関から会社に対して個別株主通知がされたのち、4週間が経過するまでの間に、権利を行使しなければならない（振替法154条2項、振替法施行令40条）。権利行使の期間が限定されたのは、もし限定なしに権利行使できるとすると、個別株主通知をされた者が権利行使時点では株主でなくなっている可能性がそれだけ高くなり、権利行使時点で株主かどうかを確認するための会社の負担、および会社から情報提供請求を受ける振替機関等の負担が重くなりすぎるからである。

　このように、振替制度の下では、個別株主通知があれば、株主名簿の名義書換なしに少数株主権等を行使することができる反面、直近の総株主通知により株主名簿に記載されている株主であっても、個別株主通知によらなければ、少数株主権等の行使をすることはできない。個別株主通知がされても、それに基づく権利行使が4週間以内になされなければ、当該個別株主通知は失効し、株主が少数株主権等を行使するには、あらためて個別株主通知がなされることを要する。

　もっとも、個別株主通知がない場合に、会社の側から権利行使を認めることができるかどうかが問題となる。個別株主通知に基づく少数株主権等の行使の制度は、株主は株主名簿の名義書換をしない限り株主たることを会社に「対抗することができない」という、会社法130条1項の原則の例外として設けられたものである（振替法154条1項）。したがって、株主が少数株主権等を行使する場合には、個別株主通知に基づくのでなければ、株主たることを会社に「対抗することができない」こととなるにすぎない。会社法130条1項の規定の解釈として、会社の側から、自己の危険において、名義書換未了であっても、実質的に株主となった者を株主と認め、その者の権利行使を認めることは差し支えないと解するのが通説・判例（最判昭和30年10月20日民集9巻11号1657頁）である。同規定が株主名簿の名義書換をしない限り株主は株主たることを会社に対抗することができないこととしたのは、多数の株主との間の法律関係を画一的に処理する会社側の便宜のためであって、この解釈は「対抗することができない」という文言にも合致するからである。同様の解釈は、振替制度の下における少数株主権等の行使についても妥当するから、会社の側から、自己の危険

において、個別株主通知に基づくことなく、実質的に株主と認める者に少数株主権等の行使を認めることは、差し支えない。したがって、個別株主通知に基づく権利行使が4週間以内になされなければ、前記のように会社は当該株主の権利行使を拒むことができるが、会社の側から権利行使を認めることは差し支えないと解される。

　個別株主通知に基づかずに会社の側から株主による少数株主権等の行使を認める場合に、会社は、当該株主が行使要件を満たしているかどうかを確認するため必要があれば、情報提供請求をすることができる。すなわち、会社は、「正当な理由」があるときは、ある加入者の直近上位機関に所定の費用を支払って、当該加入者の口座に記録されている事項を証明した書面等の交付を請求することができるところ（振替法277条後段）、会社の側から権利行使を認めるに当たり、当該株主が行使要件を満たすかどうかを確認するため必要のあることは、「正当な理由」に該当すると考えられる。情報提供請求の制度は、本来は、個別株主通知に基づいて少数株主権等を行使してきた者が、その後も株式を保有しているかどうかを確認する場合等のために利用されることが想定されたものであろうが、個別株主通知に基づかずに会社の側から権利行使を認める場合にも、その利用を否定すべき理由はない。

　結論として、個別株主通知に基づく権利行使が4週間以内になされない場合、会社は、当該株主の権利行使を拒むことができる。会社の側から権利行使を認めることはでき、必要があれば情報提供請求をすることもできるが、権利行使を認めなければならないわけではない。

（前田雅弘）

8．辞任した監査役に対する辞任後最初の株主総会招集の通知

【設　問】

　監査役を辞任した者は、辞任後最初に招集される株主総会に出席して、辞任した旨およびその理由を述べることができ（会社法345条2項・4項）、取締役は、辞任した監査役に対し、辞任後最初の株主総会を招集する旨ならびにその日時および場所を通知しなければなりません（同条3項・4項）。また、事業報告には、当該事業年度中に辞任した会社役員または解任された会社役員があるときは、①当該会社役員の氏名、②株主総会において、監査役より監査役の選解任または辞任について意見があるときは、その意見の内容、③辞任した監査役が辞任後最初に招集される株主総会に出席して述べることができる辞任の理由があるときは、その理由を記載しなければならないものとされています（施行規則121条7号）。

(1) 取締役が辞任した監査役に対する辞任後最初の株主総会に関する通知をする旨ならびにその日時および場所の通知を怠った場合、どのようなこととなるでしょうか。

(2) 前記③の理由を事業報告に記載するため、前段の通知をする際、当該理由があれば、その内容を申告するよう促す必要があるでしょうか。また、その必要がないとしても、前記③の理由を事業報告に記載せず作成したところ、作成（取締役会の承認）後、元監査役から当該理由を事業報告に記載するよう要請があった場合、拒絶してもよいでしょうか。

【回　答】

(1) 辞任監査役に対する当該通知を怠った場合は、取締役に過料の制裁があるとともに、決議方法の著しい不公正となる可能性がある。

(2) 取締役は、辞任監査役に対し理由申告を促すことが望ましい。時機に遅れた事業報告への記載の要請に対しては、取締役は、これを拒絶することができる。

第1章　株主総会における諸問題

【解　説】

1　(1)について

　会社法345条4項（2項準用）に定める監査役を辞任した者の理由陳述権は、監査役が意に沿わない辞任を取締役から強制されること等がないように、監査役の地位保障ないし地位強化のために認められている。その趣旨は、監査役選任・解任・辞任についての監査役の意見陳述権（同項（1項準用））と同様である。

　監査役選任・解任・辞任時の意見陳述は、現職の監査役が行うが、辞任者の理由陳述はすでに監査役でなくなっている者が行う。そのため、会社法は、取締役は、辞任した監査役に対し、その者が理由陳述を行うべき辞任後最初の株主総会を招集する旨とその日時および場所を通知しなければならないものとする（会社法345条3項・4項）。

　この通知を怠った場合には、取締役には過料の制裁がある（会社法976条2号）。

　取締役が辞任監査役に当該通知を怠ることは、株主総会招集手続の法令違反となるかどうかが問題となる。辞任監査役の理由陳述権は、株主総会を通して取締役の業務執行に対する監査役監査の機能を強化する観点から定められており、そのために法令上、株主総会に参加させるべき辞任監査役に参加の機会を与えなかったのであれば、当該通知の懈怠は招集手続の法令違反となると解すべきである。もっとも、取り消すべき決議がなければ決議との関係で取消事由にはならないともいえるが、たとえば後任監査役選任（あるいは辞任を強要した取締役の再任など）が決議される場合、辞任監査役の理由陳述が影響を及ぼしうると考えられるので、そのような事項が決議される場合には、辞任監査役の意見陳述がないことは決議取消事由となる可能性がある。

2　(2)について

　事業報告には、辞任した監査役があり、その者について辞任の理由があるときは、その理由を記載することになっている。監査役が辞任した年度中に株主総会が開かれれば、当該辞任した監査役はその株主総会において辞任の理由を述べることができるから（会社法345条2項・4項）、事業報告には株主総会で

述べられた理由を記載することになる。定時株主総会後に監査役が辞任し、その年度中に臨時株主総会が開かれない場合は、辞任した監査役は翌事業年度中に最初に招集される株主総会で辞任の理由を述べることになる。もっとも、その理由が、監査役が辞任した事業年度中に明らかになった場合には、当該事業年度に係る事業報告にその理由を記載することになる（施行規則121条7号ハ）。辞任した監査役が辞任の理由を申告し、それを事業報告に記載した場合でも、翌事業年度の株主総会で当該辞任した監査役が別の理由を述べたときは、翌事業年度に係る事業報告に当該理由を記載することになる（同号柱書2つ目の括弧書参照）。

　辞任した監査役が株主総会で述べたまたは述べる予定の辞任理由を事業報告において開示させるという法の趣旨からすると、取締役としては、【設問】(1)の通知の際に、辞任の理由があれば、その内容を申告するよう促すことが望ましい。もっとも、辞任理由を辞任後最初に招集される株主総会で述べることができる旨は監査役としては認識しておくべきであるから、理由の申告を促さなかったとしても違法とはいえないであろう。

　また、当該辞任した監査役が株主総会で辞任の理由を述べなかったとしても、事業報告に記載するために取締役は当該辞任した監査役に辞任の理由の申告を促すことが望ましい。また、取締役が促したかどうかにかかわらず、辞任した監査役から辞任の理由の申告があれば、原則としてそれを事業報告に記載すべきである。

　辞任した監査役が事業報告の作成後に辞任理由を事業報告に記載するよう求めた場合は、次のように解釈すべきである。

　まず、辞任した事業年度中に株主総会が招集されなかった場合は、翌事業年度に最初に招集される株主総会で辞任の理由を述べることができ、その内容を当該翌事業年度に係る事業報告に記載することになるから、取締役としては作成後の事業報告に記載することを拒むことができる。

　次に、辞任後最初に招集される株主総会で辞任の理由を述べなかったにもかかわらず事業報告作成後に事業報告への記載を求めた場合には、辞任の理由の申述の機会を自ら放棄し、事業報告作成時期経過後に記載を求めた者には大き

な落ち度があると考えられるから、取締役は作成後の事業報告に記載することを拒むことができる。

　ただし、いずれの場合でも、申出を拒絶せずにウェブ修正等で対応することは認められよう（施行規則133条6項）。

（北村雅史）

第3節　株主提案

1．期限を過ぎた株主提案

【設　問】

　株主提案権の行使期限が、土曜日、日曜日または祝日に当たる場合、会社の裁量で休み明けの日を行使期限とする対応に問題はないでしょうか。また、行使期間（総会の会日の8週間前まで）は定款の定めにより短縮が可能となりましたが（会社法303条2項）、同条との関係についてはいかがでしょうか。

【回　答】

> 　法定の期限を過ぎた株主提案権行使を適法なものとして扱うことは、上場会社では、株主平等原則との関係で事実上不可能である。ただし、定款の定めにより、行使期限を遅らせることは差し支えない。

【解　説】

　議題提案権は、取締役会設置会社においては、株主総会の会日の8週間前までに行使しなければならない（会社法303条2項）。議案提案権のうち、議案の要領を株主に通知するよう請求することのできる権利についても同様である（同法305条1項）。この「8週間」の期間の計算については民法の一般原則に従う。すなわち、株主総会の会日の前日を起算点とし（初日不算入の原則。同法140条）、そこから逆算して8週間目に当たる日の午前零時に遡ったところで8週間の期間が満了するから、その時までに請求書面を提出しなければならない。たとえば、株主総会の会日が平成27年6月26日（金）である場合には、6月25日（木）から8週間目に当たる5月1日（金）の午前零時が期限となり、4月30（木）の終了までに請求書面を提出しなければならないこととなる。結局、総会の会日と請求日との間に丸8週間の期間が存在しなければならないこととなる。

65

第 1 章　株主総会における諸問題

　この法定の行使期限が土日祝日に当たる場合に、会社の裁量で休み明けの日を行使期限とすることができるか。一般に、会社が法定の行使期限を裁量で猶予することが認められるかが問題となる。8 週間前という行使期限は、会社が招集通知に株主提案を記載するために必要な準備期間を確保するため、会社の利益のために設けられたものである。したがって、会社の側から、準備期間の利益を放棄して、法定の期限に遅れた提案権行使を適法なものとして扱うことも理論的には差し支えないと考えられるが、株主平等原則との関係で、そのような処理は上場会社では事実上不可能であろう。株主の中には、法定の期限が過ぎたとして提案権行使を断念する者もありうるから、単に期限を過ぎて提案権行使をしてきた株主だけを一律に扱うだけでは足りないからである。

　法定の行使期限を過ぎた提案権行使も適法なものとして扱うためには、あらかじめ8週間という期間を定款で短縮しておけばよい。定款で、行使期限を株主総会の会日の6週間前まで等とする旨を定めることが認められることはもちろんのこと、行使期限を原則として会日の8週間前までとした上、その期限が土日祝日に当たる場合にだけ休み明けの日を行使期限とする旨を定めることもできる。

　　　　　　　　　　　　　　　　　　　　　　　　　　　（前田雅弘）

2．適法な株主提案を付議しなかった株主総会の決議

【設問】
　適法な株主提案がなされ、当該株主提案議案が会社提案議案と相反する関係にある場合に、当該株主提案議案を株主総会に付議しなかったときは、株主提案に対応する会社提案の議案についての決議取消事由になるものと思われます。
　一方、株主提案議案が会社提案議案と相反関係にない独立した議案であった場合に当該株主提案を付議しなかったとき、株主総会決議の全体に影響を及ぼす手続的瑕疵であることを理由として、当該株主総会の決議全体の取消事由になるでしょうか。

【回答】
　　適法な議案提案が無視された場合、当該議題に関する決議は取消しの対象となる。一方、適法な議案提案が無視されても、当該議題と異なる別の議題に関する決議は取消しの対象とならない。

【解説】
　株主総会決議に取消原因があるかどうかは、決議ごとに問題になる。株主総会の招集手続に瑕疵があるような場合には、当該株主総会でなされるあらゆる決議に取消事由が生じうるが、適法な議案提案が無視された場合には、取消し（会社法831条1項1号）の対象となるのは、当該議題に関する決議だけである。たとえば「Aを取締役に選任する」旨の議案が株主から提案されたにもかかわらず、それを無視してBを取締役に選任する決議がなされると、Bの取締役選任決議について決議取消事由が生じる。これに対し、適法な議案提案が無視されても、当該議題とは異なる議題に関する決議の効力に影響はない。たとえば「Aを取締役に選任する」旨の議案が無視されたからといって、剰余金配当に関する決議の効力は影響を受けない。

（前田雅弘）

3．複数の関連する議案の提案

【設　問】

　今年（平成20年）の株主総会において、会社提案として、議案①「定款変更の件（買収防衛策導入に関する規定の新設）」、議案②「買収防衛策導入の件」、議案③「買収防衛策に基づく提案株主に対する対抗措置の発動を当社取締役会に委任する件」、株主提案として「買収防衛策に基づく提案株主らに対する対抗措置不発動の件」を付議した会社がありました。

　その結果、特別決議の議案①が否決されたものの、議案②、③は可決、株主提案は否決されました。しかし、提案株主は「買収防衛策導入の定款変更議案が否決されており、会社提案の議案②、③および株主提案の決議は無効」としています。このような場合、それぞれの決議についてどのような意味があると考えればよいでしょうか。

【回　答】

　議案②③および株主提案が議案①の可決を条件とする議案であれば、議案①が否決されれば、議案②③および株主提案について可決する決議がなされても、当該決議は法的には意味を有しない。

【解　説】

　一般に、複数の関連する議案が提案された場合、当該複数の議案の相互の関係が問題となる。ある議案と他の議案とは内容が相反し、両方の議案が可決されることは理論的に認められない場合もある。たとえば買収防衛策を発動するかしないかの決定を株主総会決議によって行うこととした会社において、「買収防衛策を発動する」旨の議案と「買収防衛策を発動しない」旨の議案は、その内容において相反する。両方の議案が可決されることはありえない。すなわち、他方の議案を否決してから一方の議案を可決することはもちろんできるが、先に一方の議案が可決されれば、他方の議案が可決されることはありえな

いため、他方の議案については付議する必要もないこととなる。

あるいは、ある議案の可決が他の議案の可決を条件とすることもあろう。たとえば「買収防衛策を発動する」旨の株主総会決議が法的な意味を持つためには、その前提として、「買収防衛策の発動の決定は株主総会決議によって行う」旨の定款変更決議がなされていることが必要である。「買収防衛策を発動する」旨の議案と「買収防衛策の発動の決定は株主総会決議によって行う」旨の議案が提案された場合に、前者の議案が後者の議案の可決を条件にすることが明示されていれば問題ないが、たとえそのような条件が明示されていなくても、議案の内容の合理的な解釈により、前者の議案は後者の議案の可決を条件にするものと解釈すべきであろう。すなわち、後者の議案が否決されたのであれば、前者の決議は法的には意味を持たず、無効ということになる。

さらには、複数の議案が相互に関連はするが、相反する関係になく、かつ、一方が他方の前提になるという関係もなく、複数の議案をそれぞれ重畳的に可決することのできる場合もある。たとえば買収防衛策導入の決定を株主総会決議によって行うこととした会社において、「事前警告型の買収防衛策を導入する」旨の議案と、「買収防衛策として発行可能株式総数を拡大する」旨の議案が提案された場合、これらの議案は、一方が他方の前提になる形での提案の仕方もできるが、まったく独立に重畳的に可決することのできる議案として提案することも可能である。条件を明示するなどして複数の議案の関係が明らかとなっていれば問題ないが、そうでない場合には、複数の議案の内容を解釈して、その関係を決定するほかない。合理的に関係を決定することが不可能であれば、そのような議案が可決されても決議の内容が不確定となるから、決議は無効と解さざるをえないであろう。

【設問】に掲げられた3つの議案については、その具体的内容が明らかでないため、相互の関係が必ずしも明らかではないが、もし議案①が買収防衛策の導入および対抗措置の発動の決定を株主総会決議によって行う旨の定款変更議案であるとすると、議案②、③および株主提案は、いずれも議案①を前提にする提案と解釈すべきであるから、議案①が否決された以上、議案②および議案③について可決する決議がなされても、当該決議は条件を満たさず効力を生じ

ないこととなろう。株主提案については、もし可決されていれば同様の問題が生じるが、否決された場合にはもともと決議は成立しておらず、議案①が否決されたことの影響はない。

(前田雅弘)

4．株主提案権の行使（振替株式の場合）

【設　問】

　株主総会の日の8週間前までに株主から株主提案権の行使に関する書類を受理しましたが、個別株主通知の受付票が添付されていなかったため、提案株主にその提出を求めました。しかしながら、行使期限までにその提出がなかったため、適法な提案権の行使でないと判断し、本提案を株主総会に付議しないこととしました。行使期限後に受付票が提出された場合を含め、この対応についてどのように考えられるでしょうか。

【回　答】

> 　個別株主通知は、少数株主権等の行使に関する対抗要件であり、株主提案権は、個別株主通知がされた日から4週間以内に行使しなければならない。もっとも、個別株主通知の受付票は法律上要求されないので、それ以外の方法で本人確認ができる証拠を株主が提出し、株主であることが会社として確認できる場合は、株主の権利行使が可能である。

【解　説】

　振替株式制度の下では、振替機関から発行会社への総株主通知は原則として年2回しか行われず、株主名簿の名義書換は総株主通知に従って行われる（振替法151条・152条）。他方、会社法130条1項は、株式の譲渡の対抗要件を株主名簿の名義書換であるとしているから、総株主通知がされた後に振替株式を取得した者は、会社法の規定の下では自己が株主であることを会社に対抗できなくなる。また、名義書換の時期の間隔が長いので、株主名簿上の株主でも権利行使時にはすでに株主でなくなっていることもある。そこで、社債、株式等の振替に関する法律は、株主が少数株主権等（基準日を定めて行使される権利以外の株主権。振替法147条4項）を行使する場合には、個別株主通知が必要であることとし、少数株主権等の行使については、会社法130条1項の適用を排除す

る（振替法154条1項）。このため、少数株主権等を行使しようとする株主は、株主名簿上の株主であると否とを問わず、個別株主通知をすることによって、権利行使に際して自己が株主であることを対抗できることとなる。つまり、個別株主通知は、少数株主権等の行使に関して、株主名簿の名義書換に代わる対抗要件になるわけである。

　少数株主権等を行使しようとする加入者からの申出がある場合（通常は、口座管理機関を経由する）、振替機関は、遅滞なく、当該加入者の口座に記録されている振替株式の数ならびに当該株式が増加・減少した数と増加減少の生じた日を、発行会社に通知する（個別株主通知。振替法154条3項）。株式数のほか増減が生じた日も通知されるのは、公開会社では、総株主の議決権の100分の1以上の議決権または300個以上の議決権を6か月前から引き続き有する株主でなければ、株主提案権を行使できないところ（会社法303条2項・304条1項）、この要件を満たしているかどうかを発行会社が確認できるようにするためである。株主提案権は、この個別株主通知がされた日から4週間以内に行使しなければならない（振替法154条2項、振替法施行令40条）。

　振替機関等は、個別株主通知の申出があった場合は、速やかに、当該申出株主に対し、申出株主の氏名・名称・住所、受付番号等を記載した受付票を交付しなければならないとされている（保振業務規程154条4項）。受付票は、株主が少数株主権等を行使するに際し、当該株主が個別株主通知がされた株主と同一の者であるかどうかを確認するための証拠となる。もっとも、法律上、株主提案権を行使するために受付票の提示は要求されていないので、受付票以外の方法で本人確認ができる証拠を株主が提出した場合には、権利行使は可能であると解される。

　本設問前段は、個別株主通知があり、かつ会社法が定める株主総会の日の8週間前に、株主が提案権を行使しようとしたが、当該株主が、会社からの求めにもかかわらず、受付票を提出しなかったということである。この場合でも、株主が他の方法で自己が個別株主通知された株主であることを証明すれば、権利行使を認めるべきであるといえる。しかし、株主が受付票もその他の方法による本人確認の証明もしない場合には、適法な権利行使であることの確認がで

きないので、会社は、提案権行使を受け付けないことができる。

　本設問後段のように、行使期限後に受付票が提出された場合でも、同様に解するべきである。株主提案権の行使期限までに適法な権利行使をする株主であることの確認がとれない以上、会社は期限までに権利行使がなかったものと扱うことができると解する。これは、個別株主通知の効力が存続する期間（個別株主通知から4週間）内に、受付票が提出されたとしても同じである。もっとも、上述のように個別株主通知は株式譲渡の対抗要件としての法的性質を有するものであるから、受付票を遅れて提出した者、もくしは提出しない者、あるいは個別株主通知すらしない者を株主と認めて会社の側から提案権行使を許容することも可能であるが、その場合には株主平等原則に反しないような扱いが必要である。

（北村雅史）

第1章　株主総会における諸問題

5．株主提案権の行使（修正が可能な範囲）

【設　問】

　会社提案の取締役複数選任議案（書面投票制度採用）について、株主総会でその候補者5名のうち2名を入れ替える旨の修正案が大株主より提出され可決されました。しかし、この大株主は、会社提案と重複しない取締役2名の取締役選任を希望していましたので、会社法305条の方法に従い「取締役2名選任の件」とする株主提案議案を提出すべきであったようにも思われます。やむをえない事由もなく、このような修正案による方法に法的な問題はないでしょうか。

【回　答】

> 　【設問】の方法については、株主総会参考書類に記載されている議案の修正案が会社法規制の脱法となるような態様であれば、決議取消しの原因となる可能性があるが、必ずしも違法ではないと解する余地もある。

【解　説】

　株主は、株主総会の議場において、株主総会の目的である事項につき、議案を提出することができる（会社法304条）。この権利は単独株主権であり、株式の継続保有要件もない。ただし、当該議案が法令・定款に違反する場合と、実質的に同一の議案につき株主総会において総株主の議決権の10分の1以上の賛成を得られなかった日から3年を経過していない場合には、この提案はできない。

　会社法においては、これ以外に株主が議場で提出できる議案について制限はない。したがって、「取締役○○名選任の件」が株主総会の目的となる場合、株主は、会社提案の候補者とは異なる候補者を、株主総会の議場で提案できることになる。

　ただ、書面投票もしくは電子投票を採用する会社の場合、または金融商品取

第3節　株主提案

引法の規制に従って委任状勧誘がされる場合には、別途の考慮が必要であるとの見解がある。書面投票・電子投票あるいは金商法に基づく委任状勧誘が行われる場合には、株主には、議案について説明する株主総会参考書類（または金商法上の参考書類）が送付され、議案が取締役の選任である場合には、候補者の氏名・略歴その他の候補者に関する事項が、株主総会参考書類に記載される（施行規則65条・73条以下、委任状勧誘府令2条1項・21条・40条）。書面投票等を行う株主は、それに基づき、賛否の記載欄のある議決権行使書面等により議決権を行使することになる。これは、会社側提案であっても株主が事前に行う提案（会社法305条）であっても同じである。そのため、書面投票等が採用される会社においては、取締役の選任は、株主総会参考書類に記載された候補者についてのみ行えるのであって、株主総会の議場で別の候補者を提案することは、やむをえない事由がない限り、できないとの見解が示されている。株主総会参考書類に取締役候補者に関する情報を記載させる会社法の規定の趣旨が没却されることが、理由である。この見解によれば、やむをえない事由として、招集通知発送後に候補者が死亡し、その選任をしないと取締役定員を欠く場合などが挙げられている。

　もっとも、この見解は、学説における通説とは位置づけられていないと思われる。書面投票が採用されている場合、株主総会参考書類に記載されている議案の修正提案が議場でされるときは、一般論として、書面投票を行った株主は、修正提案については棄権として扱われる（決議成立要件との関係では反対と同じ）。したがって、修正提案は可決されにくいといえるため、取締役選任について議場での提案を認めても、書面投票を行った株主の意向をまったく無視したものにはならない。また、株主総会参考書類はあくまで書面投票を行う株主の便宜のためのものであって、株主総会に出席した株主は、議場で提案された候補者があれば、それに関する情報（少なくとも株主総会参考書類に記載されるのと同程度の事項）の説明を求めることができる。さらに、少数株主要件や継続保有要件を満たさない株主でも、議決権があれば株主総会の議場での提案は認めてよいと考えられるから、取締役選任について、必ず事前提案をすべきことにはならない。このような事情を勘案すると、書面投票を採用している場合

にも、株主総会の議場で取締役候補者の追加提案をすることは、必ずしも違法ではないと解する余地も十分にあると思われる。

　ただ、株主総会参考書類制度に関する会社法の規制の脱法となるような態様での議場提案は、招集手続または決議方法が著しく不公正であるとして、決議取消しの原因になる可能性があるといえよう（会社法831条1項1号）。脱法的な提案として想定されるのは、当該株主総会において取締役の選任が議題になることが予想されている場合で、会社側の提案する候補者とは異なる候補者を提案する予定である株主が、少数株主要件と継続保有要件を満たしていたにもかかわらず、株主の関心をそらすために会社法305条に基づく事前の議案提案をあえてせず、株主総会の議場で修正提案をするような事例である。これに対し、当該株主が、会社側候補者を確認してから別の候補者を提案するつもりであったような場合には、議場での提案は必ずしも違法ないし著しく不公正とはならない。

（北村雅史）

6．配当額が会社提案よりも高い株主提案の場合

【設　問】
　普通、株主提案の配当額のほうが、会社側の配当額よりも高いものと思われますが、それが低い場合も、株主提案は認められるでしょうか。

【回　答】
> 　会社が長期的利益を見越して剰余金の配当額を縮小して会社内に留保する額を増やすことは、株主が合理的に予見できるから、配当額の減額も増額の場合と同様、株主提案が許される。

【解　説】
　剰余金配当の件が議題になり、会社が剰余金配当の議案を提出している場合に、株主が議場でその修正議案を提出することは、原則的に許される（会社法304条）。ただ、ここで株主が提出できる議案は、増額の提案に限られるのか、減額の場合に限られるのか、あるいは増額・減額のいずれも可能なのかについては、見解が分かれている。
　減額の場合に限られるという考え方は、減額が会社提案の一部否決であるから許されるが増額は会社提案の拡大であるから許されないというが、会社法は分配可能額の範囲内での剰余金配当を認めているのであるから（同法461条）、その範囲内の増額提案を認めない理由はない。【設問】にあるように、むしろ増額提案が実際には多いのである。
　次に、株主提案は増額の場合に限り許され、減額は許されないという見解は、会社提案よりも株主に有利な修正をすることが「議題から株主が合理的に予想できる」事項であり、配当額減額は予想の範囲を超えることを根拠にする。
　ただ、会社法の規定および剰余金配当ないし処分に関する近時の見解を前提にすると、剰余金配当額の減額も許されるべきであるし、またそれは株主の予想の範囲内であると考える。剰余金配当の決議は、会社の余剰資金を会社に留

保して将来の好ましい投資機会に備えるか、あるいは配当金として会社外に流出させるかを判断するものである。そのため、一定の要件を満たす会社では、取締役会限りで配当を決定できることにもなっている（同法459条）。剰余金配当の減額提案はできないとする見解は、株主は短期的な利益しか予想しないことを前提にする。たとえば基準日後に株式を譲渡してしまった者であればそのような期待をするのが合理的かもしれない。しかし、株式を継続的に保有する株主にとっては、会社がその長期的利益を見越して剰余金配当額を縮小して会社内に留保する額を増やすことは、合理的に予見できる事柄になっているといえる。したがって、現在においては、株主は、株主総会の目的事項の範囲内であれば修正提案を提出できるという原則に反してまで、配当金の減額を認めないという立場を維持できる状況にはないといえよう。

　以上より、株主は、会社提案の剰余金配当議案に対し、増額も減額も提案できると解すべきである。

（北村雅史）

7．剰余金処分議案の修正動議

【設　問】

　剰余金処分議案において、1株につき10円とする議案に対し、修正動議として1株20円に増額する動議が提案された場合で、当該修正動議を先議し否決したところ、さらに別の株主より、1株につき30円に増額する動議が提案されました。この場合、議長は、2番目の修正動議（1株につき30円）につき、一事不再理の原則をもって議場に諮ることなく却下することができるでしょうか。

【回　答】

> 　剰余金の配当として1株につき10円の原案に対し、議長が1株につき20円の増額動議を付議する段階で他の動議の有無を議場に諮っていれば、その否決後に提出された1株につき30円の増額動議を議場に諮る必要はない。また、原案を先議・可決すれば、修正動議を採決する必要はない。

【解　説】

　いったん適法な動議が提出され、これが否決された場合は、同一の事情の下で同一内容の動議の提出はできない。これを一事不再理の原則と呼ぶ。一事不再理の原則は、会社法に規定があるのではなく、会議体の一般原則として認められるものである。剰余金配当が会議の目的事項となっているときに、1株について10円とする会社提案に対して、1株について30円の修正提案をすることは、それが分配可能額の範囲内であれば（会社法461条）、会社法304条からは違法ではない。問題は、1株20円とする否決された議案と、1株30円とする修正提案が、同一内容の動議といえるか、である。この問題は、会議の運営特に動議の取扱いの仕方によって結論が変わりうる。

　株主総会において議長が1株20円とする修正動議を採用する（付議する）こととした際に、同一議題（剰余金の配当）について他の動議がないかを議場に

諮ったにもかかわらず、そのときには1株30円の修正動議が出なかったとすれば、1株20円の修正動議が適法に否決されたあとに、1株30円の修正動議を提出することは、認められるべきではない。これを認めるとなれば、修正動議が否決されるたびに、金額を変えた修正動議の提出を際限なく許すことになりかねないからである。これは、一事不再理の問題であるとともに、時機に遅れた修正動議の提出（動議の時機的不適法）であるともいえる。

次に、議長が、他の修正動議の有無を議場に諮らずに、1株20円の修正提案について採決し、否決されたとすれば、1株30円の修正動議は必ずしも「同一内容の動議」とはいえないであろう。1株20円の提案に反対した株主は、1株30円なら賛成するかもしれないからである。したがって、この場合、議長は1株30円の修正動議を無視することはできないと解される。議長としては、同一議案に関する他の修正提案がないかを確認した上で、1株30円の修正提案を付議・採決しなければならないが、ここで、採決方法を変更し、先に1株10円の会社提案について採決してもよい。会社提案が可決された場合には、それ以外の修正動議については、採決する必要はない（採決によって相矛盾する決議が成立することは、議長として避けるべきである）。

なお、一事不再理原則におけるもう1つの要件である「同一の事情の下で」については、議案の修正動議については常に満たされているといえる。これが満たされないかどうかを判断しなければならないのは、議事進行に関する動議が出された場合である。議事進行の動議は、進行具合によって、事情が変わっているからである。たとえば休憩に入るべきという動議は、いったん否決されても、その後審議が長引けば再度提出することができる。

（北村雅史）

8．分配特則規定適用会社における剰余金の配当に関する株主提案

【設　問】

　会社法459条1項に定める剰余金の配当決定の特則適用会社において、剰余金の配当について株主提案がなされた場合に、どのような対応が考えられるでしょうか。剰余金の配当の取締役会決議をする場合と、株主提案に対峙する形で会社提案を上程する場合が考えられます。

【回　答】

　　分配特則規定適用の定款規定を有する場合であって、剰余金の配当等を株主総会では決定しない旨を定めていない場合には、剰余金の配当等について株主提案をすることができるが、それを定めている場合には、当該定款規定を変更しない限り、剰余金の配当等について株主提案をすることができない。

【解　説】

　会社法459条は、会計監査人設置会社で、取締役（監査等委員会設置会社では監査等委員以外の取締役）の任期が1年以内である監査役会設置会社、監査等委員会設置会社または指名委員会等設置会社について、剰余金の配当等を取締役会で決定できる旨を定款で定めることができるとする（同条1項。これを、会社計算規則では分配特則規定と呼ぶ（同規則155条））。分配特則規定の適用がある場合でも、特に、株主総会では剰余金の配当を行わない旨を定款で定めない限り、株主総会は剰余金の配当等を決定する権限を失わない（会社法460条）。

　本設問を考える場合には、特例適用会社（分配特則規定の適用がある会社）が、定款で、剰余金の配当等を株主総会では決定しない旨を定めている場合といない場合に分ける必要がある。

　定款で、剰余金の配当等を株主総会では決定しない旨を定めていない場合に

は、会社法上、有効に剰余金の配当を決定できる機関が2つ（株主総会と取締役会）あることになる。剰余金の配当は、株主総会の権限でもあるから、会社が、剰余金配当を株主総会の会議の目的としていない場合でも、株主は、議題提案権と議案提案権を行使して、剰余金配当を株主総会に提案することができる（同法303条・305条）。

　会社法は、剰余金処分を定時株主総会以外の株主総会でも決定できることとし、また剰余金配当の回数制限を排除した。株式会社が剰余金の配当を決議する場合、そのときの分配可能額をもとにしなければならない（同法461条）。年度途中ですでに配当があった場合は剰余金の額がその分減少する（同法446条6号）。株主提案がある株主総会の前に取締役会で配当を決議する場合、分配特則規定の適用会社では、取締役会決議による剰余金配当も有効な配当であるから、株主提案による剰余金配当の額は、取締役会決議による配当後の分配可能額の範囲内のものでなければならない。

　次に、定款で、剰余金の配当等を株主総会では決定しない旨を定めている場合には、剰余金配当は株主総会の権限ではないので、株主は、そのままでは剰余金配当の提案をすることができない。したがって、この場合に株主が剰余金配当を提案するためには、剰余金配当等を株主総会では決議できない旨の定款規定を削除するという定款変更の株主提案とともに行わなければならない。当該定款変更提案が可決されてはじめて、剰余金配当の株主提案が株主総会に付議されることになる。

（北村雅史）

9．株主提案による自己株式取得議案

【設　問】
　否決されたものの、自己株式取得を目的とする株主提案が行使されました。仮に、同提案に係る議案が可決された場合であっても、自己株式取得のための枠を取締役会で設定するものなので、次回の定時株主総会までまったく自己株取得を行わないこともありうると考えてよいでしょうか。何らかの手当てや留意すべきことはないでしょうか。

【回　答】
> 　株主提案議案が株主総会で可決されても、授権された範囲内で具体的な自己株式取得を行うかどうかは、経営判断事項である。

【解　説】
　会社が株主との合意により自己株式を取得するには、原則として、株主総会決議によって、1年以内の期間のうちに、何株を総額どれだけで取得するか等を定めなければならない（会社法156条1項）。会社と株主との合意による自己株式取得は、剰余金配当と同様、株主に対する会社財産の分配の一形式であることから、原則として株主総会決議が必要とされているのである。
　この株主総会決議は、自己株式取得の決定権限を取締役会に付与する授権の決議であり、この授権枠の範囲内での具体的な取得の決定は、そのつど取締役会が定める（会社法157条2項）。授権枠の範囲内で具体的な自己株式取得を行うかどうかは経営判断事項であり、取締役が善管注意義務に従って判断する。したがって、株主総会で授権の決議がなされたとしても、授権の期間内に自己株式取得を行うことが、株式市場の状況や会社の業績等に照らして会社の最善の利益にならないと取締役が判断するのであれば、むしろ自己株式取得を行わないことが善管注意義務から要請される。授権の期間内に取締役が自己株式取得を行わなかったことで会社に損害が生じることがあっても、その判断が合理

的な手続に基づいてなされた場合には、その判断内容が著しく不合理でない限り、取締役が善管注意義務違反の責任を問われることはない（経営判断原則）。

　以上のことは、株主総会決議が株主提案に基づいてなされた場合でも異なるところはない。したがって、自己株式取得のための株主提案がされ、それが株主総会決議で可決された場合であっても、当該決議で授権された期間内に自己株式取得を行わないという判断をすることは、取締役の経営判断として尊重される。

　自己株式取得を授権する株主総会決議があっても取締役が具体的な自己株式取得の義務を負うわけではないことは、ちょうど新株発行において、取締役会に新株発行の決定権限が定款で授権されているからといって、その授権枠（発行可能株式総数。会社法37条1項）の範囲内で新株発行をすることが取締役に義務づけられるわけではないことと、類似の関係にある。

　株主の側からいえば、株主提案権を行使して自己株式取得のための株主総会決議を成立させることができたからといって、当然に具体的な自己株式取得を実現できるわけではないことを意味する。もし株主が具体的な自己株式取得まで実現したいと考えるのであれば、具体的な自己株式取得の決定（会社法157条2項）まで株主総会決議で行うことができるよう、定款変更により、株主総会の決議事項（同法295条2項）を拡大しておく必要がある。すなわち、具体的な自己株式取得の決定を株主総会決議で行う旨の定款変更の提案をまず行い、それが可決されることを条件として、具体的な自己株式取得の決定を提案することは可能である。

（前田雅弘）

10. 株主提案による自己株式消却議案(1)

【設　問】
　昨年（平成20年）の株主総会では株式持合を是正するために企業の株式保有を制限する定款変更議案が株主提案として提出されましたが、機関投資家から企業に対して自己株式の消却を求める動きもあるところです。そこで、保有自己株式の数が一定の数以上になったら消却を義務づける定款変更議案（株主提案）は、有効でしょうか。

【回　答】

> 　「保有自己株式の数が一定数以上になった場合、取締役会は、自己株式の消却を決議しなければならない」旨の定款規定の新設を求める株主提案は適法である。

【解　説】
　株式会社は、自己株式の消却をすることができる（会社法178条1項前段）。株式の消却をする場合、取締役会設置会社では、消却する自己株式の数を、取締役会決議によって定めなければならない（同項後段・2項）。取締役会設置会社でない株式会社においては、自己株式の消却を決定する機関についての定めはなく、取締役の過半数による決定によるべきであるとする説と、従前の有限会社法の規律を参考にして株主総会の普通決議によるべきであるとする説がある。
　ところで、定款には、会社法の強行規定に違反しないものを記載できる（会社法29条）。会社法が強行法的に定めているのは、株式会社が自己株式を消却できること、および取締役会設置会社ではその決定は取締役会が行うことである。本設問では、「保有自己株式の数が一定の数以上になったら消却を義務づける」旨を定款で定めることができるかが問われている。取締役会設置会社を念頭に置くと、このような定款規定の趣旨は、「保有自己株式の数が一定数以

上になった場合、取締役会は、自己株式の消却を決議しなければならず、その際、消却する自己株式の数は、残りの保有自己株式の数が定款所定の一定数未満となるように決定しなければならない」ということになろう。そうであれば、あくまで取締役会の決議によって自己株式の消却が決定されるのであり、保有自己株式の数が定款所定の一定数を超えても、自動的に自己株式が消却されるわけではない。その場合、取締役会が自己株式消却の決定を行わなければ、取締役の不作為による定款違反の責任が生じるにすぎない。したがって、このような定款規定は会社法に違反せず、当該定款変更議案を提案することは認められると解される。

（北村雅史）

11. 株主提案による自己株式消却議案(2)

【設　問】
(1) 保有自己株式の数が一定の数以上となれば消却を義務づける株主提案による定款変更議案は有効と解されるところ（大阪株式懇談会会報694号81頁）、今年（平成21年）、自己株式の消却そのものを求めるとともに、別途積立金の額の減少と繰越利益剰余金の同額の増加を求める株主提案議案が提案されました。自己株式の消却は、取締役会の決議事項ですが（会社法178条2項）、株主提案とはいえ株主総会で自己株式の消却を決議できるでしょうか。その場合の決議要件は、普通決議（同法309条1項）でしょうか。
(2) 上記の株主提案に係る議案に対し、取締役会は反対意見を提示しました。仮に、株主提案に係る自己株式の消却議案が可決された場合、取締役会の立場はどのようなものとなるでしょうか。

【回　答】

(1) 株式の消却を株主総会の決議事項とする定款変更の提案を行い、それが可決されることを条件に株式の消却についての議題・議案を提案することはできる。消却の株主総会決議は普通決議でよい。
(2) 取締役は、株主総会決議の遵守義務を負っており、その義務違反は任務懈怠となる。

【解　説】
1　(1)について
　株主が提案することのできる議題は、株主総会で決議できる事項に限られ、株主総会で決議できる事項は、取締役会設置会社では、会社法または定款で定められた事項に限られる（会社法295条2項）。自己株式の消却は、取締役会の決議事項であるから（同法178条2項）、株主は、自己株式の消却について提案権を行使することはできない。

ただし、定款で株主総会の決議事項を拡大することはできるから（会社法295条2項）、株主は、株式の消却を株主総会の決議事項とする旨の定款変更の提案をまず行い、それが可決されることを条件として、自己株式の消却についての議題と議案を提案するという方法をとることはできる。株式の消却を株主総会の決議事項とする定款変更の提案が可決されれば、これに基づいて株主総会において自己株式の消却を決議することができる。この株主総会決議は、普通決議の要件で足りる（同法309条1項）。

2　(2)について

前記1のように、定款変更によって自己株式の消却が株主総会の決議事項とされるのでなければ、株主は、自己株式の消却について提案権を行使することはできないので、会社はそれを株主総会の議題とする必要はない。

定款変更によって自己株式の消却が株主総会の決議事項とされ、その定款の定めに基づいて株主総会決議によって自己株式の消却が決定された場合には、取締役はそれを実行する義務を負う。取締役は株主総会決議の遵守義務を負っており（会社法355条）、有効な株主総会決議に反対してそれを実行しない自由はない。株主総会決議で決定された自己株式の消却を行わないことは、株主総会決議の遵守義務に反し、取締役の任務懈怠となる（同法423条1項）。

（前田雅弘）

第3節　株主提案

12. 取締役選任議案が会社と株主との双方から提案され、その取締役候補者の合計の員数が定款に定める上限を上回る場合

【設　問】

　取締役選任議案が会社と株主との双方から提案され、その取締役候補者の合計の員数が定款に定める上限を上回る場合にどのように取り扱えばよいでしょうか。

【回　答】

> 　同じ取締役の選任であれば会社提案と株主提案を1つの議題でくくり、また、候補者ごとに1つの議案とするのが合理的である。その場合、慎重な採決方法が要求される。

【解　説】

　東京地判平成19年12月6日判タ1258号69頁の事例では、定款所定の取締役定員8人について、会社側も株主側も8人の候補者を出した。このとき、会社側は、会社側提案と株主提案を別の議題として扱い、会社側提案については、提案株主側の委任状を提出した株主は欠席として扱った。これに対して裁判所は、取締役選任について、会社提案と株主提案がある場合、それらは別個の議題を構成するのではなく、1つの議題について双方から提案された候補者の数だけ議案が存在すると解するのが相当であるとした。

　この判決の立場はおおむね妥当であると解される。なぜなら、会社側候補者8人が可決選任されれば、提案株主側候補者8人が選任されることはなく、両者を別の議題とすることは論理的に矛盾するからである。会社側候補者と提案株主側候補者の数の合計が定款所定の員数の範囲内に収まる場合（定款所定の員数8名のところ、会社側5名、株主側3名）には、両方を1つの議題とすることも、別個の議題とすることも可能であろう。会社側候補者と提案株主側候補者の数の合計が定款所定の員数を超えるが、一方の候補者がすべて可決選任されても、

89

第1章　株主総会における諸問題

　なお残余の定員がある場合（定款所定の員数8名のところ、会社側5名、株主側も5名）に、取締役選任議題を2つに分けることが可能かどうかは問題である。

　議題をどの範囲でくくるかは、基本的には会社側（取締役）の判断で決まることであるが、実務上の扱いとしては、同じ取締役の選任である以上、会社提案と株主提案を1つの議題でくくるのが合理的であるといえよう。定款所定のたとえば8人を選任するなら、「取締役8名選任の件」という1つの議題にするのである。議題が同じであるとすると、その中のある議案については出席、別の議案には欠席という扱いは基本的には不合理であるから、同じ議題の中では、委任状提出株主も出席と扱われることになる。その結果、上記東京地裁判決では、会社側候補者の幾人かは、過半数の賛成を得ていないことになった。

　次に、議案はどのようになるか。上記東京地裁判決は、候補者の数だけ議案があると判示した。この場合、書面投票・電子投票制度や委任状勧誘府令に基づく委任状では、候補者それぞれについて賛否を問うことになっていることからすると、候補者ごとに1つの議案があると解するのが合理的である。

　この場合、候補者全員について採決を行うのが原則であり、過半数を得た候補者の員数が定款所定の取締役員数の上限を超えないなら、それらの候補者の選任議案が可決されたと判断される。仮に、過半数を得た候補者の員数が定款所定の取締役員数の上限を超える場合には、得票数の多い順に定款所定の員数になるまでの候補者の選任議案が可決されたと考えることが合理的である。このほか、候補者1人ひとりについて採決をしていき、たとえば8名が定款所定の取締役員数の上限なら、8人が過半数を得たところで採決を打ち切る（残りの候補者については採決しない）ことも、議長の裁量として許されるとする考え方もありうるかもしれない。その場合、9人以上の候補者を当選させることになれば定款違反となるところ、議長は定款違反決議が成立するような議事運営をすべきではないからである。ただ、この方法を採る場合、採決順序（会社側候補者から採決するか、提案株主側候補者から採決するか）によって結論が変わりうることになり、適切ではないだろう。

（北村雅史）

13. 提案株主が提案を取り下げた場合

【設　問】
　株主提案議案の提案者が当該議案を取り下げたという事例がありました。株主総会招集通知の発送後に、当該提案者から取下げの意思表示があったとすると、議場では、どのような方法で取り下げるのが妥当でしょうか。
　たとえば、提案株主から修正動議の提出を求める必要があるでしょうか。単に、議長よりその経緯を説明すればよいでしょうか。また、当該議案への賛否の状況について説明する必要があるでしょうか。

【回　答】
> 　株主提案の撤回も、会社提案を撤回する場合と同様の手続による。総会当日に提案株主から議案撤回の動議を提出するのが望ましいが、動議なしに議長の趣旨説明のみで取り下げることも可能である。取り下げた議案の賛否状況を説明する必要はない。

【解　説】
　取締役会設置会社では、少数株主の議題ないし事前の議案提案権は、株主総会の日の8週間前までに行使される（会社法303条2項・305条1項）。提案権を行使した株主は、会社の提案する議題や議案を必ずしも予想できないままに提案することがあり、会社が用意する議題や議案が判明した後に、自己の提案を撤回しなければならないことがありうる。
　株主提案議案の提案者からの議案取下げに対しては、それに応じるかどうかは会社の判断に委ねられる。取下げの申出が株主総会招集通知発送前であれば、会社がこれに応じて招集通知その他の書類を修正して株主に送付すれば特に問題はない。本設問では、提案株主からの議案の取下げの申出について、会社には受け入れる意思があるが、申出が招集通知発送後である場合の、取下げの手続が問題とされている。

第 1 章　株主総会における諸問題

　株主提案が適法に行使されれば、取締役会がそれを認めた上で、招集通知に議案の概要が記載され（会社法305条）、また書面投票・電子投票制度採用会社では、株主総会参考書類にも提案理由等が記載され（施行規則93条）、議決権行使書面には株主提案議案についての賛否記載欄が設けられる（同規則66条）。株主提案の撤回も、取締役会がいったん認めた議案の撤回であるから、会社提案を会社が撤回する場合と同様の手続によるものと解される。

　株主総会の議場において議案を撤回するための手続については法定されていないが、議長が議案の撤回または削除の動議を総会に提出し、その承認を得てこれを撤回することが適切である。その前提として、提案株主に撤回の意思があり、取締役会がそれを認めていることが必要であるから、そのことを明らかにするため、株主提案の取下げの場合は、提案株主から議案の撤回の動議を提出するのが望ましい。

　もっとも、議案の取下げは、議案の縮小の一場合と考えられるから、取下げ自体は株主の合理的予想に反するものではなく、修正動議なしに議長が趣旨を説明した上で取り下げることも、必ずしも不当ではないと解する。また、撤回が提案者と取締役会の意思である以上、当該議案は提案されないことになるから、原則的に議決権行使書面による賛否の状況を説明する必要はない。

　なお、仮に、動議を経ずに撤回したことが会議体の合理的運営でないと事後に判断されたとしても、議案が取り下げられて決議がされなかったのであれば、決議の瑕疵の問題は生じない。

（北村雅史）

第3節　株主提案

14. 法定の目的事項ではない議案の提案

【設　問】

　法定の株主総会の目的事項ではない議案を株主が提案した場合、会社はこれを議案として取り上げることができるでしょうか。たとえば、株主総会決議で発動を決定する事前警告型の買収防衛策の導入について、株主のみから提案された場合で同買収防衛策の導入を根拠づける定款変更を伴わないときはどうでしょうか。

【回　答】

> 　会社法または定款において株主総会の決議事項とされていない事項に関する株主提案を取り上げる必要はなく、取り上げて決議しても効力を生じない。

【解　説】

　取締役会設置会社では、株主総会は、会社法に規定する事項および定款に定めた事項に限り決議することができる（同法295条2項）。また、個別の株主総会においては、招集通知に記載された会議の目的事項（議題）以外の事項については決議することができない（同法309条5項）。

　個別の株主総会においては、法定の株主総会の目的事項であっても当該株主総会の目的事項に関するものでなければ、株主は、議案を提案することはできず、会社側はそれを議案として取り上げることはできない。株主（少数株主）としては、それが法律上株主総会の目的事項の範囲にあるのであれば、事前（株主総会の日の8週間前）の議題提案と議案提案を同時にすることによって、当該議案を取り上げさせることができる（会社法303条2項・3項・305条1項・2項）。法律上株主総会の目的事項でない場合は、それを株主総会の決議事項とする定款変更議題・議案と併せて、かつその可決を条件として、具体的議題と議案の提案を事前にしなければならない。

93

第 1 章　株主総会における諸問題

　本設問では、法定の株主総会決議事項でもなく、定款上の決議事項でもない事項についての議案が、事前提案（会社法305条）または議場提案（同法304条）された場合を念頭に置いていると思われるが、以上述べたところから、一般論としては、会社はそれを議案として取り上げることはできず、取り上げて決議しても、効力を生じない。

　本設問の後段についても、考え方は同じである。「事前警告型買収防衛策導入（発動も株主総会が決定）」について、株主総会で有効に決議するためには、それが株主総会の法定決議事項ではないため、「株主総会決議によって上記防衛策を導入する」旨の定款変更議題・議案が提案され、それが可決されることが前提になる。したがって、少なくとも、同じ株主総会で、上記定款変更議題・議案の提案と同時に、定款変更議案が可決されるのを条件として上記買収防衛策導入が提案されなければならないはずである。しかし本設問によると、「買収防衛策導入を根拠付ける定款変更を伴わない」とあるので、そのような提案は、事前提案としても取り上げるべきではないし、議場ではなおさら取り上げてはならない。仮にそれが取り上げられて決議されても、勧告的な意義を有するにとどまり、法的には効力はない。

　　　　　　　　　　　　　　　　　　　　　　　　　　　（北村雅史）

第3節　株主提案

15. 株主提案が認められない定款変更

【設　問】

　定款一部変更の件として、株式持合いを制限したり、社外取締役枠を設定する旨の株主提案を行っている会社がありますが、定款一部変更の件として、株主提案ができない事項の例としてどのようなことが考えられるでしょうか。

【回　答】

> 　株主提案を拒絶できるのは、提案された議案が法令・定款に違反する場合などである。

【解　説】

　定款変更は株主総会の決議事項であるから（会社法466条）、定款変更を議題とする旨の請求の形をとる限りは、総会の決議事項でないことを理由として株主提案を拒むことはできない（議題提案。同法303条2項）。

　定款変更を議題とする議案の提案としては、絶対的記載事項についての議案提案、相対的記載事項についての議案提案、任意的記載事項についての議案提案がありうるが、そのいずれについても、当該議案が法令・定款に違反する場合には、会社はその提案を拒絶することができる（このほか、過去に議決権の10分の1以上の賛成が得られなかった議案と実質的に同一であって、当該賛成が得られなかった日から3年を経過していない場合にも拒絶できる。会社法304条ただし書・305条4項）。定款変更議案がすでに存在する定款規定に違反する場合には、当該既存の定款を変更する議案を併せて提案することで違反は回避できるから、結局、問題となるのは、当該議案が法令に違反する場合ということになる。

　たとえば「親会社株式を取得した場合には処分せずに保有する」旨の定めを設ける定款変更議案（会社法135条3項参照）、または「取締役のうち、3名以上は株主から選任する」旨の定めを設ける定款変更議案（同法331条2項本文参照）などは、その内容が法令に違反するものであり、提案することはできない。

しかし、株式持合いを制限する定めを設ける定款変更議案、社外取締役枠を設定する旨の定めを設ける定款変更議案などについては、会社は法令違反を理由に拒絶することはできない。

(前田雅弘)

16. 株主権の行使に関する利益供与——東京地裁平成19年12月6日判決の射程

【設　問】

東京地判平成19年12月6日商事法務1820号32頁では、株主提案権行使がなされている場合において、議決権を行使した株主にプリペイドカードを交付することが違法とされましたが、この判決の射程についてどのように考えられるでしょうか。たとえば、総会場で配布するおみやげも問題になるでしょうか。一方、提案権行使をした株主が、提案趣旨説明会を開催し、その出席株主に交通費程度のカードを交付するような場合、法的問題はないでしょうか。

【回　答】

> 本判決の立場を前提としても、一般に行われている株主総会の出席者に対するおみやげの配布は、違法な利益供与とならない。株主提案権を行使した株主が自己の提案に賛成するよう他の株主に財産上の利益を供与しても、利益供与禁止規定には反しない。

【解　説】

1　東京地裁平成19年12月6日判決の概要

本判決（商事法務1820号32頁）においては、議決権行使の勧誘のためにプリペイドカードを交付したことが違法な利益供与に該当するかどうかが争点の1つとなり、裁判所は、これを肯定し、決議方法の法令違反を理由に株主総会決議を取り消した。

この事件は、原告株主が株主提案権を行使し、定時株主総会における議決権行使の代理権を獲得するため委任状勧誘を行ったところ、会社側は、株主に送付した議決権行使書面において、有効に議決権行使をした株主1名につきプリペイドカード1枚（500円分）を贈呈する旨記載し、さらに、議決権を有する全株主に送付したはがきにおいて、カードを贈呈する旨記載するとともに、「是

非とも、会社提案にご賛同のうえ、議決権を行使して頂きたくお願い申し上げます」と記載したという事案である。

　裁判所は、株主の権利の行使に関して行われる財産上の利益の供与は原則としてすべて禁止されるが、例外的に3つの要件を満たす場合には許容されると述べ、その要件として、①株主の権利行使に影響を及ぼすおそれのない正当な目的に基づいていること、②個々の株主に供与される額が社会通念上許容される範囲内であること、③供与される総額も会社の財産的基礎に影響を及ぼすものでないことを挙げる。その上で、本件では②③は認められるが、①については、カード贈呈の記載と会社提案に賛成を求める記載の相互の関連を印象づける記載がなされていること、議決権の行使を条件とした利益の提供がされたのは、原告株主との間で対立が生じた本件株主総会が初めてであること、議決権行使の比率が例年に比較して約30％増となったこと、原告株主と会社とが株主の賛成票をめぐって対立関係にある事案であることという事実に基づき、「一面において、株主による議決権行使を促すことを目的とするものであったことは否定されないとしても……本件会社提案へ賛成する議決権行使の獲得をも目的としたものである」と認定し、結局は例外的に許容される場合には該当しないと判示した。

2　本判決の射程とおみやげの配布

　本判決の判断枠組みによれば、まず、議決権行使を条件として株主に財産上の利益を供与すれば、「株主の権利の行使に関し」て利益供与がなされたこととなり、次に、会社提案へ賛成する議決権行使の獲得が目的に含まれていると認定されれば、例外的に許容される場合にも該当せず、利益供与禁止規定に反することになる。

　本判決の立場を前提としてもなお、一般に行われている株主総会の出席者に対するおみやげの配布が違法な利益供与となるわけではない。次に述べるように、おみやげの配布が違法な利益供与となるのは、おみやげの配布を株主総会出席等の勧誘の材料とし、かつ、金額が相当でなくまたは会社提案へ賛成する議決権行使の獲得を目的にすると認定された場合に限られる。

第3節　株主提案

　第1に、会社法が禁止するのは、利益供与を「株主の権利の行使に関し」て行うことである。「株主の権利の行使に関し」とは、議決権など何らかの株主権の行使または不行使に影響を及ぼす趣旨で、という意味に解するのが通説である。「おみやげを配布しますから株主総会に出席してください」等の形で、おみやげの配布を株主総会出席等の勧誘の材料とする場合、すなわち、いわば株主総会への出席等の対価としておみやげを配布することとする場合には、株主の権利行使に影響を及ぼす趣旨でおみやげを配布するといわざるをえないであろう。しかし、事前にそのような勧誘はなく出席者におみやげを配布することは、社会的儀礼と認められる範囲を超えない限りは、そもそも「株主の権利の行使に関し」てなされるものとはいえず、本判決の挙げる例外に当たるかどうかを判断するまでもなく、適法と解すべきこととなろう。
　第2に、おみやげの配布が仮に「株主の権利の行使に関し」て行われる場合であっても、本判決の示す例外に該当するための基準、すなわち金額が相当であり、正当な目的に基づいているならば、違法な利益供与にならない。本判決の示す基準によれば、議決権行使を促進することを純然たる目的とするのであれば適法になるが、会社提案へ賛成する議決権行使の獲得という目的が競合すれば違法になることとなる。「会社提案に賛成してほしい」旨を明示はしていなくても、株主提案がなされ、または委任状合戦が行われている等の事情がある場合において、そのような状況でおみやげの配布を議決権行使の勧誘の材料とするときは、会社提案へ賛成する議決権行使獲得の目的があると認定されるおそれが大きいといわざるをえない。

3　本判決の問題点

　裁判所が認定した本件の事実関係の下では、本件カードの交付が利益供与禁止規定に反するとの結論はやむをえないと思われるが、本判決の判断枠組み自体には疑問がないではない。
　第1に、本判決は、株主の権利の行使に関して行われる財産上の利益供与であっても、なお例外的に3つの要件を満たす場合には許容されるという新たな解釈の枠組みを提示したが、本判決の示す3つの要件は、従来は「株主の権利

の行使に関し」の要件に該当するかどうかを判断する際の要素として考慮されてきた事項である。たとえば、利益供与が株主の権利行使に影響を及ぼすおそれのない正当な目的に基づいていることが要件の1つとされるが、この要件を満たすのであれば、そもそも「株主の権利の行使に関し」の要件を満たさないと考えるべきではないか。

　第2に、本判決は、本件のカードの交付には、株主による議決権行使を促すことを目的とするものであったことは否定されないとしつつ、「会社提案へ賛成する議決権行使の獲得をも目的としたものである」ことから、正当な目的を欠き、例外的に許容される場合には該当しないという結論を導いた。これによれば、前記のように、議決権行使を促進することを純然たる目的とするのであれば適法であるが、会社提案へ賛成する議決権行使の獲得という目的が競合すれば違法になることとなる。しかし、会社が株主による議決権行使を促すのは、ほとんど常に会社提案へ賛成する議決権行使を期待してのことであろう。特に株主提案と競合関係にある場合はそうである。会社提案へ賛成する議決権行使の獲得という目的が競合するかどうかという微妙な基準で、違法な利益供与になるかどうかを区分することの合理性は疑わしいというべきではなかろうか。

4　提案権行使をした株主による財産上の利益の供与

　なお、会社法が禁止するのは、会社または子会社の計算でなされる利益供与だけである（同法120条1項括弧書）。会社財産の浪費を防止することが、利益供与禁止規定の重要な趣旨の1つだからである。したがって、たとえば株主提案権を行使した株主が自己の提案に賛成するよう他の株主に財産上の利益を供与しても、同法120条の利益供与禁止規定には反しない。株主総会における議決権行使等に関して、「不正の請託」を受けて財産上の利益を供与する等の行為については、会社以外の者についても罰則規定の適用があるが（同法968条1項1号・2項）、「不正の請託」の立証は困難であるといわれている。

（前田雅弘）

第4節　少数株主による招集請求および延会等

1．少数株主による株主総会の招集の請求

【設　問】

　一定の要件を満たす大株主については、株主総会の目的である事項と招集の理由を示して、株主総会の招集の請求が認められています（会社法297条1項）。また、請求を受けた会社が株主総会の招集を行わなかった場合、当該請求をした株主は、裁判所の許可を得て株主総会を招集することができるものとされています（同条4項）。

(1)　株主が裁判所の許可を得て株主総会を招集しようとする場合、裁判所は、総会招集の理由等を考慮し判断するのでしょうか。それとも、株主の請求が形式的な要件を満たしていれば、裁判所の許可は認められるでしょうか。

(2)　株主の請求を受けて開催される株主総会の費用は当該請求を行った株主の負担とすることができるでしょうか。また、費用負担は、株主の請求を受けて会社が株主総会を開催した場合と、当該請求を行った株主が裁判所の許可を得て株主総会を開催した場合とで異なるでしょうか。

【回　答】

> (1)　少数株主による株主総会の招集について、裁判所の許可による場合、形式的な要件を満たしていれば、裁判所は、権利濫用と認められる場合を除き許可を与えることとなる。
> (2)　その場合の費用は、少数株主の負担となり、会社への求償の可否について説が分かれている。一方、少数株主の請求を受けて会社が招集する場合の費用は、会社負担となる。

第 1 章　株主総会における諸問題

【解　説】

1　(1)について

　総株主の議決権の100分の3以上を有する（公開会社では6か月の継続保有が要件）株主は、取締役に対して、株主総会の目的である事項と招集の理由を示して、株主総会の招集を請求することができる（会社法297条1項・2項）。この請求に対して、遅滞なく株主総会の招集の手続が行われない場合、または請求の日から8週間以内の日を株主総会の日とする株主総会の招集通知が発せられない場合、当該少数株主は、裁判所の許可を得て、自ら株主総会を招集することができる（同条4項）。

　裁判所に許可の申立てを行う少数株主は、請求の原因となる事実、すなわち自己が会社法297条1項および2項に基づいて株主総会の招集を請求したにもかかわらず、取締役が株主総会の招集を懈怠している事実を疎明しなければならない（同法869条）。株主総会招集の許可の申請に対して、裁判所は、理由を付して裁判を行わなければならない（同法871条）。

　裁判所は、少数株主の請求が形式的要件を満たしていれば、権利濫用と認められる場合を除き、許可をしなければならないものとされている。したがって、裁判所は、少数株主要件、取締役による株主総会招集の懈怠などの会社法297条の要件が満たされない場合や、議題が、株主総会において決議すべき事項（取締役会設置会社について会社法295条2項）でない場合には、許可を与えないことができるが、要件が整っているときは、請求が権限濫用と認められない限り、許可を与えなければならない。少数株主が招集請求の際に提示する「請求の理由」は、権限濫用かどうかの判断の際に考慮されることはありうるにしても、当該請求の理由からして決議は成立しにくいことなどを考慮して許可を与えないというような実質判断は、裁判所は行えない。

　問題は、どのような場合に権限濫用と認められるかである。これについては、少数株主の意図の不当性（主観的要件）または、株主総会招集の無益性もしくは有害性（客観的要件）が必要であると解されている。少数株主の意図の不当性とは、たとえば、取締役に対するいやがらせや、買い占めた株式の買取りを強要するために、招集請求が行われる場合が考えられる。株主総会招集の無益

性とは、取締役側が議決権の過半数を保有しており、請求の対象となっている議案が可決される可能性がまったくない場合や、分配可能額がないのに剰余金の配当を提案する場合などである。総会招集の有害性とは、株主総会招集によって会社の信用が害されたり業務が混乱したりする場合をいう。

　主観的要件と客観的要件の両方が存する場合は、権限濫用とされる。一方、株式保有状況から考えて提案議案が可決される可能性がきわめて低い場合であっても、少数株主側に不当な意図がなければ、権限濫用にはならないと解される。少数株主の意図にいやがらせ的な要素が若干認められるとしても、請求された株主総会の会議の目的が客観的に不当ではなく、これについて可決される可能性がないとはいえないのであれば、総合的に見て権限濫用とはならないだろう。

　株主提案権を行使した少数株主が、提案議案について議決権の10分の1以上の賛成を得られなかった場合には、会社法304条ないし305条4項によって3年間は同じ議案を提案できないが、その少数株主が同じ議案を提案するために、株主総会招集請求権を行使する場合には、規定の脱法目的があることから、権限濫用とされる可能性が高いと考えられる。

2　(2)について

　少数株主が、裁判所の許可を得て、株主総会を招集する場合、当該少数株主は、自己の名をもって株主総会を招集する。当該少数株主は、会社法298条1項の招集事項を自ら決定し、招集通知の発出、株主総会参考書類、議決権行使書面の交付等を行う。

　株主総会招集・開催に要する費用は、原則として当該少数株主の負担となる。この費用を会社に求償できるかどうかについては、見解が分かれる。まず、その費用が合理的な額である場合には、その限りで全額求償できるとする見解がある。この説は、当該少数株主は、会社の機関的な立場において総会を招集するのであるから、総会招集・開催に合理的に必要な費用は当然に会社が負担すべきであるとの考え方に基づく。これに対し、決議が成立した場合または成立しなくても会社にとって有益な株主総会であった場合（たとえば、少数株主

が招集した株主総会で取締役解任議案が否決された後、それを前提要件とする取締役解任の訴え（会社法854条）が認容された場合など）には、その費用は、会社に求償できるとするものがある（事務管理者として有益な費用を支出した者として民法702条の償還請求ができるとする）。少数株主の招集請求に対して、裁判所は権限濫用と認められない限り許可を与えなければならず、また権限濫用とされる場合を限定的に解釈するのであれば、費用については後者のように考えるべきではないだろうか。

これに対し、少数株主の請求に応じて、取締役が株主総会を招集する場合は、会社の通常の株主総会招集と同じ手続を踏むことになる。したがって、その費用ははじめから会社の負担となる。

（北村雅史）

2．延会および継続会の手続

【設　問】
　定時株主総会において計算書類について会計監査報告が未了となり監査意見が表明されないため、延会または継続会を開催する場合、議場においてどのような手続が必要となるでしょうか。
　また、当該株主総会の日後、延会または継続会を開催するとして、その開催に向けて株主宛に招集通知を発送するなどの手続の要否はいかがでしょうか。

【回　答】
> 　延会・継続会の日時・場所は、普通決議の方法により決定する。延会・継続会のためにあらためて招集手続をとる必要はないが、最初の会議から相当の期間内に開催される必要がある。

【解　説】
　株主総会においては延期または続行の決議をすることができる（会社法317条）。延期とは、総会の成立後に議事に入ることなく、会日を後日に変更することであり、後日開かれる会議を延会という。続行とは、議事に入ったのち、審議未了のまま会議を一時中止して、後日に再開することであり、再開された会議を継続会という。延期または続行は、総会の議事運営に関する事項であるが、議長が決定することはできず、議場において議案を諮り、株主総会の普通決議の方法により決しなければならない。この決議において、延会・継続会の日時・場所を定めなければならない。
　最初の会議と延会・継続会とは、物理的には別個の会議であるが、法的には同一の株主総会の一部であるから、延会・継続会のためにあらためて招集手続をとる必要はない（会社法317条による298条・299条の適用除外）。ただし、最初の会議と延会・継続会とが同一の株主総会の一部であるというためには、延会・継続会が最初の会議から相当の期間内に開催される必要があり、最初の会

議から延会・継続会までの間に相当の期間を超える期間が存する場合には、招集手続をやり直さなければならないと解するのが通説である。相当の期間かどうかは、延期・続行を必要とする理由も考慮すべきであろうが、基本的には、法定の招集通知期間（公開会社では2週間。会社法299条1項）が基準となろう。

（前田雅弘）

3．延会の開催と招集手続の要否

【設　問】

　会計監査人の監査未了により、3月末日を事業年度の末日とする6月定時株主総会で延期の決議を行いました。その後、6月末日を臨時の基準日として株主を確定し、7月30日に延会を開催しました。

　延会については、あらためての招集手続は不要とする定めがありますが（会社法317条）、前記の場合、招集手続をとることが必要と考えられるでしょうか。

【回　答】

　6月末日に臨時の基準日を設定し、また、最初の総会と延会との間が相当の期間を超えていることから、延会の方法は採れず、招集手続をやり直す必要がある。

【解　説】

　株主総会においては延期の決議をすることができる（会社法317条）。延期とは、総会の成立後に議事に入ることなく、会日を後日に変更することであり、後日開かれる会議を延会という。延期は、株主総会の議事運営に関する事項であるが、議長が決定することはできず、議場において議案を諮り、株主総会の普通決議の方法により決しなければならない。この決議において、延会の日時・場所を定めることを要する。

　延会のためにあらためて招集手続をとる必要はないが（会社法317条による298条・299条の適用除外）、それは、延会が最初の会議とは物理的には別個の会議であっても、法的には同一の株主総会の一部をなすからである。

　延会のこのような法的位置づけから、次の場合には、延会の方法をとることはできず、あらためて招集手続をとり直す必要がある。

　第1に、延会に出席して議決権を行使できる株主は、最初の会議で議決権を行使することのできた株主、すなわち最初の会議に関する基準日現在の株主名

簿上の株主である。当該基準日と延会との間が3か月（会社法124条2項括弧書参照）を超えることができるかについては、疑問がないではないが、延会で議決権を行使することは、最初の会議で議決権行使したのと法的には同一に評価できるのであるから、差し支えないと解すべきであろう。当該基準日後、新たに株主になった者は、延会に出席して議決権を行使することはできない。したがって、当該基準日とは別の臨時の基準日を設定し、当該臨時の基準日現在の株主名簿上の株主に議決権を行使させることとするのであれば、延会の方法をとることなく、あらためて招集手続をとり直す必要がある。

第2に、延会において決議できる事項は、最初の会議において決議することができた事項、すなわち最初の会議の招集通知に議題として記載されていた事項に限られる。したがって、最初の会議の招集通知に議題として記載されていた事項以外の事項について決議をしたいのであれば、延会の方法をとることなく、当該追加の事項を議題として招集通知に記載した上で、あらためて招集手続をとり直す必要がある。

第3に、最初の会議と延会とが同一の株主総会の一部であるというためには、延会が最初の会議から相当の期間内に開催される必要があり、最初の会議から延会までの間に相当の期間を超える期間が存する場合には、招集手続をやり直さなければならないと解するのが通説である。延会については、最初の会議に出席した株主しか延会の日時・場所を知る機会を保障されないところ、株主のために出席の機会を確保するためには、本来は、すべての議決権のある株主を対象にして招集通知をなすべきだからである。相当の期間かどうかは、法定の招集通知期間（公開会社では2週間。会社法299条1項）が基準になると一般に解されている。

本設問の事例においては、6月末日を臨時の基準日として設定している点（前記第1）、および最初の会議と延会との間が相当の期間を超える点（前記第2）において、招集手続をやり直す必要があると解される。再度の招集手続に基づいて招集された株主総会は、事実上は最初の会議の延長ではあっても、延会ではなく、法的には最初の会議とは別個の株主総会になる。

（前田雅弘）

第5節　招集事項の決定および招集通知

1．招集の決議と株主総会の日・場所の決定が必要となる場合

【設　問】

　招集の決定事項（施行規則63条1号・2号）として、①前回定時株主総会の応当日との乖離状況、②今回定時株主総会の集中日開催状況、③今回定時株主総会についての過去の開催地との異動状況に応じ、その決定した理由（集中日開催については、特に理由がある場合における当該理由に限る）が開示されますが、①と③については、「著しく」という限定が付されています。①と③のそれぞれについて、この「著しく」は、具体的にどのように（どのような基準で）考えるべきでしょうか。

【回　答】

> 　どこまでの変更が「著しく」に該当するかについては、明確な基準はなく、規制の趣旨に照らして社会通念によって判断するほかない。

【解　説】

1　開催日について

　会社法施行規則63条1号イは、定時株主総会の日時が前事業年度に係る定時株主総会の応当日と著しく離れた日であるときは、その理由を決定すべきこととする。このような規制が設けられたのは、会社が合理的な理由もなく定時株主総会の日を前年の応当日から大きく離れた日に変更し、株主の出席を困難にする弊害を防止するためであると考えられる。「著しく」という限定が付されたのは、前回の応当日とある程度乖離することは、ほとんど常に起こりうることであって、そのような通常想定できるような乖離は問題にしないことを表している。

　どこまでの変更が「著しく」に該当するかについては、明確な基準はなく、

前記の規制の趣旨に照らして社会通念によって判断するほかない。規制の趣旨に照らせば、一般的には、毎年ほぼ同一時期に定時株主総会を開催してきた会社が、前年の応当日より、たとえば1か月以上も離れた日に定時株主総会を開催することとなれば、「著しく」離れた日に開催することとなるのではなかろうか。

2　開催場所について

　平成17年改正前の旧商法233条の規定は、株主総会は、定款に別段の定めがない限りは本店所在地またはこれに隣接する地において招集することを要するものとしていたが、会社法は、株主の分布状況等を勘案して各会社が適切な開催場所を選択することを容易にするため、この規制を廃止した。他方で、この規制が廃止されたことから、合理的な理由もなくあえて株主が参加しにくくなる場所が選択される危険に対処するため、会社法施行規則63条2号は、株主総会の開催場所が過去に開催した場所と著しく離れた場所であるときは、その理由を決定すべきこととした。

　どこまでの変更が「著しく」に該当するかについては、明確な基準はなく、規制の趣旨に照らして社会通念によって判断するほかない。一般的には、過去に株主総会に出席していた株主にとって、移動のための時間・費用から出席が相当に困難になると合理的に考えられる場合がこれに該当し、旧商法で定めていた本店所在地またはこれに隣接する地の範囲を超える場合が一応の目安になりうるのではなかろうか。

（前田雅弘）

2．招集通知における株主総会の場所を決定した理由の記載

【設　問】

　前回の定時株主総会で、本店を大阪市から東京都○○区に変更し、定款変更において「株主総会は、本店所在地及びその隣接地、東京都各区内にて行う」と株主総会の開催場所を限定しました。

　会社法施行規則63条2号では、株主総会の場所が著しく離れた場所であるときは、その場所を決した理由を決議することになっています。例外として、定款で定めている場合には取締役会で決議する必要はないことになっていますが（同号イ）、狭義の招集通知上に理由を記載する必要はあるのでしょうか（会社法299条4項）。

【回　答】

> 　株主総会の開催場所が過去に開催した場所と著しく離れた場所であっても、当該場所が定款で定められたものである場合には、取締役会が当該場所での開催を決定することについて、招集通知に理由を記載する必要はない。

【解　説】

　会社法施行規則63条2号は、株主総会の開催場所が過去に開催した場所と著しく離れた場所であるときは、その理由を決定すべきこととするが、当該場所が定款で定められたものである場合には、その理由を決定する必要はない（同号イ）。同号の規定は、取締役会が合理的な理由もなくあえて株主が参加しにくくなる場所を株主総会の開催場所に選択する危険を防止するための規制であるところ、開催場所が定款で定められた場合にはそのような危険はないと考えられるからである。すなわち開催場所が定款に基礎を置く限り、開催場所の決定に株主の意思が反映されていると考えられるため、取締役会が当該場所での開催を決定することに特に理由は必要ないのである。

第1章　株主総会における諸問題

　同規定のこのような趣旨に照らすと、「当該場所が定款で定められた」とは、定款に具体的な開催場所（会場）まで特定されていなくても、定款において、開催地（市町村または東京都の区）など開催場所の合理的な範囲が定められている場合も含むと解すべきであろう。

　本設問の場合、定款で株主総会の開催場所が「本店所在地及びその隣接地、東京都各区内」と合理的に限定されており、「当該場所が定款で定められたものである」と解されるから、会社法施行規則63条2号イの規定により、取締役会で当該場所を決定した理由を決定する必要はないこととなろう。理由を取締役会で決定する必要がないのであれば、理由は会社法299条4項に定める「前条第1項各号に掲げる事項」には該当せず、同項の規定に基づいて、理由を狭義の招集通知に記載する必要もない。

（前田雅弘）

3．招集通知における「特定の時」を定めない場合の取扱い

【設　問】

　招集の決定事項として、議決権行使期限である「特定の時」を定めることができますが（施行規則63条3号ロ・ハ）、これを定めないときは、株主総会の日時の直前の営業時間の終了時となります（同規則69条・70条）。

　「特定の時」を定めないとき、招集通知に、議決権行使期限（営業時間の終了時）を記載しなかったとしても、法令に反しないものと考えられるでしょうか。また、この場合、議決権行使書面に営業時間の終了時を記載しないと、会社法施行規則66条1項4号に反することとなるでしょうか。

【回　答】

> 　招集通知には議決権行使期限を記載しなくても差し支えないが、議決権行使書面には議決権行使期限を記載しなければならない。

【解　説】

　書面投票・電子投票の議決権の行使期限については、株主総会の招集の決定時に一定の範囲内で「特定の時」を定めることができるが（施行規則63条3号ロ・ハ）、これを定めるかどうかは会社の自由であり、特に定めをしなければ、株主総会の日時の直前の営業時間の終了時となる（同規則69条・70条）。

　招集通知の記載事項としては、「特定の時」を定めたときに、それを記載すればよいこととされているので（会社法299条4項・298条1項5号、施行規則63条3号ロ・ハ）、「特定の時」を定めない場合には、招集通知には議決権の行使期限を記載する必要はない。

　他方、議決権行使書面には、議決権の行使期限を記載する必要がある（施行規則66条1項4号）。平成17年改正前商法の下では、法律により議決権の行使期限が株主総会の会日の前日までとされており（旧商法239条ノ2第5項・239条ノ3第5項）、この法定の期限を議決権行使書面に記載することは要求されてい

なかった（旧商法施行規則24条〜26条参照）。これに対し、会社法施行規則66条1項4号は、「特定の時」を定めたかどうかにかかわらず、すなわち会社が「特定の時」を定めずに行使期限が法定の期限（直前の営業時間の終了時）となる場合であっても、議決権行使書面には行使期限を記載することを要求している。旧法の下では、行使期限が一律（会日の前日）に定まっていたのに対し、会社法の下では、会社が定めることにより行使期限が一律（直前の営業時間の終了時）とは限らないこととなったため、株主が行使期限を誤解することのないよう、議決権行使書面には常に行使期限の記載を要求することにしたものと思われる。したがって、会社法の下では、「特定の時」を定めず、したがって招集通知には行使期限を記載しない場合であっても、議決権行使書面には行使期限を記載しなければならない。もっとも、行使期限を招集通知に記載した場合には、重ねて行使期限を議決権行使書面に記載する必要はない（施行規則66条4項）。

「特定の時」を定めず、議決権の行使期限が法定の期限（直前の営業時間の終了時）となるときに、議決権行使書面には、具体的な直前の営業時間の終了時（たとえば◯月◯日午後5時）までと記載せず、「株主総会の日時の直前の営業時間の終了時」と記載することは認められるか。行使期限について株主の誤解を防止し、また「営業時間」の解釈をめぐる紛争を回避するためにも、実務的には具体的な時刻まで記載するのが望ましいと思われるが、株主の権利行使が「営業時間」内に限定されることは議決権行使以外にも存在し（会社法31条2項・125条2項など）、その場合に会社が事前に株主に営業時間を明示することが要求されているわけではないことを考慮すると、具体的な時刻の記載がないことをもって違法（すなわち行使期限の記載がなく決議取消事由となる）とまではいえないのではなかろうか。もっとも、営業時間が特殊な会社であって、行使期限として具体的な時刻を記載しなかったために株主の議決権行使が妨げられたような特別な場合には、招集手続に著しい不公正があったとして、決議取消事由を生じるおそれはあろう。

（前田雅弘）

4．ウェブ開示

【設　問】

(1) ウェブ開示事項と招集決議（施行規則63条3号ホ）

　ウェブ開示事項のうち、株主総会参考書類の当該事項は「招集の決定事項」とされていますが（施行規則63条3号ホ）、他の提供書面（事業報告、計算書類（個別注記表）、連結計算書類）の当該事項については、そのようにされていません。この点をどのように理解すればよいでしょうか。

　なお、来る6月株主総会で、当社は、株主総会参考書類についてのウェブ開示事項を定める予定はなく、逆に、他の提供書面の中からそれを選択する予定ですが、招集の決定事項として、取締役会において当該事項を決議すべきでしょうか。

(2) ウェブ開示事項における「議案」（施行規則94条1項1号）

　ウェブ開示事項に関し、株主総会参考書類において、議案は当該事項とすることはできず、必ず提供しなければならないものとされています（施行規則94条1項1号）。ウェブ開示事項のうち、「議案」のみが法務省令上具体的に特定されていませんが、どのような内容であると考えればよいでしょうか。

(3) 委任状勧誘とウェブ開示

　委任状勧誘府令に従った場合、参考書類について、ウェブ開示は利用できないでしょうか。

【回　答】

(1) 株主総会参考書類は、株主が株主総会に出席することなく議案への賛否を判断するのに必要な資料を提供する点で、特に重要性が高い。事業報告など株主総会参考書類以外の提供書面についてウェブ開示をする場合、重要な業務執行の決定として取締役会の決議を要する。

(2) ウェブ開示に際し、提供が求められる「議案」に特に限定はなく、すべての議案（どのような内容の決議をするか）が含まれる。

第1章 株主総会における諸問題

(3) 委任状勧誘の際に株主に提供される参考書類について、ウェブ開示を利用することができる。

【解 説】

1 (1)について

　株主総会参考書類は、株主が株主総会に出席することなく議案への賛否を判断するのに必要な資料を提供する点で重要性が高いことから、どの事項をウェブ開示事項とするかを招集に関する取締役会の決定事項にするとともに（施行規則63条3号ホ）、招集通知に記載することにしたもの（会社法299条4項・298条1項5号）と解される。

　なお、事業報告など、株主総会参考書類以外の提供書面についてウェブ開示を選択する場合、その選択は株主総会招集の決定事項とはされていないが（施行規則63条ホ参照）、通常は重要な業務執行の決定（会社法362条4項）として、取締役会決議による決定を要すると解すべきではなかろうか（同法298条1項に基づく決定ではないので、招集通知への記載は不要。同法299条4項参照）。

2 (2)について

　「議案」についてウェブ開示が認められていないのは、もしも「議案」が招集通知に際して株主に現実に提供されないとすると、株主の中にはインターネットを利用できない者も存在することから（いわゆるデジタル・デバイド問題）、そのような株主はおよそ書面投票または電子投票により議決権行使することができなくなる（議案が示されなければおよそ議決権行使はできない）と考えられたためであろう。したがって、会社法施行規則94条1項1号の「議案」には特に限定はなく、すべての議案（どのような内容の決議をするか）が含まれると解される。

3 (3)について

　会社法施行規則94条1項がウェブ開示を認めるのは、「株主総会参考書類」

に記載すべき事項（一部を除く）であり、「株主総会参考書類」は、会社法301条1項または302条1項により、会社が書面投票または電子投票制度を採用した場合にのみ交付することが要求される書類である。

　他方、会社法298条2項は、株主の数が1,000人以上の会社について原則として書面投票制度を採用すべきことを要求するとともに、金融商品取引法に基づく委任状勧誘を行う場合（施行規則64条）には、書面投票制度の適用はないこととしている。委任状勧誘の際にも株主には「参考書類」を提供しなければならず（金商法194条、金商法施行令36条の2第1項）、この「参考書類」は会社法上の「株主総会参考書類」ではないから、直接に会社法施行規則94条1項の規定の適用はないが、委任状勧誘府令（上場株式の議決権の代理行使の勧誘に関する内閣府令）1条4項において、「参考書類」に記載すべき事項のうち、会社法施行規則94条1項に規定する措置がとられている事項については、「参考書類」に記載する必要がない旨、別途手当てがなされている。したがって、委任状勧誘の方法をとった場合にも、ウェブ開示は利用できることとなる。

（前田雅弘）

第 1 章　株主総会における諸問題

5．招集事項の決定とウェブ開示

【設　問】

　株式会社は、株主総会参考書類、事業報告、計算書類および連結計算書類に記載すべき事項に係る情報の全部または一部について、一定の要件の下で、ウェブ開示によって、当該事項を株主に対して提供したものとみなすことができます（施行規則94条・133条3項、計算規則133条4項・134条4項）。

　一方、株主総会の招集の決定事項の中に、上記のうち、提供する株主総会参考書類に記載しないものとする事項については、取締役会の決議が法定されていますが（施行規則63条3号ホ）、他の書類については定めがありません。その点についてどのように考えられるでしょうか。たとえば、提供する事業報告の内容の一部についても記載しないものとする措置をとる場合も、取締役会の決議をすべきでしょうか。

【回　答】

> 　事業報告等についてのウェブ開示の実施および開示事項の枠組みについては、重要な業務執行として取締役会決議を要する。

【解　説】

　会社法施行規則は、株主総会参考書類や事業報告等の株主総会招集に際して株主に提供すべき書類について、それに記載すべき事項の全部または一部を、インターネットによって開示することを認め、それがされると当該事項を株主に提供したものとみなしている。これは、費用の削減と開示内容の充実の両方をねらったものである。ただし、この方法は、株主の個別的同意に基づかないウェブ開示であるから、電子公告との整合性より、定款の定めがあることが必要である。

　ところで、ウェブ開示ができる書類のうち、株主総会参考書類についてのみ、ウェブ開示事項が株主総会招集事項に関する取締役会の決定事項とされている

第 5 節　招集事項の決定および招集通知

（会社法298条 1 項 5 号、施行規則63条 3 号ホ）。これは、株主総会に出席できない株主が議案について賛否の判断材料とするのは第 1 に株主総会参考書類であり、株主総会招集に際して株主に提供される他の書類に比べて重要性が高いことによるものと考えられる。会社法施行規則63条によって取締役会が決定する招集事項とされるものは、招集通知に記載されることになるから（会社法299条 4 項）、ウェブ開示事項とされたものは何かが、招集通知に記載されることになる。

　それでは、事業報告等の書類について、ウェブ開示を利用する場合、ウェブ開示をするかどうか、するとすればどの事項をインターネットに開示するかは、どの機関が決定すべきだろうか。これについては会社法に規定がないので、重要な業務執行に該当するかどうかで、取締役会が決定するか代表取締役に決定させてよいかが決まることになる（会社法362条 4 項）。ウェブ開示をすること、およびウェブ開示事項の枠組の決定は重要な業務執行として取締役会決議を経なければならないと思われる。その上で、事項の細目については、代表取締役に一任してもよいと考える。なお、事業報告についてウェブ開示をする場合は、それが掲載されているホームページのアドレスを株主に通知しなければならないが（施行規則133条 4 項）、事業報告等についてのウェブ開示事項の決定は招集事項（会社法298条 1 項各号）ではないので、当該事項を招集通知に記載する必要はない。

（北村雅史）

6．ウェブ開示の対応

【設　問】

　今年（平成21年）6月株主総会では、株主総会参考書類および株主への提供書類の一部または全部についてウェブ開示（施行規則94条・133条3項〜5項、計算規則133条4項〜6項・134条4項〜6項）を行う会社が、少数ながら2倍超に拡大したといわれました。そこで、次の点は、いかがでしょうか。

(1)　株主総会の議場における質疑応答を考慮し、ウェブ開示事項を受付で交付する法的義務はあるでしょうか。

(2)　前記交付義務の有無とも関係しますが、株主総会の議場で、出席株主より、ウェブ開示事項の交付請求があった場合、その場で応ずる法的義務はあるでしょうか。たとえば、口頭による当該事項に関する説明、あるいはビジュアル画面により、質問があった段階で当該事項を提示する方法でも足りるでしょうか。

(3)　招集通知発送の日より株主総会の日から3か月を経過するまでの間、ウェブ開示事項を、継続してインターネット上のウェブサイトに掲載する必要がありますが、中断等の事故が生じた場合、どのように対処すべきでしょうか。
　その際、電磁的方法が認められる他の制度（電子公告やウェブ修正等）と比べどのような点が異なるでしょうか。

【回　答】

(1)　ウェブ開示を行えば、その対象事項を株主に提供したものとみなされ、総会の受付で対象事項を書面により交付する義務はない。

(2)　総会の議場で、株主からウェブ開示の対象事項の交付請求があっても応じる義務はない。

(3)　ウェブ開示の中断は直ちに違法とはならず、招集手続の瑕疵は、会社の落ち度等を含め総合的に判断される。

第5節　招集事項の決定および招集通知

【解　説】
1　(1)について
　会社法施行規則や会社計算規則は、株主総会参考書類および株主への提供書類（事業報告、個別注記表、連結計算書類）に記載すべき事項の全部または一部を、インターネット上のホームページに掲載することを認め（ただし、議案等の事項はウェブ開示できない）、それがされると、当該事項に係る情報を株主に提供したものとみなしている。これは、株主総会の招集通知に関して、書面により提供する情報の分量を減らすことにより、印刷・郵送等の費用を削減するとともに、費用上の問題から開示情報量を制限する動きをおさえ、実質的に開示の充実を狙ったものである。ウェブ開示は、株主の個別的同意に基づいて行われるものではないので、電子公告採用が定款記載事項であること（会社法939条1項）とのバランスから、その旨の定款の定めが必要である。
　ウェブ開示をすれば、開示事項については、それを記載した株主総会参考書類、事業報告その他の書類を「株主に提供したものとみな」される（施行規則94条1項・133条3項、計算規則133条4項・134条4項）。したがって、株主は当該事項をも記載された株主総会参考書類等を会社から交付されたのと同じ状態にあるわけだから、株主総会の受付において、ウェブ開示事項のプリントアウト版を出席株主に交付することは、法的には要求されない。会場でプリントアウト版を配布することは親切な対応といえるが、それをしなくても、招集手続や決議方法の法令違反にはならない。

2　(2)について
　株主にすでに提供されているとみなされる情報であるから、株主総会の議場で株主から交付請求があったとしても、その場で応じる法的義務はない。ウェブ開示されている事項について、株主が質問した場合には、それが取締役等の説明義務の範囲内の事項であれば、口頭あるいはビジュアル画面で開示しなければならない。もっとも株主にすでに提供されている（とみなされている）事項であるから、それが議題関連性を有していても、「必要な説明」（会社法314条本文）に該当しない可能性があるが（裁判になった場合、説明義務違反はないと

の判断がされる可能性が高い)、紛争予防の観点からは、議題の合理的理解に必要な範囲での説明はすべきであろう。

3 (3)について

　ウェブ開示は、招集通知を発出する日から、当該株主総会の日から3か月が経過する間での間、「継続して」ホームページ上に開示されていなければならない。

　電子公告についても、公告期間中「継続して」公告されていなければならないものとされ（会社法940条1項）、ただ、一定の要件が満たされた場合、公告の中断が公告の効力に影響を及ぼさないという救済措置が定められている（同条3項）。これに対して、株主総会参考書類のウェブ開示については、中断に対する救済措置は定められていない。ただし、そのことによって、開示の中断が生じた場合には、直ちに違法となるわけではなく、ウェブ開示が認められる趣旨との関係で、開示期間全体として「継続して」行ったと実質的に評価できるかどうかを判断すべきであるとされている。実質的判断に際しては、会社側の落ち度、中断時間の長短、中断後回復までの会社側の努力、中断があったことの速やかな開示の有無などを総合的に考慮することになろう。

　ウェブ開示の主たる目的は、株主総会前に株主にどのように議決権を行使するかを判断する材料を提供することにある。したがって、開示の中断が、株主総会の前に生じた場合の方が、株主総会後に中断が生じた場合よりも、その違法性は厳格に判断されるべきことになる。たとえば、開示の中断に関する会社側の落ち度や中断後の処理が同じ場合であっても、株主総会前においては株主総会後の中断の場合に比べて短期間の中断でも違法とされる場合があるというべきである。

　ウェブ修正（施行規則65条3項・133条6項、計算規則133条7項・134条7項）についても、ウェブ開示と同じく中断に関する救済規定がないので、ウェブ開示と同様に解することになろう。

（北村雅史）

7．修正事項の通知制度（ウェブ修正）の適用範囲

【設　問】

　修正事項の通知制度による修正は、招集通知の発送期間（会社法299条１項）が確保されているかどうかにかかわらず、どのような内容についても、いつでも実施可能でしょうか。役員候補者急逝等による議案の撤回など、議題・議案の縮小を伴う変更は修正事項の通知制度による修正が可能ではないかと考えますがいかがでしょうか。誤字、脱字、乱丁等の軽微な変更か、議案の内容にかかる変更かによって、取扱いが異なるでしょうか。

【回　答】

　招集通知の発出後に修正すべき事項が生じた場合は、合理的な時期に株主に周知させれば足りる。「議案」などウェブ開示が認められない事項について、この方法による修正は認められない。

【解　説】

　会社法施行規則65条３項は、株主総会参考書類の修正事項を株主に周知させる方法を招集通知と併せて通知することができる旨を定め、具体的な周知方法、時期、修正可能な事項について特に限定を設けていないが、その方法、時期、または修正事項のいかんによっては、招集手続が著しく不公正となり、決議取消事由（会社法831条１項１号）を生じるおそれがある。

　周知方法としては、会社法施行規則94条１項等に定めるウェブ開示と同様の方法を採用することが考えられる。招集通知と同様に書面または電磁的方法によることはもとより差し支えないが、同規則65条３項の制度は、招集通知を再度行うことのコスト負担を軽減することが目的の１つであると解されることから、書面または電磁的方法によることは現実的ではないであろう。

　株主に周知させる時期については、招集通知の発送期間についての規制（会社法299条１項）との関係が問題となるが、会社法施行規則65条３項の規定が明

第 1 章　株主総会における諸問題

文で招集通知発出後の修正を認めた以上、同規定に基づく修正については期間についての規制は及ばないと解すべきであろう。従来、発送期間に係る規制との関係で、招集通知発出後の修正を適法に行えるかどうか疑義があったところ、同項の制度は、まさにこのような疑義をなくすことを目的の 1 つとして導入されたものと解されるからである。もっとも、修正すべき事項が生じた場合には合理的な時期にそれを株主に周知させる必要はあり、合理的な時期に周知させなければ、招集手続が著しく不公正となり、決議取消事由を生じるおそれがあると思われる。

　修正可能な事項の範囲についてはどう考えるべきか。ウェブ開示と同様の方法を採用する場合、「議案」などウェブ開示が認められていない事項（施行規則94条1項）については、会社法施行規則65条3項に基づく修正は原則として認められないと解すべきではなかろうか。ウェブ開示と同様の方法で議案などを修正することを認めると、同規則94条1項が、デジタル・デバイドを考慮して、議案など一定事項については株主に現実に提供されることを要求した趣旨を損なうことになるからである。議案などの一定事項について修正を行うことは、原則として、招集手続の著しい不公正に当たり、決議取消事由を生じることになると思われる。

　もっとも、役員候補者の急逝による議案の撤回など、議題・議案を縮小する方向の変更は、株主に出席と準備の機会を与えるという招集通知の制度趣旨に照らし、株主に与える影響は軽微であり、認められると解すべきであろう。また、実質的内容に関しない軽微な誤字、脱字、乱丁等の修正も、株主の議決権行使の判断に実質的な影響を与えるものではなく、会社法施行規則65条3項に基づく修正を否定すべきではないと思われる。

（前田雅弘）

8．ウェブ修正すべき範囲

【設　問】
(1) 会社法施行規則65条3項、133条6項、会社計算規則133条7項により、株主総会参考書類、事業報告、提供計算書類の修正をホームページ上で行うことができますが、この場合、「修正をすべき事情が生じた場合」とはどの範囲までの事情を指すでしょうか。その事情が発生した場合は、修正する義務が発生するでしょうか。
(2) 次の場合、修正の手続はどのようにすればよいでしょうか。
　① 誤植（原本と印刷物が異なる場合）
　② 事業報告等の記載が明らかに事実と異なる場合（日付が事実と異なる場合など）
　③ 株主総会参考書類発送後、記載内容と異なることとなる事実が発生した場合（取締役選任議案において「取締役○○名全員が任期満了により退任するので取締役○○名の選任をお願いいたします」と記載していたところ、退任予定役員が辞任した場合など）
　④ 株主総会参考書類作成時に発生していれば記載すべきであった事項が株主総会参考書類発送後に発生した場合（過去5年間に社外取締役候補者が役員に在任していた会社で不祥事が新たに発覚した場合など）
(3) ウェブ修正は、誤植等の軽微な記載誤りがある場合に簡易な手続で修正できることを目的として導入されたものと思いますが、記載誤り以外の場合でも、事業報告や株主総会参考書類の作成時点で発生していなかった事象が書類発送後に発生した場合に、追加記載をするためにウェブ修正をしうるものかどうか疑問があります。もし、このような場合に修正をするとすれば、取締役会決議や監査役の監査などの手続も必要になるでしょうか。

第 1 章　株主総会における諸問題

【回　答】

(1)　たとえば、株主総会参考書類における議案のように、ウェブ開示が認められないものについてウェブ修正はできず、それを除いた事項が修正の範囲となる。
(2)　ウェブ修正を行うことができるのは、誤植、明らかな事実の相違、招集通知発出後の事情変更などの場合である。
(3)　計算書類や事業報告の実質が変更する場合には、ウェブ修正を利用できず、あらためて取締役会の承認や監査を受けなければならない。

【解　説】

1　(1)について

　会社は、株主総会参考書類、事業報告、計算書類、連結計算書類に記載すべき事項について、招集通知を発出した日から株主総会の前日までの間に修正をすべき事情が生じた場合における修正後の事項を株主に周知させる方法を、株主総会の招集通知と併せて通知することができる（施行規則65条3項・133条6項、計算規則133条7項・134条7項）。この制度は、株主総会参考書類等の記載に誤りがあれば、本来速やかに修正されることが望ましいが、それら書類を再び送付することになれば、印刷や郵送の費用の負担も大きく、また招集通知の発出期間の制限（公開会社において株主総会の日の2週間前）との関係でも、株主総会決議の瑕疵（取消原因）の問題が生じうるので、このような事態に対応するために、会社法（法務省令）において導入されたものである。実際には、修正があった場合に修正事項を掲載するためのインターネットのURLを招集通知に記載しておくことが行われるので、この制度は一般にウェブ修正といわれる。

　ウェブ修正において問題となるのは、どの範囲の修正までをウェブ上で行えるかである。ウェブ上で修正するものである以上、「議案」のように、もともとインターネット上の開示が認められていない（施行規則94条1項1号）ものについては、株主総会参考書類記載事項であっても、ウェブ上の修正はできな

いと解すべきであろう。書面投票制度を採用する会社において、議決権行使書面には、議案について賛否を記載する欄が設けられているところ、議案が修正されると、議決権行使書面そのものを変更しない限り、株主は適切に議決権を行使できない可能性があり、また株主の中にはインターネットを使用できない者もいるからである（いわゆる、デジタル・デバイド問題。施行規則94条1項1号が「議案」をウェブ開示から除いているのはこの趣旨）。

ウェブ修正制度は、前述の会社の便宜（費用の削減と株主総会招集手続の瑕疵の回避）のためであるとともに、修正すべき点は議決権行使の参考等にするため、できるだけ株主総会前に株主に開示しておくことが望ましいという趣旨で導入されたものである。したがって、ウェブ修正をする旨を招集通知に記載した以上、会社ないし取締役としては、一般論として、修正が認められる事項については、株主に周知できる合理的な時期に、修正する義務があるというべきである（なお、後記2(4)参照）。もっとも、ウェブ修正をしなかったからといって、当然に手続上の瑕疵があるとはいえない。この問題は、修正事項の重要性、株主総会当日に会社側が修正点を説明したかどうかなどを総合的に検討して判断すべきだからである。

2　(2)について
(1)　①について
誤植（原本と印刷物が異なる場合）は、本来この制度が念頭に置いていたことであり、その旨の修正をするだけで足りる。監査等は原本に基づいて行われているので、再度の監査手続は必要にはならない。
(2)　②について
事業報告等の記載が明らかに事実と異なる場合（日付が事実と異なる場合など）も、その旨を修正するだけでよい。おそらく、ここで念頭に置かれているのは、事業報告の記載の軽微な間違いであって、記載内容の本質的修正ではないであろうから、取締役会の再度の承認や監査役の監査は不要であると解する。
(3)　③について
株主総会招集通知発出後に生じた事実も、できるだけ早く株主に知らせるこ

とが望ましいということも、ウェブ修正制度の趣旨であるため、株主総会参考書類発送後、記載内容と異なる事実が発生した場合についても、その旨を修正すべきである。設問の「取締役選任議案において「取締役〇〇名全員が任期満了により退任するので取締役〇〇名の選任をお願いいたします」と記載していたところ、退任予定役員が辞任した場合など」は、「任期満了退任」が「辞任」に変わっただけで、「取締役〇〇名の選任議案」としては変更がないので、これも事実の変更としてウェブ修正できる。

(4) ④について

株主総会参考書類作成時に発生していれば記載すべきであった事項が株主総会参考書類発送後に発生した場合にも、③と同じく、その事実をウェブ上に掲載すべきである。なお、設問にある「過去5年間に社外取締役候補者が役員に在任していた会社で不祥事が新たに発覚した場合」のような事項については、別途検討の余地がある。というのは、そのような事項は、「会社が知っているとき」に株主総会参考書類に記載すべきものであるところ（施行規則74条4項4号。ほかに同条3項3号、4項6号など）、その「知っているとき」は、株主総会参考書類発出時を基準にすべきであるから、その後に会社が知ったとしても、株主総会参考書類の記載の誤りとはいえないからである。しかし、これはあくまでも形式論理であって、株主総会招集通知発出後であっても、当該事項を会社が知った以上、株主に開示するのが法の趣旨といえるので、これについても、ウェブ修正すべきである。その場合、「株主総会参考書類の発送後、当該事態が生じた（あるいは会社の知るところとなった）」旨も併せて開示しておくほうが、発送された株主総会参考書類には間違いがなかったことをアピールする上で、望ましいかもしれない。

なお、ウェブ修正は、株主総会招集通知発出後の修正について、2週間の発出期間制限（会社法299条1項）を緩和する趣旨で認められていることからすると、修正は、株主に周知できる合理的時期に行う必要がある。重要な修正が、株主に周知できない時期（たとえば株主総会前日の夕方）に行われたとすれば、適切なウェブ修正がされなかったと判断され、招集手続の瑕疵となる可能性がある。

3 (3)について

　ウェブ修正には、株主が議決権行使を的確に行えるようにするため、修正・変更点をできるだけ速やかに開示するという趣旨も認められる。したがって、記載ミスなど軽微な修正にとどまらず、会社としては、事後に明らかになった事情についても、修正すべき事項はウェブ修正によっていち早く株主に伝える必要がある。このことと、事業報告・計算書類の承認・監査手続とは一応別個の問題である。

　新たに明らかになった事実によって、すでに承認を受け、監査も受けた計算書類や事業報告の実質が変更するような場合（客観的に、監査結果に変更が生じる可能性がないとはいえない場合）には、あらためて取締役会の承認や監査を受けるべきである。この場合、監査日程の確保も困難であるし、また監査報告・会計監査報告のウェブ修正は認められない関係で、監査報告・会計監査報告の招集通知添付義務違反（会社法437条）の問題も生じうる。しかし、計算書類・事業報告の記載変更についての監査は緊急のものであるから、修正部分の監査について法が定める手続に即しなかったとしても、当然に手続に瑕疵があったとまではいう必要はないであろう。会社としては、修正部分について監査を受けた旨とその部分の監査報告（多くの場合、計算書類や事業報告について、先に提出した適法意見に変更はない旨）を、株主総会の当日に報告すれば足りると考える（もっとも、これを決議取消事由となる瑕疵（会社法831条1項1号）が実質的にないとみるか、瑕疵はあるが軽微であるため裁量棄却（同条2項）されるとみるかは、微妙である）。

（北村雅史）

9．ウェブ修正の掲載期限

【設　問】
　会社法では、ウェブ修正を行う際の方法等を定めていますが、その掲載期限を定めておらず、実務では当該修正事項をいつまで掲載しておくかについて悩むところです。総会後すぐに掲載を取り止めている会社もあると思われますが、それで問題ないでしょうか。

【回　答】

> 　ウェブ修正は、株主に通知すべき事項の補完のための措置であるから、総会終結まで掲載しておけば足りるが、修正の仕方によっては、総会の適法性が問題となりうるから、総会終結後3か月間掲載しておくことが望ましい。

【解　説】
　会社は、株主総会参考書類、事業報告、計算書類、連結計算書類に記載すべき事項について、招集通知を発出した日から株主総会の前日までの間に修正すべき事情が生じた場合における修正後の事項を株主に周知させる方法を、株主総会の招集通知と併せて通知することができる（施行規則65条3項・133条6項、計算規則133条7項・134条7項）。この周知方法として通常はインターネットのURLを招集通知に記載するという方法がとられるので、これを一般にウェブ修正という。
　会社法施行規則や会社計算規則には、ウェブ修正をいつまで掲載すべきかについて規定がない。この問題は、2つの観点からの検討が可能である。
　まず、ウェブ修正の対象となる書類の備置・開示期間との関係で、掲載期間を考えるという観点がありうる。これによると、事業報告・計算書類については、本店で5年間・支店で3年間備え置き、株主等の閲覧に供しなければならないから（会社法442条）、その書類の修正も、当該期間（3年・5年）は掲載し

なければならないが、株主総会参考書類については備置・開示に関する定めがないので、株主総会終了後、ウェブ掲載を取り止めてもよいということになる。もっとも、本店・支店での備置・開示規制とウェブ修正では規制の趣旨が異なるので、この観点によって掲載期間を決するのは適当でない。事業報告・計算書類の備置・開示は、株主・債権者に会社の業務財産の状況を一般的に知らせるための制度であるのに対し、ウェブ修正は、株主総会での議決権行使の便宜のために行われるからである。事業報告や計算書類の備置との関係では、修正箇所も織り込んだ形で、当該書類を本店・支店に備え置くという対処をとれば十分であり、何年もウェブ上に掲載するのは現実的でない。

　第2の観点は、ウェブ修正はあくまでも株主総会招集通知の際に株主に通知すべきであった事項の補完のためのものである、ということから、掲載期間を判断しようとするものである。この観点からは、株主総会が終結すると、すぐに掲載を取り止めてよいという結論が導かれよう。

　なお、ウェブ修正の仕方によっては、株主総会手続の適法性が後日問題になりうるから、株主総会終結後3か月間（決議取消の訴えの提訴期間＝会社法831条1項）掲載しておくことが望ましいといえよう。議決権行使書面や委任状の備置期間や、事業報告のウェブ開示の期間が、いずれも株主総会の日から3か月間となっていることも、参考とすることができる（会社法310条6項・311条3項、施行規則133条3項）。

（北村雅史）

10. 招集通知のウェブ修正の限界

【設　問】
　会社法では、招集通知の修正について、修正事項をホームページにアップすること等で株主に周知させることができるとしていますが、議案の重要事項（たとえば、配当金額等）に修正があった場合、それ以前に投函された議決権行使書面を有効と扱って問題はないでしょうか。

【回　答】

> 　議案の重要事項の修正について、ウェブ修正は認められず、株主総会の2週間前までに訂正通知を送付するか、株主総会の日の延期または当該議題の削除をせざるをえない。

【解　説】
　招集通知を出した日から株主総会期日までの間に株主総会参考書類に修正すべき事項が生じたときは、修正後の事項を株主に周知させる方法を招集通知と併せて株主に通知することができる（ウェブ修正。施行規則65条3項）。周知方法としては、ウェブ開示（同規則94条1項等）と同様に、インターネット上のウェブサイトに表示する方法が想定されている。

　ウェブ修正が可能な事項の範囲について、会社法施行規則65条3項は「株主総会参考書類に記載すべき事項について……修正をすべき事情が生じた場合における修正後の事項」と定めるだけであり、ウェブ修正が認められる事項について、文言上は特に限定は設けられていない。しかし、ウェブ修正は無制限に認められるものではなく、修正をする事項によっては、招集手続に著しい不公正があることとなり、決議に取消事由を生じることとなる（会社法831条1項1号）。

　ウェブ開示と同様の方法を採用することを前提とすると、「議案」などウェブ開示が認められていない事項（施行規則94条1項）についてウェブ修正を行

うことは、原則として認められず、これを行うことは招集手続の著しい不公正に該当することとなろう。ウェブ開示について、会社法施行規則94条1項は、デジタル・デバイドを考慮し、議案など一定事項については株主に現実に情報が提供されることを要求しているが、これらの事項についてもしウェブ修正を認めると、同規定の趣旨が損なわれることとなるからである。もっとも、役員候補者の急逝による議案の撤回など、議題・議案を縮小する方向の変更は、株主に出席の機会と準備の機会を与えるという招集通知の制度趣旨に照らし、株主に与える影響は軽微であり、認められると解すべきであろう。また、実質的内容に関しない軽微な誤字、脱字、乱丁等の修正も、株主の議決権行使の判断に実質的な影響を与えるものではなく、ウェブ修正を否定すべきでない。

　設問のように、剰余金配当に関する議案において配当金額等を修正するなど、議案の重要事項について修正が必要となった場合には、ウェブ修正は認められず、株主総会の日の2週間前までに訂正通知を送付するか、それが不可能なら株主総会の日を延期した上で招集通知をやり直すか、または当該議題の削除を検討する等の対応をせざるをえないのではなかろうか。

　　　　　　　　　　　　　　　　　　　　　　　　　　（前田雅弘）

第1章　株主総会における諸問題

11. 会計監査人非設置会社における計算書類のウェブ修正

【設　問】

　会計監査人を設置していないため、計算書類を株主総会の承認議案とする会社において、招集通知の発送後、計算書類の一部に軽微な記載の誤りが発見されました。

(1)　ウェブ修正により株主総会参考書類「計算書類承認の件」に修正が生じた旨および修正後の計算書類をウェブサイトに掲載した上で、株主総会当日、計算書類の修正につき議長より口頭にて報告し、計算書類承認議案を採決するという対応で問題ないでしょうか。また、誤りが軽微でない場合は、いかがでしょうか。

(2)　当該会社が会社法298条2項ただし書に定められている委任状採用会社の場合、株主総会参考書類について特段の規定が手当てされていないため、ウェブ修正を利用することはできませんが、前記(1)の前段と同様の対応をすることで問題ないでしょうか。

【回　答】

> (1)　軽微な修正であれば、ウェブ修正を行い、かつ総会当日口頭で修正について議長が説明して採決する方法でよい。
>
> (2)　上場会社における委任状勧誘の場合、法令上は「参考書類」のウェブ修正は認められないが、軽微なものであれば、ウェブ修正を行い、かつ総会当日口頭で修正について議長が説明して採決する方法で問題はない。

【解　説】

1　(1)について

　会社は、株主総会参考書類、事業報告、計算書類、連結計算書類に記載すべき事項について、招集通知を発出した日から株主総会の前日までの間に修正をすべき事情が生じた場合における修正後の事項を株主に周知させる方法を、株

主総会の招集通知と併せて通知することができる（施行規則65条3項・133条6項、計算規則133条7項・134条7項）。実際には、修正があった場合に修正事項を掲載するためのホームページのURLを招集通知に記載しておくことが行われるので、この制度は一般にウェブ修正と呼ばれる。ウェブ開示と異なり、ウェブ修正については定款の定めは不要である。

　本設問は、ウェブ修正ができる範囲に関するものである。まず、議案に関する株主の判断に影響がほとんどない軽微な修正は、認められると解される。もちろん、その修正が株主総会決議の手続的瑕疵になるかどうかは、修正事項の重要性、修正の時期（株主総会に近接した日かどうか）、さらに株主総会の議場での説明等を総合的に考慮して判断される。【設問】の(1)の前段のように、軽微な修正をウェブ上で行い、かつ総会当日口頭で修正について議長が説明して採決するのであれば、問題はないと考えられる。

　【設問】の(1)の後段は、修正すべき部分が軽微ではない場合である。「軽微でない」とは、計算書類承認議案の賛否に関する株主の判断に影響する程度の誤りがあった場合をさすのであろう。そのときは、計算書類の取締役会承認のやり直しや監査の再実施をしなければならない場合もありうるので、ウェブ修正だけではすまない場合もあることに留意が必要である。

　一般論として、ウェブ修正で対応できるかどうかは、ウェブ開示が認められる事項かどうかが1つの基準となる。ウェブ開示が認められる書類のうちでも一定の事項についてウェブ開示ではなく株主への直接の提供が要求されているのは、その事項の重要性といわゆるデジタル・デバイド問題を総合考慮したことによる。したがって、議案の修正等は原則としてウェブ修正での対応はできないと解されるのである（施行規則94条1項1号）。

　この基準をもとに、【設問】の(1)の後段における計算書類のウェブ修正について検討する。計算書類においてウェブ開示ができるのは個別注記表に係る事項に限られる（計算規則133条4項。なお、平成27年の会社計算規則の改正により、株主資本等変動計算書もウェブ開示が認められた）。貸借対照表、損益計算書については、ウェブ開示ができないのである（一方、連結計算書類については、その全部についてウェブ開示ができる。同規則134条4項）。これは、貸借対照表等の

記載事項が、株主総会における報告事項と決議事項の理解・判断にとって重要であることを意味する。とりわけ、設問のように、計算書類の承認自体が決議事項となっている場合は、計算書類自体が議案を構成するといえるから、軽微でない誤りをウェブ修正することはできないと考えられる。

2 (2)について

上場会社において金融商品取引法の規定に基づき委任状勧誘がされる場合には、株主数が1,000人以上であっても、会社法上の書面投票の採用が義務づけられないが（会社法298条2項ただし書）、このときにも株主には参考書類を交付しなければならない（金商法194条、金商法施行令36条の2第1項）。この「参考書類」は会社法上の「株主総会参考書類」ではないので、会社法施行規則の株主総会参考書類に関する規定は適用されない。もっとも、ウェブ開示については、上場株式の議決権の代理行使の勧誘に関する内閣府令1条4項において、会社法施行規則94条1項に規定する措置（ウェブ開示）がとられている場合は、そのインターネットのURLを参考書類に記載すればウェブ開示事項を参考書類に記載することを要しない旨が定められている。したがって、「参考書類」のウェブ開示については、「株主総会参考書類」のそれと同じ扱いがされている。しかし、「参考書類」についてはウェブ修正に関する規定（施行規則65条3項に相当する規定）が置かれていない。したがって、法令上は「参考書類」のウェブ修正は認められていない。

【設問】では、修正すべき事項が生じているのは計算書類である。計算書類については、委任状採用会社でも、ウェブ修正に関する会社計算規則133条7項が適用されるので、その対応については、(1)に述べたところと同様、軽微なものであればウェブ修正をして、株主総会当日、計算書類の修正につき議長より口頭にて報告し、計算書類承認議案を採決するという対応で問題はない。

（北村雅史）

12. 修正事項に対する総会当日の対応

【設 問】
　事業報告上に修正すべき事項が生じたので、ウェブ修正を行い、総会場において出席株主に対して修正事項を記載した書面を配布しようとしたところ、予想以上に株主が出席し、用意していた修正事項を記載した書面を一部の株主に配布することができませんでした。この場合、株主総会手続に不備があると判断されないでしょうか。

【回 答】

> 　総会当日におけるウェブ修正の内容の報告は、書面の配布に限らず、合理的な平均的株主を基準に、出席株主がその内容を理解できる方法で行えば足りる。

【解 説】
　招集通知に際して株主に提供した事業報告について、印刷ミスその他の修正すべき事情が生じた場合には、いわゆるウェブ修正を行うことが認められているが（施行規則133条6項）、ウェブ修正を行った場合には、株主総会当日において修正内容の報告を行わなければならない。ウェブ修正の方法としては、ウェブ開示と同様にインターネットを利用することが想定されているところ、出席株主全員がウェブ修正の内容を知っているわけではないからである。
　もっとも、株主総会当日における修正内容の報告の方法は、合理的な平均的株主を基準に、出席株主がその内容を理解できる方法であれば差し支えなく、修正事項を記載した書面を出席株主に配布することは、望ましい措置であろうが、不可欠の措置ではない。修正事項を記載した書面を配布しなくても、出席株主が理解できるよう、たとえばプロジェクター等を利用して報告がされるのであれば、適法な報告がなされたものと解される。この場合には、一部の株主だけに重ねて書面が配布されたとしても、出席株主全員に対して法的に要求さ

れる水準の情報が提供されている以上、特に問題とする必要はないと思われる。

　書面を配布することなく、プロジェクター等の機器も使用せず、もっぱら口頭で報告を行う場合であっても、当然に不適法な報告となるわけではないが、修正内容が合理的な平均的株主を基準にして理解できないと評価される場合には、会社法438条3項の要求する「報告」がされたとはいえないこととなろう。

　　　　　　　　　　　　　　　　　　　　　　　　　　　　（前田雅弘）

13. 計算書類等の備置義務とウェブ修正

【設　問】

　取締役会設置会社においては、各事業年度に係る計算書類および事業報告ならびにこれらの附属明細書は、定時株主総会の日の2週間前から本店に5年間、支店にその写しを3年間備え置かなければならないとされています（会社法442条）。

　一方、招集通知発出後に計算書類等の記載事項について修正事項が生じた場合、ウェブ上に修正後の事項を掲載することが可能とされています。

　ウェブ修正を行った場合の備置き義務について、修正後の計算書類等を備え置いておけば足りるでしょうか。それとも、修正後の計算書類等とは別にウェブ修正を行った記録も備え置かなければならないでしょうか。

【回　答】

> ウェブ修正後の書類を備え置けばよく、修正を行った記録まで備え置く必要はない。

【解　説】

　計算書類等の備置きの制度（会社法442条）は、株主および会社債権者に対して会社の財務状態を間接的に開示することを目的とする制度である。ウェブ修正がされた場合には、修正後の計算書類等を備え置く必要があるのは、もちろんのことである。しかし、修正後の計算書類等が備え置かれれば、それによって会社の財務状態は適正に開示され、備置きの制度の目的は達成されることになると考えられるから、ウェブ修正を行った記録まで備え置くことは、わかりやすさの観点から望ましいとはいえても、法的には必要ないと解してよいのではなかろうか。

（前田雅弘）

第6節　株主総会参考書類等（決議事項を含む）

1．株主総会参考書類の記載事項

【設　問】

　株主総会参考書類には、議案ならびに議案につき監査役の調査報告義務（会社法384条・389条3項）の規定により株主総会に報告すべき調査の結果があるときは、その結果の概要を記載しなければなりません（施行規則73条1項）。

(1)　議案とは、どのように解されるでしょうか。

(2)　議案につき監査役の調査報告義務の規定により株主総会に報告すべき調査の結果があるときとは、どのように解され具体的にどのような場合でしょうか。

(3)　株主総会参考書類には、会社法施行規則（63条〜95条）に定めるもののほか、株主の議決権の行使について参考となると認める事項を記載することができますが（同規則73条2項）、参考となると認める事項とは、どのように解されるでしょうか。

(4)　会社法施行規則73条1項2号により、提案の理由（議案が取締役の提出に係るものに限り、その決議に際して一定の事項を説明しなければならない議案の場合における当該理由を含む）の記載が義務づけられますが、この記載と、前記(1)〜(3)の記載は、どのように整理して考えられるでしょうか。

【回　答】

> (1)　株主総会の議案とは、当該株主総会の目的事項に関する具体的な提案であって、当該株主総会において賛否が決議される事項である。
> (2)　株主総会の議案について、監査役は、調査結果をすべて報告するのではなく、調査によって法令・定款違反または著しく不当な議案であると監査役が認めた場合に、その事実を報告する。
> (3)　株主総会参考書類における株主の議決権行使に参考となるべき事項と

第6節　株主総会参考書類等（決議事項を含む）

は、会社法施行規則の個別規定ですべてを網羅することが困難な任意的記載事項である。
(4)　株主総会参考書類における提案の理由とは、議案を提案する理由である。議案によって提案の理由が法定事項として具体的に明記されている場合とそうでない場合があるが、後者についても、提案の理由を開示しなければならない。

【解　説】

1　(1)について

　株主総会参考書類に記載される提案には、議題と議案がある。議題は、株主総会の目的である事項（会社法298条1項2号。招集通知に記載される）であり、議案は、株主総会の目的事項に関する具体的な提案であって、当該株主総会において賛否が決議される事項である。つまり議案が賛成多数により決議内容となり、決議取消しの訴えの対象となるのも、可決された議案である。

　株主総会参考書類には、たとえば、「第1号議案剰余金処分の件」との表題の下に配当財産の種類・1株当たりの配当金額等が記載され、「第2号議案取締役3名選任の件」の表題の下に、取締役候補者の氏名等が記載される。この場合、表題（第○号議案○○の件）の部分が議題であり、その表題の下に具体的に記載される提案が議案である。

2　(2)について

　会社法384条は、監査役は、取締役が株主総会に提出しようとする議案等を調査しなければならず、その議案等に法令もしくは定款に違反し、または著しく不当な事項があると認めるときは、その調査の結果を株主総会に報告しなければならない、と規定する（同法389条3項も同旨）。報告すべき調査結果があるときは、その概要が株主総会参考書類に記載される（施行規則73条1項3号）。取締役が提案する議案についての調査義務は、監査役の適法性監査の一環であり、違法不当な議案が株主総会に提出され、違法不当な決議がされることを防

第1章　株主総会における諸問題

止する趣旨のものである。

　調査は取締役が会社に提出するすべての議案を対象とする。調査結果をすべて報告するのではなく、調査によって法令定款違反または著しく不当な議案であると監査役が認めた場合に、その事実を報告することになる。会社法制定前の旧商法275条では、この場合、監査役の意見を報告するものとされていたが、会社法は調査結果の報告という表現に変えた。もっとも、議案が法令定款違反ないし著しく不当であるかどうかは監査役の主観によって判定するのであるから、意見から調査結果に文言が変わったことにより実質的変更はないと解される。

　このような調査結果が報告される実例は少ないと思われるが、次のようなものが想定されうる。法令定款違反としては、剰余金配当議案や自己株式取得議案が分配可能額規制に反している場合、取締役の候補者に欠格事由がある場合、監査役選任議案において定款所定の人数を超える監査役を選任しようとしている場合などがありうる。著しく不当なものとしては、合併承認決議について合併比率が著しく不当である場合、差別的行使条件付新株予約権無償割当てがその必要性・相当性の観点から株主平等原則の趣旨に反すると認められる場合、などが考えられる。

3　(3)について

　株主総会における株主の議決権行使に参考となるべき事項は、会社法施行規則に列挙されているが、個別規定ですべてを網羅することは困難である。そこで、同規則73条2項は、個別に定められている事項のほかにも、株主の議決権の行使について参考となると認める事項を記載することができるものとする。同項の事項はいわゆる任意的記載事項であるから、その記載がない場合でも直ちに招集手続の瑕疵にはならない。

　例として挙げられるのは、取締役の報酬議案についての使用人兼務取締役の数や使用人分給与など、法定の記載事項よりも詳しい事項である。

4　(4)について

　会社法施行規則73条1項2号の提案の理由とは、1で述べた議案を提案する理由である。従来、役員解任議案や組織再編行為に関する議案には、提案の理由が明文で株主総会参考書類の記載事項とされていたが、それ以外の議案の提案理由は、明文では記載事項とされておらず、記載するとすればそれは、3で述べた任意的記載事項としてであった。同条1項2号が規定されたことにより、取締役が提案する議案（会社側提案議案）について任意的記載事項の範囲が狭くなったといえる。

　2で扱った監査役の調査の対象は議案であって提案理由ではない。ただし、提案の理由が不当である場合には、議案の内容が著しく不当となる場合がありうる。そのようなときは、監査役は、議案の調査において提案理由も調査することになるであろう。そしてその場合は、提案理由も含めた調査結果の概要が株主総会参考書類に記載されることになる。

（北村雅史）

2．株主総会参考書類における他の書面との重複を避ける定め

【設　問】

①同一の株主総会に関して株主に対して提供する株主総会参考書類に記載すべき事項のうち、他の書面に記載している事項または電磁的方法により提供する事項がある場合には、これらの事項は、株主に対して提供する株主総会参考書類に記載することを要せず、この場合においては、他の書面に記載している事項または電磁的方法により提供する事項があることを明らかにしなければならない（施行規則73条3項）と定められています。

また、②同一の株主総会に関して株主に対して提供する招集通知または事業報告の内容とすべき事項のうち、株主総会参考書類に記載している事項がある場合には、当該事項は、株主に対して提供する招集通知または事業報告の内容とすることを要しない（施行規則73条4項）と定められています。この場合は、前記①が記載の省略ができるのに対し、提供の省略ができるとするにとどまるものとされています。

前記①および②より、株主総会参考書類は、他の書類と、どのような相違がある書類と考えられるでしょうか。

【回　答】

> 株主が議案について賛否の判断材料とするのは、主に株主総会参考書類である。そこに記載の省略がなければ、招集通知その他の株主に提供される書類に重複事項の省略があっても、情報の提供として問題はない。なお、事業報告については、株主総会参考書類の記載と重複する事項は、株主に提供する事業報告の内容としなくてもよい。

【解　説】

会社法施行規則73条3項は、株主総会参考書類に記載すべき事項のうち、事業報告等の書面に記載され同一の株主総会において株主に提供されるものある

第6節　株主総会参考書類等（決議事項を含む）

いは電磁的方法で提供されるものについては、株主総会参考書類には、その事項の記載を要しない、と規定する。その場合、当該事項が事業報告等の提供される書類等に記載・記録されていることを、株主総会参考書類において明らかにしておかなければならない。つまり、株主総会参考書類において、他の書類を参照すべきことを明らかにしておけば足りる。これは、同一の株主総会に関して同一の情報を重複して提供する無駄を省くためである。

　会社法施行規則73条4項も趣旨は同じである。同項では、同一の株主総会に関して株主に提供される招集通知や事業報告の内容とすべき事項のうち、株主総会参考書類に記載している事項がある場合には、当該事項は、株主に提供する招集通知や事業報告の内容とする必要はない、と規定する。

　一定の重要な議案の概要は株主総会招集通知（施行規則63条7号）にも株主総会参考書類にも記載すべき事項であり、会社役員に関する事項は事業報告にも株主総会参考書類にも記載すべき事項になるので、同一の株主総会に関して株主に提供される書類に重複記載がされる可能性がある。

　会社法施行規則73条3項において、株主総会参考書類において参照すべきとされる他の書類は、同一の株主総会のために株主に直接提供されるものでなければならない。すなわち、株主は、当該他の書類の参照により、株主総会参考書類の記載事項を補足し、議決権行使の判断の参考にすることができる。これにより、株主総会参考書類の記載の一部が省略できるわけである。他方、同条4項では、株主総会参考書類に記載されている事項を、株主に提供する他の書類の内容としなくてもよいと定める。すなわち、株主総会参考書類には省略がなく、他の書類に省略がある場合が4項である。

　3項と4項で定めが異なる理由は、第1に、株主が議案について賛否の判断材料とするのは主に株主総会参考書類であり、そこに記載の省略がなければ、招集通知その他の株主に提供される書類に重複事項の省略があっても情報の提供として問題がないためである。第2に、事業報告については、株主総会参考書類に記載されている事項と重複する事項は、株主に提供する事業報告の内容としなくてもよいということであり、会社の本店に備え置かれて株主、会社債権者、親会社社員の閲覧に供される事業報告については、重複事項の省略はで

145

きないということに注意が必要である。つまり、株主総会参考書類は、ある特定の株主総会において書面投票・電子投票を行う株主のための書類であるのに対し、事業報告は、計算書類とともに、当該株主総会の議題につき議決権のない株主や債権者・親会社社員のためにも備置き・開示書類となる点が異なるのである（会社法442条）。

（北村雅史）

3. 剰余金の処分

【設　問】

(1) 配当財産の種類（会社法454条1項）

　　剰余金の配当をするときは、そのつど、株主総会の決議によって、①配当財産の種類および帳簿価額の総額、②株主に対する配当財産の割当てに関する事項、③当該剰余金の配当がその効力を生ずる日を定めなければなりません（会社法454条1項）。ここで、②について1株につき金〇円と定めるか、①の帳簿価額の総額について総額〇〇円と記載した場合には、①の配当財産の種類は金銭であることが明らかであり、配当財産の種類は金銭であることを明示して決議する必要はないと考えますが、いかがでしょうか。

(2) 剰余金配当の効力発生日と支払開始日（会社法124条2項）

　　剰余金の配当を支払う場合、当該剰余金の配当がその効力を生じる日を定める必要があります。一方、会社法124条2項では、基準日を定める場合には、株式会社は、基準日株主が行使することができる権利（基準日から3か月以内に行使するものに限る）の内容を定めなければならないとされています。仮に、3月31日を基準日と定めた場合、6月30日が日曜日で実際の支払開始が7月1日の月曜日となる場合、効力発生日は6月30日とし、支払開始日は7月1日と決議してもよいでしょうか。

(3) 剰余金配当の基準日（会社法124条2項）

　　定款に「当会社の期末配当の基準日は、毎年3月31日とする」と規定しており、定時株主総会における剰余金の配当議案において次のような記載がなされている場合、配当金を支払うべき株主は直近の3月31日現在の株主であることが特定されていると考えて問題ないでしょうか。

　① 「期末配当に関する事項」と記載されている場合

　② 「期末配当に関する事項」という記載がなく、単に「剰余金の配当の件」と記載されている場合

(4) 剰余金についてのその他の処分（会社法452条）

　　任意積立金の積立てや取崩しについて、総会に諮る場合、会社法452条に

第1章　株主総会における諸問題

基づき、「剰余金についてのその他の処分」という議案を上程して差し支えないでしょうか。「その他」の範囲はどのようなものでしょうか。

【回　答】

(1)　配当財産の種類が金銭に限られないことを考慮すれば、「1株につき金銭を〇円交付する」などのように、金銭を交付することが決議内容の全体から確定できる決議をすべきである。

(2)　基準日から3か月以内に会社から交付を受ける意味に解するならば、7月1日とすることは認められないが、3か月以内に配当決議がなされれば足りると解するならば、効力発生日を7月1日以降とすることも認められる。

(3)　議案として期末配当に関する旨の記載があれば、直近の事業年度に係る配当財産が交付されるのは、当該事業年度末日現在の株主名簿上の株主であることが特定されるが、その旨の記載がなければ、配当財産が交付される株主がどの時点の株主かが特定されない。

(4)　たとえば「剰余金の処分の件」という議題の下で、「期末配当に関する事項」と題する議案に続いて、任意積立金の積立て等に係る議案を記載するのであれば、「剰余金についてのその他の処分」などの見出しを付すことに問題はない。

【解　説】

1　(1)について

　会社が剰余金配当をしようとするときは、株主総会決議により、配当財産の種類など、会社法454条1項各号に掲げる事項を定めなければならない。これらの事項を決定するに当たり、決議すべき議案の順序や様式は問わないが、たとえば配当財産の種類（同項1号）として金銭を交付するのであれば、「金銭」であることが決議内容から特定されるのでなければならない。会社法の下で配当財産の種類が金銭に限られなくなったことを考慮すると、「帳簿価額の総額

○○円」という記載だけでは、交付される財産の種類が「金銭」であることは確定されない。また、「1株につき金○円」という記載だけでは、この金額に相当するだけの何らかの財産が交付されることは明らかであっても、交付される財産の種類が「金銭」であることまでは確定されていない（「配当財産の種類」についての決議がない）と解される余地が生じる可能性もないとはいえない。

このような疑義を生じさせないためには、「配当財産の種類は金銭とする」という文言を必ず記載しなければならないわけではないが、たとえば、「1株につき金銭を○円交付する」または「交付する金銭の帳簿価額の総額○○円」などのように、金銭を交付することが決議内容の全体から確定できる形で決議をすべきものと思われる。

2　(2)について

配当決議により、基準日株主（会社法124条1項）には会社に対する具体的な剰余金配当支払請求権が発生する。この具体的な剰余金配当支払請求権の債務者は会社であり、履行期（配当金の支払時期）は、配当決議で定めた「当該剰余金の配当がその効力を生じる日」（同法454条1項3号）である。

そして、会社のこの債務は、持参債務である。すなわち配当財産は、株主名簿に記載した株主の住所または株主が会社に通知した場所（銀行預金口座等）において交付しなければならず、支払に要する費用は会社が負担しなければならない（会社法457条）。取立債務であれば、債権者が取りに来ない限り、期限を過ぎただけでは遅滞にはならないが、持参債務については、確定期限（前記の効力発生日）の到来した時から会社は遅滞の責任を負うこととなる（民法412条1項）。したがって、効力発生日を6月30日としたにもかかわらず、同日が日曜日のため実際の支払開始日（口座振込みの方法であれば株主の指定した口座に振り込まれる日）が7月1日の月曜日となると、会社は遅滞の責任を負うと解さざるをえないように思われる。

そこで、効力発生日を7月1日とし、実際の支払開始も7月1日とすれば遅滞の問題はなくなるが、このような効力発生日の定めは、基準日に関して会社法124条2項括弧書の定める制限に違反することとなるか。同規定のいう「基

第1章 株主総会における諸問題

準日から3箇月以内に行使する」とは、議決権については基準日から3か月以内に株主総会を開催すればよいことは明らかであるが、剰余金配当請求権については、解釈が分かれうる。もし基準日から3か月以内に会社から交付を受ける意味に解するならば、前記のように効力発生日を7月1日とすることは認められないこととなる。他方、剰余金配当請求権については、3か月以内にこれを具体化させる配当決議がなされれば足りるという解釈も十分にありうる（大隅健一郎＝今井宏『会社法論上巻〔第3版〕』（有斐閣、1991年）413頁）。基準日に関する3か月の制限は、権利行使する株主と現株主との乖離があまりに大きくなることを防止するために設けられた規制であり、この規制の目的は、基準日から3か月以内に具体的な剰余金配当請求権を確定させれば達せられるからである。このように考えるならば、剰余金配当の基準日を3月31日と定めた会社は、6月30日までに配当決議をすればよいのであって、効力発生日は7月1日以降でも差し支えないこととなる。

3 (3)について

配当決議においては、どの時点の株主名簿上の株主に配当財産が交付されるかが特定されていなければならない。

(1) ①について

定款において「期末配当の基準日は、毎年3月31日とする」旨の定めがある場合でも、株主の誤解を防止する観点からは、議案または議題においてどの事業年度に係る剰余金の配当がなされるか（「第○期」など）を明示するのが望ましいと思われるが、どの事業年度かが明示されていなくても、それが議案または議題の内容から特定されるのであれば問題はないと思われる。設問①の記載では、どの事業年度に係る剰余金の配当かが明示的には示されていないが、基準日に関する3か月の制限（基準日は権利行使日から3か月以内の日でなければならない。会社法124条2項）も考え併せると、「期末配当に関する事項」とは、直近の3月31日までの事業年度に係る剰余金の配当に関する事項であると合理的に解釈でき、配当財産が交付されるのは直近の3月31日現在の株主名簿上の株主であることが特定されていると解してよいと思われる。

第6節　株主総会参考書類等（決議事項を含む）

(2)　②について

　この場合には、「期末配当に関する」旨の記載がない。会社法の下では、剰余金配当を必ずしも定時株主総会で決議する必要はなく、他方、定時株主総会において期末配当でなく、定款に定めた日以外の基準日を別に定め（公告は必要。会社法124条3項）、その基準日株主に配当を行うことも不可能でない。会社法の下では、「剰余金の配当」という記載だけでは、配当財産が交付される株主がどの時点の株主かが特定されていないことになるのではなかろうか。「期末配当に関する」旨の記載または議案の内容から「期末配当に関する」ものであることが特定できる記載は必要ではないかと思われる。

4　(4)について

　議案の内容（どのような内容の決議をするか）が明らかになっていれば、その議案にどのような見出し（標題）をつけるかは、法的には重要な問題ではないと思われる。せいぜいのところ、著しくわかりにくい見出しを付した場合に、招集手続に著しい不公正があったとして決議取消しの原因になるおそれが生じるだけであろう。

　たとえば、「剰余金の処分の件」という議題の下で、「期末配当に関する事項」と題する議案に続いて、任意積立金の積立て等に係る議案を記載するのであれば、「剰余金配当以外の剰余金の処分に関する事項」、「会社法452条に基づく剰余金の処分」、「剰余金についてのその他の処分」（「その他の」とは「剰余金配当以外の」の意味）などの見出しを付すことは何ら問題はないであろう。

　会社法上の「剰余金の処分」という概念には、①剰余金の配当、②会社法450条および451条に基づく措置（剰余金を減少させる額だけ資本金・準備金を増加）、および③会社法452条に基づく措置（任意積立金の積立てなど剰余金の項目間の計数を変更）の3つが含まれる（同条。「剰余金の処分」の概念に①②が含まれるからこそ、同条では明文で除外している）。

　なお、自己株式取得は、剰余金配当と並ぶ株主への財産分配の一方法であり、通常は剰余金配当と同じ財源規制に服するため（会社法は、自己株式取得と剰余金配当を併せて「剰余金の配当等」と呼ぶ。459条の見出し等）、「剰余金の処分」

の概念に含まれるかどうかが問題となる。しかし、平成17年改正前の旧商法の下で、自己株式取得は、やはり利益配当と並ぶ株主への利益分配の一方法であって財源も配当可能利益とされていたが、「利益処分」そのものとしては位置づけられていなかったところ（利益処分案には含めていなかった）、これと同様、会社法の下でも、自己株式取得は、実質的には剰余金の処分の性質を有するものの、「剰余金の処分」の概念には含めないのが一般的な理解ではないかと思われる。もっとも、会社法の下では、自己株式取得を「剰余金の処分」に含める理解もありうると思われ、その場合には、会社法452条の規定の適用との関係では、自己株式取得は、同条の「その他株式会社の財産を処分するもの」に当たると解して、同条の適用を除外する必要があろう。

（前田雅弘）

4．役員選任議案

【設　問】

(1) 不当な業務執行と不正な業務執行の差異（施行規則74条4項3号・4号・76条4項3号・4号・124条1項4号ニ等）

　事業報告および株主総会参考書類において、社外取締役または同候補者について開示が求められる、当該会社または他の会社における「不当な業務の執行」（施行規則74条4項3号・4号・124条1項4号ニ等）に係る開示が求められています。これに対し、社外監査役および同候補者の場合には、当該事項の「不当」が「不正」と定められています（施行規則76条4項3号・4号・124条1項4号ニ括弧書）。この「不当」と「不正」は、法律上、どのように異なるでしょうか。

(2) 特別利害関係（施行規則74条2項3号・76条1項2号等）

　役員選任議案に関して開示が要求される、特別の利害関係は、従来はその候補者と会社との間の個人的な結合関係や利害衝突のおそれのある関係と解釈されてきましたが、役員に関する開示範囲が広がった会社法下においても、意味に変更はないものと考えてよいでしょうか。

【回　答】

(1) 「不正な」業務執行とは、「不当な」業務執行より範囲が狭く、業務執行に違法性（法令・定款違反）がある場合と区別されるが、それに準ずるほどに不当性の程度が大きい場合を指す。

(2) 取締役・監査役の候補者について特別利害関係に係る開示を要求する趣旨は、候補者として適格かどうかの判断材料を株主に提供することであり、特別利害関係の意味は、会社法制定による変更はない。

第1章　株主総会における諸問題

【解　説】

1　(1)について

　社外取締役候補者または社外監査役候補者について、「不当な業務執行」等または「不正な業務執行」等に係る開示が要求されたのは、当該候補者が社外取締役または社外監査役として適格かどうかの判断材料を株主に提供する趣旨であると考えられる。

　社外取締役候補者の場合に「不当な業務執行」等にかかる開示が要求されたのは、社外取締役も含めて、取締役には業務執行の適法性（法令・定款違反）のみならず妥当性についても監視義務が課せられていることとの関係上、不当な業務執行が行われた場合まで含めて、当該候補者がどのように対応したかを開示させることが、当該候補者の社外取締役としての適格性につき株主が判断する際の資料として有益であると考えられたからであろう。

　これに対し、社外監査役も含めて監査役については、その権限は業務執行の適法性の監査に限られると解するのが通説であり、当該候補者が社外監査役としての適格性を有するかどうかの判断材料としては、違法な業務執行またはそれに準ずる業務執行があった場合にどのように対応したかを開示させるのが適切であると考えられたのではないかと思われる。

　すなわち、「不正な」業務執行とは、「不当な」業務執行よりは範囲が狭く、業務執行に違法性（法令・定款違反）がある場合に準ずるほどに不当性の程度が大きい場合を指すと解釈すべきであろう。なお、「不正」な業務執行が「法令・定款違反」とあえて並列に規定されていること（施行規則76条4項3号等）を考慮すると、これを違法な業務執行（法令・定款違反。「著しく不当な業務執行」は、善管注意義務違反として法令違反となる）と同義であると解するのは困難ではないかと思われる。

2　(2)について

　会社法施行規則74条2項3号および76条1項2号は、取締役・監査役の選任議案を提出するには、株主総会参考書類に候補者の特別利害関係に関する記載をしなければならない旨を定め、平成17年会社法制定前の旧商法施行規則13条

第6節　株主総会参考書類等（決議事項を含む）

1項1号の規律を実質的に引き継いでいる。特別利害関係に関する開示を要求する趣旨は、候補者が取締役・監査役として適格かどうかの判断材料を株主に提供することにあり、旧商法施行規則と会社法施行規則とで趣旨に違いはないから、「特別の利害関係」の意味について変更はないと解してよいと思われる。すなわち、「特別の利害関係」とは、候補者たる地位にあること以外の、候補者と会社との間の結合関係（候補者が親会社の支配的な大株主である事実など）または利益衝突のおそれのある関係（候補者が会社と競業関係にある事実や重要な取引関係にある事実など）を意味すると解すべきであろう。

(前田雅弘)

5．役員選任議案に記載する役員候補者の所有株式数

【設　問】

　株主総会参考書類（役員の選任に関する議案）に記載する役員候補者の所有株式数について、役員持株会での持分を、株式の引出し・本人名義への変更（口座振替）を行うことなく加算してよいでしょうか。加算する場合、期末の持分を記載すれば足りるでしょうか。

　それとも、招集通知発送日までに持分が増加していれば、その数とすべきでしょうか。

　また、売買単位（１単元の株式数）に満たない持分であっても、正確に記載すべきでしょうか。

【回　答】

> 　役員選任議案における候補者の持株数については、役員持株会からの株式の引出しによる候補者本人名義への口座振替がなくても、招集通知の発出時点における持分相当の株式数を加算すべきであり、単元未満株式数も加算すべきである。

【解　説】

　取締役または監査役の選任が株主総会の議案になる場合、公開会社では、候補者の有する当該株式会社の株式の数（種類株式発行会社では、種類および種類ごとの数）を、株主総会参考書類に記載しなければならない（施行規則74条2項1号・76条2項1号）。候補者が有する当該株式会社の株式の数は、候補者の会社への関与の程度を明らかにする情報の1つであり、候補者がいわゆるオーナー経営者に当たるかどうかを判断する材料にもなるためである。この趣旨から、株主総会参考書類へは、候補者の株主名簿上の持株数ではなく、実質的な持株数を記載しなければならないと解されている。また、候補者が取締役・監査役として適任かどうかを判断する時期に近い時期の情報が提供されるべきで

あるから、期末（基準日）の持株数ではなく、招集通知発出時点（またはそれに合理的に近接した時点）における実質的持株数を、株主総会参考書類に記載すべきである。

　候補者が、役員持株会を通じて保有している当該株式会社の株式についても、実質的に加算したものを、株主総会参考書類に記載すべきであろう。役員持株会への持分は、株主名簿上その候補者の名義にはならないが、候補者は退会等によって持分相当の株式を取得できることから、退会前でも、持分相当の株式を実質保有していると考えられるからである。

　上場会社では、株主名簿上はもちろん、振替口座簿上の株主も、役員持株会の代表者となるが、実質は変わらないはずである。したがって、役員持株会での持分について、株式の引き出しによる候補者本人名義への口座振替がなくても、持分相当の株式数を、候補者の持株数に加算すべきである。

　株主総会参考書類に候補者の持株数を記載する場合、1単元未満の数まで記載すべきかどうかは、細かい問題であるが、法令上特に単元未満分を除くと明記されていない以上、これも加算して記載するのが筋であると考える。

（北村雅史）

6．社外取締役選任議案

【設　問】

　株主総会開催日前日（議決権行使期限日）、社外役員候補者が取締役に就任していた会社で不当な業務執行が行われていた事実および当該社外役員候補者がその事実の発生に深く関与していた事実（この情報を株主が知った場合、大多数の株主が否決するであろう事実）が判明した場合、会社は、どのように情報の開示や対応をすればよいでしょうか。

【回　答】

> 　招集通知の発出後、社外取締役候補者の不祥事関与が発覚した場合、ウェブ修正や総会の議場における説明のほか、その候補者に関する議案を取り下げることもありうる。

【解　説】

　設問の「社外役員候補者が取締役に就任していた会社で不当な業務執行が行われていた事実および当該社外役員候補者がその事実の発生に深く関与していた事実」は、会社がその旨を知っている場合に、株主総会参考書類に記載しなければならない事項である（施行規則74条4項4号）。これをウェブ修正によって開示することも考えられるが、株主総会開催前日なので、多くの株主は、すでに議決権行使書面を返送している可能性が高い。

　会社法施行規則74条4項4号を含め、株主総会参考書類における社外取締役候補者に関する記載事項につき、招集通知発出時点において、記載すべき事項を記載していなかったり、虚偽の事実を記載していた場合は、招集手続に瑕疵があることになるが、前述の会社法施行規則74条4項4号の事項のような事項については、発出時に判明していなかった事実について記載しなかったこと自体は、招集手続の瑕疵とはいえない。そして、株主総会での質疑応答を聴いて賛否を判断できるのは出席株主だけであることから、株主総会の議場で会社側

第6節　株主総会参考書類等（決議事項を含む）

から当該事実を説明し（これはいずれにしてもすべきであろう）、その説明によって出席者の多くが議案に反対したとしても、書面投票・電子投票については、そのまま有効なものとして扱ってよい、という割り切った考え方も成り立ちえないわけではない。会社側が、どうしても当該候補者を社外取締役にしたいのであれば（その者を選任しないと、法律上必要な社外取締役の員数を確保できない場合など）、この考え方に立った決議をすることになる。

　一方、社外役員候補者が取締役に就任していた会社で不当な業務執行が行われていた事実および当該社外役員候補者がその事実の発生に深く関与していた事実を知った会社としては、その候補者に関する議案を取り下げることも考えられるし、特に【設問】にあるように、当該情報を株主が知った場合、大多数の株主が議案に反対することが予想される場合には、議案の取下げが望ましいといえる。すなわち、会社としては、株主総会の会場において、当該事実が判明したことを説明して、選任する役員の数を減らして選任決議をすることになる。また、議決権行使書面の提出には間に合わないことが多いが、ウェブ上でもその旨を開示しておくのが適当である。この場合、議決権行使書面中、取下げ対象となる候補者への賛否の部分は（施行規則66条1項1号イにより、2人以上の役員を選任する場合は、各候補者について賛否の記載欄を設けることになる）、記載がないものとして扱うことになる。会社法制定前の旧商法下でも、候補者が総会当日までに候補者となることを辞退したり死亡したりした場合には、選任する役員の数を減らしてその余の候補者のみを選任することは、議案の縮小であり、株主の議決権行使の機会を害するわけではない（あるいは害する程度が小さい）ため、可能と解されていた。

（北村雅史）

7．補欠監査役の選任方法

【設　問】
　正規の監査役の選任と、補欠監査役の選任を1つの議案で付議する場合、問題となる点や注意すべき点はないでしょうか。

【回　答】
> 　補欠監査役の選任は、一種の停止条件付の監査役選任であり、通常の監査役選任と併せ一括して決議しても差し支えない。

【解　説】
　複数の監査役が選任される場合、法的には議案は候補者ごとであり、本来は候補者ごとに決議をすべきであるが、全員一括して決議することも差し支えない。採決方法について会社法には定めはなく、最終的にそれぞれの議案について各株主の賛否の態度が明白になり、議案の成立に必要な議決権数を有する株主が決議に賛成することが明らかになれば、それで決議は有効に成立する。辞任・死亡等により監査役が欠けた場合、または法令・定款で定めた監査役の員数を欠くこととなるときに備え、補欠の監査役を選任することが認められている（取締役など他の役員も同様。会社法329条3項）。補欠監査役の選任は、一種の停止条件付の監査役選任であり、決議要件は通常の監査役と同様である。監査役選任であることに違いはないから、招集通知に記載すべき議題（株主総会の目的である事項。会社法298条1項2号・299条4項）には、特に補欠監査役の選任を含むことまで明示する必要はなく、通常の監査役と共通して「監査役選任の件」という程度で足りるであろう。
　補欠監査役についても議案は法的には候補者ごとであるが、通常の監査役と併せ、一括して決議をすることも差し支えない。もっとも、補欠監査役の選任決議を通常の監査役選任決議と一括して行う場合には、当該補欠者については、その者が補欠の監査役であること（補欠者が複数存する場合には、その優先

第6節　株主総会参考書類等（決議事項を含む）

順位）を併せて決定する必要がある（施行規則96条1項・2項1号・5号）。決議が一括して行われた場合であっても、補欠監査役については、その選任決議の効力は、定款に別段の定めがない限り、当該決議後に開催する定時株主総会の開始の時までである（同条3項）。また決議が一括して行われた場合であっても、補欠監査役については、選任決議時に選任の取消しの方法をあらかじめ決定しておけば、解任決議によることなく、当該方法によって選任を取り消すことが認められる（同条2項6号）。

（前田雅弘）

8．株主総会の決議なしで剰余金処分をすることができる範囲

【設　問】

　剰余金を配当する場合、配当により減少する剰余金の10分の1を資本準備金または利益準備金として計上しなければなりません（会社法445条4項）。この場合、法令により準備金の積立額が決まるので、会社計算規則153条2項1号の「法令又は定款の規定により剰余金の項目に係る額の増加又は減少をすべき場合」に当たるとして、株主総会の決議を経ずに準備金を積み立てることは可能でしょうか。

【回　答】

> 　剰余金の配当に伴い剰余金の一部を準備金として計上する会社法445条4項の規定による場合は、会社計算規則153条2項1号に定める「法令又は定款の規定」に基づくものではなく、総会決議によって準備金の額を増加させる会社法451条の規定によるものでもない。

【解　説】

　剰余金の配当に際し、その他資本剰余金から配当した部分については、その金額の10分の1を資本準備金として計上し、その他利益剰余金から配当した部分については、その金額の10分の1を利益準備金として積み立てる。いずれも、準備金の合計額が資本金の額の4分の1になるまでの積立てである。準備金の合計額が、資本金の額の4分の1に相当する金額以上の場合は、剰余金の積立てを要しない（以上、会社法445条4項、計算規則22条）。このように、剰余金配当をした場合の準備金の計上については、法令で細かく定められている。

　会社計算規則153条は、会社法452条の委任を受けた法務省令である。同条は、剰余金を減少して資本金もしくは準備金の額を増加させる場合（同条括弧書の「前目に定めるもの」）または剰余金の配当その他株式会社の財産を処分するものを除く剰余金の処分は、株主総会決議によって行うこととし、その際株主総

第6節　株主総会参考書類等（決議事項を含む）

会が決定すべき事項のうち剰余金の処分の額以外の事項を法務省令に委任する。したがって、同条が対象とするのは、会社財産が流出しない計数上の剰余金の処分であって、資本金または準備金が増加しないもの、ということになる。たとえば、その他利益剰余金の額が負の値になっているときにその他資本剰余金の額を減少させてその他利益剰余金の額を増加させる場合（これが、同条にいう「損失の処理」の例である）や、ある剰余金項目の額を減少させて任意積立金を積み立てる場合である。そして、会社計算規則153条1項および2項1号の「法令又は定款の規定により剰余金の項目に係る額の増加又は減少をすべき場合」の例としては、税法上の圧縮積立金の積立てや定款に定められた目的に従った積立金の積立て・取崩しなどが挙げられている。

　本設問の場合は、剰余金の配当にともなって、剰余金の一部を準備金として計上する場合であるので、そもそも会社法452条の適用の対象ではなく、会社計算規則153条も適用されないと解される。

　また、剰余金配当時の準備金の計上は、任意に剰余金を減少させて準備金を増加させるものではないので、会社法451条（株主総会決議によって準備金の額を増加させる場合）の適用対象でもない。剰余金配当によって資本準備金または利益準備金が計上されるのは、同法445条4項により、法の定めに基づいて行われるのであり、同条の3項や5項の定めと性質が共通する。

　したがって、剰余金配当に際しての準備金計上の決定機関ないし手続について、会社法は定めを置いていないことになる。なお、会社計算規則23条は、剰余金配当の結果として「その他資本剰余金」または「その他利益剰余金」が減少する額は、剰余金配当額のうち、株式会社が「その他資本剰余金」からあるいは「その他利益剰余金」から減ずるべき額と定めた額となる、と規定する。ここでは、剰余金配当の原資をその他資本剰余金にするかその他利益剰余金にするかを株式会社が定めることが前提になっているが、どの機関が定めるのかは文言上明らかにされていない。この決定機関は、剰余金配当の決定機関である必要はなく（会社法454条1項には、配当原資の細目まで決定するとは規定されていない）、会社は、公正な会計慣行に従って、適宜の方法で決定することができる。

（北村雅史）

第1章　株主総会における諸問題

9．計算書類の承認議案

【設　問】

　会計監査人設置会社でない等、承認特則規定（会社法439条、計算規則135条）の適用を受けない会社では、計算書類は定時株主総会の承認を受けなければなりませんが（会社法438条）、仮に、計算書類の承認議案が否決された場合の対応として、どのようなことを考えなければならないでしょうか。

【回　答】

> 　計算書類の承認議案が否決された場合、計算書類の承認決議をやり直す必要があり、その場合、あらためて基準日を設け、臨時株主総会の招集手続を進めるとともに、計算書類の作成・監査・取締役会の再決議が必要となる。

【解　説】

　承認特則規定の適用がない会社で、計算書類の承認議案が否決された場合、その年度の計算書類は確定しないことになる。承認決議がされたが、決議が無効となりまたは取り消された場合も同様である。このことは、剰余金の額の算定や会社が大会社かどうかの判断等に影響を及ぼす。すなわち、会社法上、剰余金の金額の算定などに関して、「最終事業年度」という文言が用いられるが（会社法446条・2条6号参照）、「最終事業年度」とは、「各事業年度に係る会社法第435条第2項に規定する計算書類につき第438条第2項の承認（第439条前段に規定する場合〔承認特則規定の適用がある場合〕にあっては、第436条第3項の承認〔取締役会の承認〕）を受けた場合における当該各事業年度のうち最も遅いものをいう」（同法2条24号）とされている。たとえば、平成26年6月の定時株主総会で、平成25年度の計算書類の承認決議が否決されれば、その会社において最終事業年度は平成24年度ということになる。したがって、平成25年度の貸借対照表をもとに、剰余金の算定をすることができなくなるから、剰余金の配当

第6節　株主総会参考書類等（決議事項を含む）

もできない（剰余金配当決議は無効となる）。また、臨時決算ができるのは、最終事業年度の直後の事業年度とされているので（同法441条1項）、平成24年度が最終事業年度であれば、平成26年度中の日を臨時決算日とする臨時決算もできない。この状態を放置すると、次年度以降の計算書類もすべて不確定となる。

　この状態への対応として、会社は、あらためて承認決議をやり直す必要がある。その場合、計算書類承認（会社法438条との関係）を臨時株主総会で行ってよいかが問題となる。毎年1回一定の時期に招集される株主総会を定時株主総会というなら（同法296条1項参照）、それ以外は臨時株主総会である。ところが同法438条2項は、計算書類は定時株主総会の承認を受けなければならないと規定している。もっともこれは、定時株主総会を時期によって定義するか議題によって定義するかという学問上の問題にすぎず、法の解釈として、臨時株主総会で計算書類の承認が議題になることは禁止されないと解される。いずれにしても設問の事例では、計算書類承認を議題とする定時株主総会がすでに開催されているから（よって、定時株主総会を招集しないことによる罰則（同法976条18号）の適用はない）、やり直しのために行われる株主総会は臨時株主総会と解さざるをえない。

　この場合、やり直しのための臨時株主総会は、計算書類承認を否決した定時株主総会の継続会（会社法317条）ではないため、あらためて基準日を設け（総会まで3か月の期間制限あり＝会社法124条2項）、招集手続を進めるとともに、計算書類作成・監査・取締役会承認の手続も、あらためて踏む必要がある。当初の基準日と異なるため、議決権を行使する株主、あるいは剰余金の配当を受ける株主が変わる可能性があるが、決議によって影響を受ける株主が議決権を行使するのだから問題はない。

　あるいは、このまま計算書類の確定をしないでおき、次回定時株主総会で、2年度分の計算書類の承認を受けることも可能である。その場合、上の例では平成26年度の剰余金配当はできないことになる。もっとも、一般論として決算が確定しないことは望ましいものではないし、株主に承認されないような計算書類を作成したこと、そしてそれを修正して臨時株主総会にかけなかったことについて、取締役に任務懈怠があれば（粉飾されている場合など）、取締役の責

任が問題となる可能性があるから（会社法423条・429条）、できるだけ、臨時株主総会を招集し、修正した計算書類の承認を受けるべきである。

(北村雅史)

第6節　株主総会参考書類等（決議事項を含む）

10. 会計監査人の適法意見がない場合の対応

【設　問】
　計算書類を株主総会の承認議案とした会社のうち、会計監査人の監査報告において、当該計算書類およびその附属明細書に係る期間の財産および損益の状況について、次のとおり、会計監査人は意見を表明しない旨を記載する会社がありました。
① 　監査役会の監査報告には会計監査報告同様、意見表明が差し控えられ、株主総会参考書類においても、取締役会に意見の内容の概要の記載はありません。
② 　監査役会の監査報告には会計監査人の監査の方法および結果は相当であると認める旨の記載がありますが、意見表明を差し控えるとの記載はなく、株主総会参考書類においては「取締役会として、計算書類は法令および定款に従い会社財産および損益の状況を適正に表示しているものと判断している」と記載されています。
　これらの監査報告の記載には形式上相違がみられますが、実質的に同じ内容と考えられるでしょうか。これらの議案が可決された場合の留意点は、どのようなことでしょうか。

【回　答】

> 　株主総会の承認が必要となる点では①と②とで違いはないが、監査役・取締役の責任に関して違いが生じる。会計監査人の適法意見がない場合、計算書類を承認する株主総会決議の効力が当然に否定されるわけではない。

【解　説】
　計算書類について定時株主総会の承認を要しないこととなるのは、会計監査人設置会社において、計算書類が法令・定款に従い会社の財産・損益の状況を

正しく表示しているものとして法務省令に定める要件に該当する場合である（会社法439条）。会計監査人の会計監査報告に「無限定適正意見」が含まれていることは、当該要件の1つであるから（計算規則135条1号）、意見差控えの会計監査報告がなされた場合には、監査役会の監査報告において、意見差控えがなされたとき（①のとき）であれ、会計監査人監査の方法・結果を相当と認めたとき（②のとき）であれ、会社法438条2項の本則に戻り、計算書類について株主総会の承認を受ける必要がある。したがって、計算書類について株主総会の承認を要するかという問題との関係では、【設問】の①と②とで違いはなく、いずれも株主総会の承認を要する。

【設問】の①と②とで違いが生じるのは、監査役・取締役の責任に関してであろう。会計監査人の監査の方法と結果を信頼することが客観的にみて相当と考えられる場合には、監査役会はそれに依拠し、会計監査人監査の方法・結果を相当と認めることが許されるが、単に専門家の監査だということで安易に信頼して会計監査人監査の方法・結果を相当と認めたのであれば、監査役としての善管注意義務を尽くしたことにはならない。会計監査人の監査の方法と結果を信頼することが客観的にみて相当とは考えられないにもかかわらず、②のように監査報告において会計監査人監査の方法・結果を相当と認めた場合には、監査役には任務懈怠があることとなる。監査のための必要な調査ができなかったのであれば、①のように意見を差し控えることはできるが、その場合にも、その旨およびその理由を監査報告に記載することを要する（計算規則127条5号）。

取締役が計算関係書類の承認に関する議案を提出する場合に、取締役会の意見があればその意見の内容の概要を株主総会参考書類に記載することを要する（施行規則85条2号）。株主の議決権行使の判断のためには取締役会として意見を述べるべきであったにもかかわらず、①のようにその記載を欠けば、取締役の任務懈怠としてその責任原因となりうる。

なお、会計監査人の無限定適正意見がない場合において、代表取締役が会計監査人の意見に従って計算書類を修正し、その上で会計監査人と監査役会の再監査を受け、会社計算規則135条の要件を満たす場合には、計算書類は取締役

第6節　株主総会参考書類等（決議事項を含む）

会の承認だけで確定し、株主総会の承認を得ることを要しない。これに対し、計算書類の修正をせず、これらの議案がそのまま提出され、株主総会で可決された場合には、会計監査人の適法意見がないからといって、その株主総会決議の効力が当然に否定されるわけではない。しかし、計算書類の内容に法令違反があれば決議内容の法令違反として当該決議は当然に無効であるし、計算書類の内容に定款違反があれば当該決議は決議取消しの訴えに服することとなる。

（前田雅弘）

11. 承認特則規定非適用の場合

【設　問】

　承認特則適用会社（会社法439条、計算規則135条）が、会計監査未了等により、計算書類を報告事項でなく承認議案とする場合、当該決議に瑕疵がないようにするため、監査役（会）監査報告があればよいのか、あるいは会計監査報告も必要と考えられるでしょうか。

　なお、上記の監査報告には、いずれも監査役全員、あるいは会計監査人の無限定適正意見が含まれるものとします。

　また、上場会社の場合、上場維持の観点からどのようなことが考えられるでしょうか。

【回　答】

> 　定時株主総会の招集に際し、会計監査報告を株主に提供しなければならない。上場会社については、無限定適正意見の付された会計監査報告がなされないことは、上場廃止基準となりうる。

【解　説】

　会計監査人設置会社においては、計算書類が法令・定款に従い会社の財産・損益の状況を正しく表示しているものとして法務省令（計算規則135条）で定める要件を満たす場合には、取締役会の承認を受けて定時株主総会に提出された計算書類については、取締役がその内容を報告すれば足り、総会の承認を求めることを要しない（会社法439条。承認特則規定）。

　監査報告の内容の通知が期限内にされないことにより監査を受けたものとみなされた場合（計算規則130条3項）などに該当し、承認特則規定の適用がない場合には、本則に戻り、計算書類について株主総会の承認が必要となる（会社法438条2項）。計算書類は会計監査人の監査を受けなければならず（同法436条2項1号）、定時株主総会の招集の際には、会計監査人報告も株主に提供しな

第6節　株主総会参考書類等（決議事項を含む）

ければならない（同法437条）。株主は、会計監査報告をも参考にして、計算書類を承認するかどうかを判断する。

　したがって、承認特則規定の適用がない場合であっても、会計監査報告は株主に提供する必要があり、これを欠いてなされた計算書類承認決議は決議取消事由（会社法831条1項1号。招集手続の法令違反）を生じることとなる。

　上場会社については、無限定適正意見の付された会計監査報告がなされないことは上場廃止基準となりうるので（たとえば東京証券取引所（一部・二部）では、会計監査報告に不適正意見または意見を表明しない旨等が記載され、その影響が重大であると取引所が認めたときは上場廃止となる）、上場を維持するためには、無限定適正意見の付された会計監査報告を得ておく必要がある。

（前田雅弘）

12. 定款の事業目的の記載

【設　問】

定款の事業目的に「その他適法な一切の事業」と規定しようとした会社が総会直前に議案を取り下げましたが、このような規定に問題があるでしょうか。

【回　答】

> 定款の事業目的の記載は、事業の内容を客観的・正確に確定できる程度に明確・具体的である必要があり、抽象的・包括的な記載は許されないと解すべきであろう。

【解　説】

平成17年の会社法制定前の商法（旧商法）の下では、他人が登記した商号については、同一市町村内において同一の営業のために同一の商号を登記することができないという規制（類似商号規制）が存在していた（旧商法19条）。商業登記法においても、同一市町村内において同一の営業のために他人が登記した商号と判然区別することのできない商号の登記はできないこととされていた（旧商業登記法27条）。このような制度の下では、同一市町村において同一（または類似）の商号を持つ会社の間では、定款所定の事業目的の記載が重複してはならないこととなるため、登記実務において、定款所定の事業目的の記載の具体性（会社の事業の範囲を客観的に正確に確定できる程度に具体的に記載すること）が強く求められることとなっていた。類似商号規制の下で抽象的・包括的な定款所定の事業目的の記載を認めると、先に登記された商号の登記独占力を過度に認める結果となるからである。

このような問題のあることが理由の1つとなって、会社法制定時に類似商号規制は廃止された。これにより、もはや登記の面からは、事業目的の明確性・具体性が要求されることはなくなり、「商業」、「商取引」などの抽象的・包括的な事業目的の登記もできることとなった。

しかし、登記実務の面からの制約がなくなったからといって、会社法上も定款所定の事業目的の記載に何の限定もなくなったと当然に解することはできない。会社法の下で事業目的の記載に具体性を要するかどうかについては、2つの考え方がありうる。

　1つは、会社法上は、事業内容が何かを客観的・正確に確定できる程度にはなお明確・具体的である必要があると解する考え方である。会社法がそもそも定款に事業目的の記載を要求する理由は、これにより株主保護が図られると考えられてきたからである。すなわち、定款の事業目的は、株主の出資がどのような事業に用いられるか、曝される危険の範囲を限定して、株主を保護するという機能がある。株主は、定款所定の目的とされた事業から獲得される利益の分配を受けようとしてその会社に出資をするのであって、この目的の範囲外の事業活動は、株主に予想外のリスクを負わせることとなる。定款の事業目的の持つこの株主保護という機能を重視するならば、事業目的の記載は、事業内容が何かを客観的・正確に確定できる程度にはなお明確・具体的である必要があることとなる。このような考え方に立てば、「製造業を行う」、「適法な事業すべてを目的とする」などの記載は許されないこととなる。

　他の1つは、登記の面だけでなく会社法上も事業目的の記載に具体性は一切要求しない考え方である。定款の事業目的に前記のような株主保護の機能を果たさせるかどうかは法の介入すべき事項ではなく、株主が抽象的・包括的な記載を自ら望むのであれば、株主の自治に委ねてよいという考え方である。このような考え方に立てば、「製造業を行う」、「適法な事業すべてを目的とする」などの記載も許されることとなる。

　会社法が事業目的の記載を定款の絶対的記載事項とした趣旨を考えれば、異論はあろうが、前者のように解すべきではなかろうか。

（前田雅弘）

13. 定款変更議案において法令遵守規定を定款に盛り込む意味

【設　問】

会社提案または株主提案にかかわらず、定款変更議案において法令遵守規定を定款に盛り込むことは、どのような意味があるでしょうか。

【回　答】

> 定款に会社や役職員が法令を遵守しなければならない旨を定めても、法令遵守は当然であり、それを確認するだけの意味しかないが、定款に会社や役員に法令上義務づけられる事項以外の事項を定めた場合は、役員等はそれに拘束される。

【解　説】

ここで問題となる「法令遵守規定」には2つのパターンがあると考えられる。

第1は、一般的に、会社や役職員が法令を遵守しなければならない旨を定めるものである。しかし、会社ないし役職員が法令を遵守しなければならないのは当然のことであり、特に取締役・執行役については、会社法において強行法として明文で規定されている（会社法355条・419条2項）。したがって、第1のパターンのものは、法令の規定を確認するだけの意味しかない。「高い倫理観をもって良識ある行動をする」などといった文言も、善良な管理者の注意をもって会社のため忠実に職務を執行することの一環であるため、特に何らかの特別な義務を取締役に課すものではない。

第2は、法令上会社や役員に義務づけられている事項以外の事項を定めるものである。たとえば、法令遵守や不正防止のための委員会の設置、委員会の構成員、委員会の権限などを定款に定める場合である。大会社、監査等委員会設置会社および指名委員会等設置会社では、「取締役・執行役の職務の執行が法令及び定款に適合することを確保するための体制その他株式会社の業務並びに当該株式会社及びその子会社から成る企業集団の業務の適正を確保するために

必要なものとして法務省令で定める体制」すなわち内部統制システムを整備することが義務づけられているところ（会社法348条3項4号・4項・362条4項6号・5項・399条の13第1項1号ハ・2項・416条1項1号ホ・2項）、どのようなシステムを整備するかは、法務省令の枠内で、取締役（会）が善良な管理者の注意をもって判断することになっている。仮に、定款で、法令遵守のための委員会の具体的内容まで定めるとすると、取締役はそれに拘束されることになり（同法355条）、より適切と取締役会が考える内部統制システムを構築しようとするとき、それが定款所定の委員会等と抵触するのであれば、定款変更の手続が必要になる。また、定款所定の委員会等が、法の要求する内部統制システムではない（法の要求するレベルのものではない）場合は、定款所定の委員会のほかに法の要求する内部統制システムを構築しなければならない。

（北村雅史）

14. 敵対的株主からの自己株式取得と利益供与

【設　問】
　経営陣と対立する敵対的株主に株式を大量保有された会社が、それを排除するために金銭を支払って保有株式を買い戻す行為は、利益供与に該当するおそれがあると指摘されるところですが、この手続を株主総会の特別決議により行った場合、利益供与の問題は解決すると考えてよいでしょうか。

【回　答】

> 　敵対的株主に対し、会社が株式を手放すことを依頼する趣旨で自己株式の取得により財産上の利益を供与することは、利益供与に該当し、株主総会の特別決議で自己株式の取得を決定したとしても、当該自己株式の取得は無効である。

【解　説】
　株式会社は、何人に対しても、株主の権利の行使に関し、会社または子会社の計算において財産上の利益を供与してはならない（会社法120条1項）。経営陣に敵対的な株主に対して、その有する株式を手放すことを依頼する趣旨で会社が財産上の利益を供与することも、利益供与に該当する（最判平成18年4月10日民集60巻4号1273号参照）。敵対的な株主に株式を譲渡させる趣旨で利益を供与することは、その権利行使を根こそぎ封じるためであり、「権利の行使に関し」に該当すると考えられるからである。
　会社法は、相対での自己株式取得には厳格な手続規制を設け、株主総会の特別決議で決定することを要求しているが（会社法160条1項・309条2項2号）、株主総会の特別決議において敵対的な株主からの自己株式取得が承認されたのであれば、当該自己株式取得は認められることとなるか。敵対的な株主からの自己株式取得が利益供与に該当する場合には、いくらそれを株主総会の特別決議で決定したとしても、決議の内容が会社法120条1項という法令に違反する

こととなり、当該決議は無効である。したがって法的には株主総会決議なしに相対で自己株式取得がされたこととなり、当該自己株式取得も無効となる。

したがって、株主は事前にそのような自己株式取得を差し止めることができるし（会社法360条1項）、事後に取締役の責任を株主代表訴訟で追及することもできる（同法423条1項・847条1項）。自己株式取得は前記のように無効であるから、会社は、売主たる敵対的な株主から代金の返還を求めることもできる。

利益供与と見る場合、供与された利益分は、株主代表訴訟による返還請求もできる（会社法120条3項・847条1項）。供与された利益の額をどう算定するかについては見解が分かれうるが、株式の実体的な価値は、敵対的な株主により大量に株式が取得されて株価が急騰する前の市場価格であると考えられるから、その市場価格と取得価額との差額を供与された利益の額と見るべきであろう。

（前田雅弘）

第1章 株主総会における諸問題

15. 自己株式の処分によるインセンティブ付与の方法

【設　問】
　以前の株主総会において取締役および監査役の報酬限度額について決議済みのところ、役員（社外取締役および監査役を除く）のインセンティブをより高めるため、報酬の一部として自社株式を割り当てる制度を導入することを検討しています。その際、以前に決議した報酬限度額の範囲内であれば、株主総会の報酬決議は不要でしょうか。また、自己株式の処分（割当て）については、どのように考えられるでしょうか。

【回　答】

> 　支給する自己株式の価額に相当する金銭を取締役に報酬として支給する場合、その金銭をもって自己株式処分の対価とする方法をとれば、当該報酬の額（実質的には自己株式の価値相当額）が以前の株主総会で決議された報酬限度額の範囲内に収まっている限り、株主総会の報酬決議は不要である。自己株式そのものをインセンティブ報酬とすることについては、有利発行規制に従うのが無難である。

【解　説】
　問題を単純化するため、設問の株式については、上場株式のように、公正な価格が客観的に定まっているものを念頭に置く。
　自己株式を取締役に対する報酬として付与する場合、当該自己株式は、会社法361条1項3号の「報酬等のうち金銭でないもの」に該当する。したがって、報酬として自己株式を支給する場合、その自己株式の価額が他の報酬の額と合わせて以前の株主総会において決議した報酬限度額の範囲内に収まっていても、金銭でない報酬の具体的内容に関する株主総会決議、および当該事項を相当とする理由の開示が必要になる（同条4項）、と一応はいえそうである。
　なお、支給する自己株式の価額に相当する金銭を取締役に報酬として支給す

ることとし、その金銭をもって自己株式処分の対価とする方法をとれば、当該報酬の額（実質的には自己株式の価値相当額）が以前の株主総会で決議された報酬限度額の範囲内に収まっている限り、会社法361条の株主総会決議は不要である。もっとも、この場合、金銭報酬債権は自己株式処分の払込金と相殺されることが予定されているのであるから、ベストプラクティスとしては、会社法361条1項3号の決定と4項の理由説明をするべきである。

いずれの方法をとる場合でも、自己株式の支給は会社による自己株式の処分に該当するから、別途募集株式の発行等に関する手続に従う必要がある。公開会社では、有利発行でない自己株式の処分は取締役会決議によって行うことができる（会社法201条1項）。問題は、この場合、当該自己株式の処分が有利発行に該当するかどうかである。

まず、「支給する自己株式の価額に相当する金銭を取締役に報酬として支給することとし、その金銭をもって自己株式処分の対価とする方法」によれば、金銭報酬額が自己株式の公正な価額に見合うものであれば、有利発行にならない。この場合、報酬として支給される金銭が、払込取扱機関に払い込まれない（会社法208条1項）のであれば、出資の履行は、取締役の会社に対する債権（報酬請求権）の現物出資となるとの構成が考えられる。このときでも、当該債権額に係る負債の帳簿価格と募集事項として決定した現物出資財産の価額が同額である限り、検査役の調査は不要である（同法207条9項5号）。この場合は、払込義務と会社に対する債権の相殺となるが、会社法は、会社と募集株式の引受人の同意による相殺を禁止していない（同法208条3項参照）。

次に、報酬として自己株式を現物支給する旨を会社法361条によって決議した場合はどうか。この場合、自己株式の処分に対する金銭の払込みはないから、形式的には取締役としての職務執行を現物出資したという構成ができる。しかし、労務の出資は認められないという従前の考えによると、取締役に対し無償で自己株式を処分したことになり、有利発行となってしまう。この解釈に従えば、会社は「無償で自己株式を処分」したのだから、報酬として支給したことにならず、同条の決議自体そもそも不要となろう。有利発行に関する株主総会において、取締役にインセンティブを付与するためであることを説明して、特

別決議をすることになる（同法199条2項・3項）。ただし、この解釈だと、自己株式の支給が報酬として事業報告に記載されないことになるが（施行規則121条4号・5号・6号）、その扱いがグッドプラクティスとして適切であるとは思われない。

　むしろ、ストック・オプションについて、取締役の職務執行と新株予約権の発行が対価関係になるとの解釈が一般化している今日、取締役の職務執行と募集株式の発行等が対価関係にあるとの解釈も成り立つようにも思える。近時はストック・オプションとして行使価格1円の新株予約権を発行する例もみられるが、これは実質的には株式そのものを交付しているのとそれほど変わりはないともいえる。その場合、ストック・オプションとして報酬決議（新株予約権の支給決議）をすれば有利発行決議が不要であるといえるのなら、募集株式の発行等についても同じことがいえそうである。また、前述のように、金銭の報酬を支給する決議をし（以前の株主総会決議の金額の範囲内なら決議は不要）、その金額を募集株式の払込みに充てる場合には有利発行にならないのであれば、職務執行の対価として株式を交付することも有利発行に当たらないと解することに整合性がある。

　しかしながら、自己株式そのものをインセンティブ報酬とすることについての会計基準や会社法上の解釈問題が十分詰められていない現状に鑑みれば、とりあえずは有利発行規制に従うとともに、有利発行の特別決議が会社法361条の報酬支給決議を兼ねるとの取扱いをするのが無難である。

（北村雅史）

16. 新株予約権の有利発行

【設　問】
　ある会社が、株式併合（10株を1株に併合）を行い、その直後に新株予約権を有利発行（新株予約権の行使価格は、株式併合前の株価を参考に設定）しました。この場合、既存株主の利益を損なう可能性があるように思いますが、このように、株式併合と新株予約権の発行を組み合わせることについて、会社法上、問題となる点はないでしょうか。

【回　答】

> 　株式併合と新株予約権の発行の組合せに際し、株式併合前の株式の価額を基準として新株予約権の発行時の払込金額および行使価額を決定する場合は、新株予約権の有利発行になる可能性が高い。
> 　株式併合と新株予約権の有利発行の総会決議を経たとしても、発行可能株式総数を発行済株式総数の4倍までしか増やせないという規制が潜脱されるおそれがある。平成26年改正後会社法は、この弊害に対処するため、公開会社が株式併合をしようとするときは、株主総会の決議によって、株式併合がその効力を生ずる日（効力発生日）における発行可能株式総数も決議する必要があり、その発行可能株式総数は、効力発生日における発行済株式総数の4倍を超えることができないものとされた（同改正後会社法180条2項4号・3項）。

【解　説】
　株式併合と新株予約権の発行を組み合わせる場合に、新株予約権の発行時の払込金額および行使価額を、株式併合前の株式の価額を基準に決定する場合は、新株予約権の有利発行になる可能性が高い。【設問】のように、10株を1株に併合すると、当該会社の株式の価値は理論上10倍に膨れ上がる。新株予約権の公正な価値は、行使価額、株式の時価、株式のボラティリティー、行使期

間、金利等を変数として、いわゆるオプション評価モデルによって、算定されるところ、株式併合とセットになるときは、併合後の株式の時価を算定根拠としなければならない。したがって、併合前の株価を基準として、払込金額と行使価額を算定すれば、新株予約権を引き受ける者にとって、特に有利な払込金額による新株予約権の発行となる（会社法238条3項）。

　公開会社においても、株式併合（会社法180条2項）と新株予約権の有利発行（同法238条2項・3項・240条1項）は、いずれも株主総会の特別決議事項である（同法309条2項4号・6号）。取締役は、株主総会において、株式併合を必要とする理由（同法180条4項）および有利発行を必要とする理由を説明しなければならない（同法238条3項）。

　では、このような株主総会の決議を経ていれば、問題はないのであろうか。

　平成26年会社法改正前において、10株を1株に株式併合することを決したあるマザーズ上場会社について、東京証券取引所は、流通市場に混乱をもたらすおそれがあるとして、「企業行動規範に関する公表措置」を行った。もっとも、その混乱が生じるおそれの理由は、「株式併合により10株未満の株式しか有していない者が株主としての地位を失うため」ということであった。もちろん、これによって株主としての地位を失う者が多ければ、市場の混乱につながりうる。しかし、会社法は、いわゆる出資単位規制を撤廃した平成13年商法改正以来、株式併合を必要とする事由に関する制限を廃止し、一定の手続に従えば自由に株式併合をすることを可能にしたわけであり、株式併合によって端数が生じた株主には（会社法により、端株制度廃止）、端数の合計数を競売するなどした売得金を分配することで、決着をつけたと理解される（会社法235条1項）。

　それでは、端数株主が生じること以外に、【設問】のような株式併合と新株予約権の発行には、会社法の観点から問題はないのであろうか。

　公開会社では、発行可能株式総数は発行済株式総数の4倍以内とする旨の規制がある（会社法37条3項・113条3項）。これは、いわゆる授権株式の上限を定めて、既存株主の持株の希釈化の限度を画するためである。株式の併合によって、発行済株式総数が減少した場合、発行可能株式総数がどうなるかについては、会社法制定前と制定後で考え方が異なっている。

第6節　株主総会参考書類等（決議事項を含む）

　会社法制定前は、株式併合によって発行済株式総数が減少した場合に、定款所定の発行可能株式総数が変わらないとしても、授権株式数は増加しないという考え方があった（この考え方なら、「発行可能株式総数」－「発行済株式総数」＝「授権株式数」とはならない）。もっとも、株式併合は、定款変更と同じ特別決議事項であるから、たとえば、株式併合後の発行済株式総数の4倍までの範囲内で「会社が発行する株式の総数」に関する定款の定めを変更したものとみなすことができるとの解釈もあった（登記実務では、そのような配慮がされてきた。この場合は、「発行可能株式総数」－「発行済株式総数」＝「授権株式数」となる）。

　これに対し、会社法では、例外的に株主総会決議なしに定款変更ができる場合には、逐一その旨の明文の規定が設けられ（会社法184条2項のほか、191条など）、また他の法的効果の発生により定款変更がされたものとみなす必要がある場合にも逐一その旨が明文で定められている（会社法112条1項・608条3項など）。そうすると、株式併合についてそのような明文規定がなかった平成26年改正前の会社法の下では、株式併合によって発行済株式総数が減少しても、定款所定の発行可能株式総数に変更はないものとされた。会社法は自己株式の処分と新株発行を同じ性質のものと考えているところ（同法199条）、発行可能株式総数を増加することなく、自己株式取得と処分を無限に繰り返すことができるのであるから、発行可能株式総数を増加せずに、株式の消却や併合を行うことにより、無限に新株発行を繰り返すことを認めてよい、ということが、以上のように解する理由であった。

　しかし、この理由付けは、株式の消却によって授権株式数が実質的に増加することの理由にはなっても、株式併合には当てはまらない。会社法の下で、株式の消却は、会社による自己株式の取得と、その保有する自己株式の消却という2つの手続によって行う（同法178条）。会社に株式を譲渡せずにとどまった株主にとっては、会社による自己株式の取得と消却によって、かえって持株比率が上昇する。その後会社による募集株式の発行が行われても、持株比率は、自己株式取得前の水準に近いところに戻るだけである。つまり、自己株式の取得・消却・新株発行という手続が繰り返されても、株式を保有し続けている株

主にとっては、自分以外の株主が交替するだけで、持株比率に大きな変動は生じないわけである。

　これに対し、株式併合では、株主総会特別決議だけで、既存株主全員の株式数を一律に、しかもどこまでも下げることができるのであるから、このときに、授権株式数を発行可能株式総数まで増加させることができるとすると、定款変更手続によってさえ、発行可能株式総数を発行済株式総数の4倍までしか増やせないという規制が（会社法113条3項）、容易に潜脱されることになってしまう。たとえば、ある公開会社について、株式併合前の発行可能株式総数が10万株で、発行済株式総数も10万株であるとすると、この会社が定款を変更して増加できる発行可能株式総数は現在の発行済株式総数の4倍である40万株までである（会社法113条3項）。これに対し、この会社が10株を1株に併合した場合、発行済株式総数は1万株になるが、発行可能株式総数は、10万株のままであるとすると、会社は、残り9万株分の新株を発行できることになる。その結果、株主の持ち株は、10分の1に希釈化する。これは、実質的に、発行可能株式総数を10倍に増加したのに等しくなってしまうわけである。

　本設問のような弊害に対処するため、平成26年会社法改正によって、公開会社が株式併合をしようとするときは、株主総会の決議によって、株式併合がその効力を生ずる日（効力発生日）における発行可能株式総数も決議する必要があり、その発行可能株式総数は、効力発生日における発行済株式総数の4倍を超えることができないものとされた（同改正後会社法180条2項4号・3項）。

（北村雅史）

17. 買収防衛策の導入

【設　問】
　買収防衛策の導入に際して、定款変更（買収防衛策の導入）と買収防衛策の導入を株主総会の決議によるものとし、定款変更は特別決議なので否決され、買収防衛策の導入は普通決議として承認された場合、当該株主総会の決議についてどのように考えられるでしょうか。
　前記の買収防衛策は承認されたと考えてよいでしょうか。

【回　答】

> 　買収防衛策議案について、定款変更議案が総会で決議するための根拠となる場合、当該定款変更議案が否決されると、買収防衛策議案は無効となる。

【解　説】
　買収防衛策を導入するに際し、株主総会の意思を確認する会社が増えている。そのような会社には、買収防衛策導入について、定款の根拠なしに株主総会に買収防衛策を導入するパターンと、定款に買収防衛策を株主総会決議で導入することができる旨の規定を設けた上で、当該規定に基づき株主総会で承認決議を行うパターンがある。
　取締役会設置会社において、株主総会は、会社法および定款に定められた事項についてのみ決議できる（会社法295条2項）。それ以外の事項について株主総会が決議したとしても、決議は法的には効力を持たない。ここで問題となる平時導入型の買収防衛策としては、いわゆる事前警告型で、株式の分割や新株予約権の第三者割当て、あるいは行使条件に差別的取扱いのある新株予約権の無償割当て等の方法をとるものなどがある。いずれにしても、そのような買収防衛策の導入そのものは、会社法上取締役会設置会社の株主総会の権限ではない。したがって、買収防衛策の導入自体は、取締役会決議によって本来有効に

行うことができる。にもかかわらず、株主総会決議を経る会社が多いのは、経済産業省企業価値研究会の買収防衛指針（平成17年5月27日）などが、買収防衛策として新株予約権を発行する場合に、それが不公正発行（会社法247条2号）と判断されないためには、株主総会決議に基づいて行うことが有効な選択肢の1つであると述べていることによると考えられる。つまり、買収防衛策が適法性と合理性を確保するためには、株主の合理的な意思に依拠すべきである（株主意思の原則）、というわけである。

　前述のように、定款の根拠なしに株主総会で買収防衛策導入を決議しても、その決議自体は、会社法上有効なものとはいえない。したがって、取締役は、その決議に法的には拘束されない。このことから、会社法や定款に基づかない総会決議を、勧告的決議（あるいは宣言的決議）ということもある。一方、買収防衛策導入を株主総会の権限とする定款の定めに基づいて株主総会が決議した場合は、当該買収防衛策は、会社法上有効な株主総会決議によって導入されたことになるから、その決議が取締役を拘束することになる。もっとも、後者の場合でも、買収防衛策の内容や発動方法によっては、発動時に違法発行や不公正発行と判断されることもありうる。他方、前者のように、定款の根拠なしに株主総会決議が行われた場合には、買収防衛策は法的には取締役会決議のみで導入されたことになるが、それが発動時に違法ないし不公正となるかどうかは、買収防衛策の内容や発動方法を総合的に検討して判断される。

　一般論としては、特別決議によって変更された定款規定に基づいて株主総会決議によって導入された買収防衛策の方が、適法性・合理性が高いと傾向的には解されるとしても、それが法的に決定的な要素ではない。最決平成19年8月7日民集61巻5号2215頁においては、新株予約権の株主割当てについて、差別的行使条件が株主平等原則の観点から許容されるための判断材料として、特定の株主による経営支配権の取得により企業価値が毀損されるかどうかの判断は株主自身によって行われるべきであるとして、株主割当てが議決権総数の83.4％の賛成で行われたことが重視された。この83.4％は、買収者を除く株主の大部分となる。株主意思の原則という場合、それが、このように大部分の株主の意思であることが必要なのか、特別決議を経ていることを意味するの

か、あるいは普通決議でよいのかは、一概にはいえないところである。私見としては、特別決議が、新株や新株予約権の有利発行（新たに株主となる者と既存株主の不平等をもたらす）を行うための決議要件であることから（会社法309条2項5号・6号）、新株や新株予約権の発行をともなう買収防衛策において、特別決議の有無は、その適法性に関する判断基準の重要な要素となりうると考える。

　設問の株主総会において、買収防衛策の導入に関する定款変更議案と、買収防衛策導入に関する議案が同時に提出され、かつ後者が前者の成立を条件として提案されているのであれば、定款変更議案が否決された以上、買収防衛策導入に関する決議は、根拠となる定款規定のない決議であって、効力を持たない。したがって、買収防衛策は、法的には株主総会の承認を得ていないことになる。もっとも、定款変更議案をまったく提出せずに、株主総会決議によって買収防衛策が導入された場合でも、株主総会決議は会社法上効力を持たないのであるから、結局、本設問の場合には、買収防衛策導入議案が定款変更を条件にしていてもいなくても、買収防衛策導入の株主総会決議は、会社法上無効であることに変わりはない。ただ、買収防衛策の導入に出席者の議決権の過半数の賛成はあったが（総株主の議決権の過半数という意味ではない）、特別決議を成立させるだけの賛成はなかったという事実が、実際に買収防衛策の発動が問題になるときに、防衛策が株主意思を十分には反映していないという認定に傾かせるおそれはあるといえよう。

（北村雅史）

18. 買収防衛策の効果

【設　問】

　事前警告型買収防衛策の導入に当たって、いわゆる宣言的決議で承認を得るに際して、特別委員会の委員の選任が招集通知発送まで間に合わず、委員は未定のままで承認を受けた場合と委員が決定している状況で承認を受けた場合とで、発動時の法的判断に何らかの影響があるでしょうか。

【回　答】

> 　買収防衛策の導入時（株主総会の決議時）において特別委員会の構成員が明らかにされていることが望ましく、また、買収防衛策の発動前に特別委員会の構成員が明らかにされていることが構成員に独立性があるとの評価に傾く要因となる。

【解　説】

　平時導入の買収防衛策としては、いわゆる事前警告型で、株式の分割や新株予約権の第三者割当て、あるいは行使条件に差別的取扱いのある新株予約権の無償割当て等の方法がとられる。買収防衛策の導入そのものは、必ずしも取締役会設置会社における株主総会の決議事項ではない（会社法295条2項）。設問の宣言的決議とは、定款上の根拠なく、株主総会が買収防衛策導入を承認する場合を意味する（そのため、勧告的決議ともいう）。これは、法的には有効な株主総会決議とはいえないが、株主意思の確認という意味で、事後の紛争解決において、まったく意味がないわけではない。

　このように導入した買収防衛策の実際の発動については、発動が現経営者の保身を主目的とするものでないことを担保するために、買収が企業価値を損なうものであるかどうか等について判断する独立社外者による特別委員会を設置することが多い。取締役会は、買収防衛策の発動に関して、当該特別委員会の判断に従うか、尊重しなければならないものとされる。この特別委員会の設

置・構成・職務等についても、買収防衛策の制度設計の一環として、株主総会の承認を得ておくのが通常であろう。

　特別委員会のメンバーの独立性は、買収防衛策発動の是非をチェックする際、経営陣の保身行動を厳しく監視できる実態を備えるために要求される。メンバーが独立性を備える者として適正かどうかは、その実態を慎重に精査し、株主の納得と理解を得られるものでなければならない。その意味では、買収防衛策導入が株主総会決議によって行われるのであれば、その決議時に、特別委員会のメンバーが明らかにされていることが望ましい。その場合、メンバーの適正さについて疑義のある株主には、質問の機会も与えられるため、そこで選ばれたメンバーは、株主の理解を得た者と認められやすいからである。

　もっとも、株主総会決議時には、特別委員会のメンバーの全部または一部が明らかになっていないことが、特別委員会の設置および判断を意味のないものにするわけではない。買収防衛策発動の判断時において、特別委員会のメンバーが、実質的に経営陣から独立しているのであれば、その判断には（経営陣の保身のためでないという意味において）客観的合理性があるといえるからである。ただし、判断時においても特別委員会の構成員が明らかにされていないとすれば、特別委員会の構成員の独立性には疑問が生じるであろうから、紛争発生時において、経営陣側には、特別委員会の構成員の独立性について、事実上の証明責任が課されることになる。

　特別委員会の構成員の独立性にどれだけの疑いが生じるかはケース・バイ・ケースであり、また程度問題ともいえるが、一般論としては、買収防衛策発動前に特別委員会の構成員が明らかになっていることが、構成員に独立性があるとの評価に傾く要因になる。買収防衛策の導入時に、特別委員会の構成員が決まらない状況で株主総会決議をした場合は、構成員の決定後、可及的速やかに、その人物およびその者の独立性を示す事実を何らかの形で公表すべきであろう。

（北村雅史）

19. 買収防衛策の発動を規定する定款変更を平時または有事に行う場合

【設　問】

　事前警告型防衛策導入について、定款変更議案として株主総会に諮る場合、事前警告型防衛策の導入に関して株主総会の承認を要する旨を盛り込む定款変更だけでなく、買収防衛策の発動に関しても株主総会の承認を要するものとするために、定款で新株予約権無償割当ての決議機関として株主総会を追加するタイプがあります。

　平時に定款変更を行う場合と有事に定款変更を行う場合とで、法的安定性という観点から違いはあるでしょうか。

【回　答】

> 　買収防衛策については、有事よりも平時導入型のほうが法的安定性は高い。また、買収防衛策発動に株主総会決議が必要とされている場合でも、その決議が特別決議とされているほうが法的安定性が高くなる。

【解　説】

　買収防衛策を導入する会社では、導入ばかりではなく発動（具体的には差別的行使条件付新株予約権の無償割当ての決定）についても株主総会の決議を要するものとする例が目立つようになっている。これは、最決平成19年8月7日民集61巻5号2215頁により、株主総会発動型の防衛策の方が取締役会発動型のそれよりも適法性が高く、その意味で新株予約権発行の差止めが認められにくいとの意識が広まっていることによるものと推測される。

　設問にある「法的安定性」とはおそらく次の2点に関係するものと思われる。

　第1は、株主総会発動型の防衛策として無償割当てされる新株予約権について、差し止められる可能性が高いかどうかである。新株予約権無償割当ては、募集新株予約権の発行ではないが、訴訟実務では、新株予約権無償割当てにも

第6節　株主総会参考書類等（決議事項を含む）

募集新株予約権発行差止めに関する会社法247条の規定が類推適用されることを前提に、差止めの可否が審議されるようになっている。

　第2は、防衛策発動を決定する株主総会決議の取消しまたは無効である。定款変更決議自体の瑕疵も問題となりうるが、ここでは定款変更決議成立後の新株予約権無償割当てに関する株主総会決議だけを問題とする。

　第1と第2は法形式上は異なる問題だが、差止めの事由と株主総会決議取消事由ないし無効事由の判断枠組みは、実際には共通する点が多い。なぜなら、差止め事由としての法令違反とは、おそらく株主平等原則違反を意味するから、それは株主総会決議無効事由である決議内容の法令違反の判断と共通する。また差止事由としての著しい不公正は、決議取消事由としての特別利害関係者の議決権行使による著しく不当な決議と判断枠組みはほぼ共通する。そして、不公正発行ないし不当決議の判断枠組みと株主平等原則の判断枠組みにも、実際には共通する点が多い。なぜなら、買収防衛策の文脈で株主平等原則が問題となる場合には、防衛策の必要性と相当性が考慮要因となるが（前掲最決平成19年8月7日参照）、必要性・相当性がない新株予約権発行は不公正発行となるからである。実際に、前掲最決の原決定でも、不公正発行と株主平等原則違反は、オーバーラップするものとして判断された。

　法的安定性の意味をこのようなものと理解した上で、設問について考察する。

　まず、平時に定款変更されていた場合であれ有事に定款変更した場合であれ、差別的行使条件付新株予約権の無償割当てが、株主平等原則に抵触しうることには変わりはない。それが株主平等原則違反にならないためには防衛策発動の必要性と相当性が認められなければならない。また、防衛策発動が、企業価値＝株主共同の利益のためではなく、現経営陣の保身や現経営陣を支持する株主の会社支配権保持を目的とする場合には、それが株主総会決議によったとしても不公正発行になり、株主構成によっては決議取消事由となる点についても、定款変更が平時であっても有事であっても変わりはない。

　しかし、実際問題としては、平時導入型のほうがより法的安定性が高いことは否めないであろう。平時導入型の株主総会発動型買収防衛策では、買収者が現れていない段階で、事前警告手続等と発動時に株主総会によって株主意思を

191

確認することが定款規定に基づき株主総会で決定されている。そして、買収者が現れた場合に、事前警告手続が開始され、買収者がそれを無視する等の理由で買収が企業価値または株主共同の利益を損なうおそれがあると取締役会が判断したときに、株主総会に新株予約権無償割当てに関する議案が提出され、決議されるという運びになる。これは、平時に株主総会決議で防衛策を導入し、かつ発動時に株主意思を確認するという、従来主流であった取締役会発動型の欠点（取締役会の恣意的判断）を補うものであるという点で、透明性・適法性が高くなるといえるからである。この点が、事前警告型買収防衛策をあらかじめ導入せずに、有事にいきなり新株予約権無償割当てを株主総会決議事項とする定款変更決議とそれに基づく新株予約権無償割当決議がされる場合との大きな違いである。前掲最決平成19年8月7日は、有事に定款変更と無償割当てが株主総会で決議された場合に、新株予約権無償割当てを適法としたが、それは、買収者を除くほとんどすべての株主が新株予約権無償割当てによる防衛に賛成したという非常に特殊な事例であったためであり、同最高裁決定の射程範囲を広めることについては、疑問視する見解が多い。

　防衛策発動に株主総会決議が必要とされている場合でも、その決議が特別決議とされているほうが、法的安定性が高くなるといえよう。特別決議は、新株や新株予約権の有利発行を承認できる決議であり、会社法は、特別決議によって、株主間の富の移転を、一定程度許容しているといえるからである。

（北村雅史）

第 7 節　議決権の行使（事前行使および当日行使）

1．議決権行使の期限

【設　問】

　会社法では、取締役会決議により議決権の行使期限を定めることが認められています（施行規則63条3号ロ・ハ）。商法特例法では行使期限は前日までとなっていましたが、会社法で本条文を設置した趣旨についてどのように考えられるでしょうか。

【回　答】

> 　会社法制定前は、会社が法定の期限と異なる期限を設けることができるかについて明文の規定がなかったが、会社法は、会社の集計作業の負担を考慮し、一定の範囲内で「特定の時」を定めうることを明らかにした。

【解　説】

　平成17年の会社法制定前は、書面投票・電子投票の議決権の行使期限は、法律により株主総会の会日の前日までとされており（旧商法239条ノ2第4項・239条ノ3第5項、旧商法特例法21条の3第3項）、会社がこれと異なる期限を設けることができるかどうかについて明文の規定がなかった。そのため、会社が集計作業の負担を考慮して、行使期限をたとえば「前日の営業時間の終了まで」とすることが認められるかどうかについては、疑義が存在した。明文の規定のないまま会社が行使期限を早めることは、法律が保障した株主の議決権行使の機会を害するという議論がありえたからである。

　そこで会社法は、会社の集計作業の負担を考慮し、株主総会の招集の決定時に一定の範囲内で「特定の時」を定めることができることとした（施行規則63条3号ロ・ハ）。「特定の時」の定めがない場合の行使期限は「株主総会の日時の直前の営業時間の終了時」であるが、「特定の時」が定められる場合には、

行使期限は当該「特定の時」となる（同規則69条・70条）。

（前田雅弘）

2．電子投票システムの障害等の影響

【設　問】
(1)　電子投票を採用している会社において、締切り間近のタイミングでシステム障害等により議決権の行使が不能となった場合、株主総会の開催について問題ないでしょうか（すでに定足数を満たしている場合）。
(2)　議案の賛否が拮抗している場合、決議に与える影響はどのように考えられるでしょうか。

【回　答】

> (1)　システム障害等が会社の事情により生じた場合、決議の取消事由が生じるが、裁量棄却が認められる余地がある。
> (2)　瑕疵が重大でなくても、議案の賛否が拮抗しており、決議の結果に影響があると認められる場合には、裁量棄却は認められない。

【解　説】
1　(1)について
　電子投票制度を採用する会社において、システム障害等で議決権行使ができなくなった場合、当該システム障害等が株主側のサーバのダウンのようにもっぱら株主側の事情によるものであれば、株主総会決議の効力には影響はない。
　これに対して、当該システム障害等が会社側のコンピュータの故障、または大量のアクセスによるサーバのダウンなど、会社側の事情によるものである場合には、株主総会決議の取消事由（会社法831条1項1号）が生じるといわざるをえない。
　決議取消事由が存在しても、瑕疵が重大でなくかつ決議の結果に影響を及ぼさない場合には、裁量棄却が認められる（会社法831条2項）。瑕疵が重大かどうかは、議決権行使ができなくなった株主の議決権比率等だけでなく、当該システム障害等についての会社の帰責性の大きさも考慮されるであろう。システ

第1章　株主総会における諸問題

ムの保守・点検が著しく杜撰であった等の事情があり、瑕疵が重大であると認められる場合には、決議の結果への影響を問わず決議は取り消されるべきものと考えられる。

2　(2)について

システム障害等で議決権行使ができなくなった場合、議決権行使ができなくなった株主の議決権比率が大きくなく、また、会社がシステムの保守・点検に万全の措置をとっており障害等について帰責事由が認められないなどの場合には、決議の瑕疵は重大でないといえる。しかし、瑕疵が重大でなくても、議案の賛否が拮抗しており、決議の結果に影響があると認められる場合には、裁量棄却は認められず、決議は取り消されるべきものと考えられる。

(前田雅弘)

3．ほふり名義失念株式の議決権の取扱い

【設　問】
　ほふり名義失念株式については、旧保振法29条3項の規定の解釈によって、ほふり名義失念株式に議決権はなく、配当金は配当計算の対象とするものの、未払配当金扱いとされていましたが、振替法には相当する規定がありません。従来と同様の扱いと考えてよいでしょうか。

【回　答】

> 　振替制度の下では、株主名簿上の株主の権利行使を制限すべき理由はなく、会社は、特別口座の名義人が振替機関である場合にも、株主として権利行使をさせればよい。

【解　説】
　旧株券保管振替制度の下では、保管振替機関に預託された株券は、株主名簿上、保管振替機関の名義になり（旧保振法29条1項）、預託株券の共有者は実質株主として実質株主名簿に記載される。実質株主は、いつでも保管振替機関から株券の交付を受け（同法28条1項）、株主名簿を自己の名義に書き換えるよう請求することができる。保管振替機関から株券の交付を受けたにもかかわらず名義書換請求がなされない場合には、その分については株主名簿上は依然として保管振替機関名義であるが、実質株主名簿にはもはや記載されないこととなるため、保管振替機関名義の失念株式が生じることとなる。保管振替機関が株主としての権利を行使できるのは、株主名簿の記載または株券に関してのみであったため（同法29条3項）、この失念株式について、保管振替機関は、株主名簿上の株主ではあっても議決権等を行使することはできないと解されていた。
　株券電子化により、この失念株式については、株主名簿上の株主である振替機関の名義で特別口座が開設されることとなる。旧株券保管振替制度の下では、株主名簿上は株主でない実質株主が直接に会社に対して権利行使をする仕

組み（直接方式）が採用されていたため、株主名簿上の株主たる保管振替機関の権利行使を制限しておく必要があり、前記のように保管振替機関の議決権等は否定されていた。これに対して、株券電子化後の振替制度の下では、株主名簿上の株主の背後に実質株主が存在するという構造はとられておらず、もはや株主名簿上の株主の権利行使を制限すべき理由はなくなり、現に振替機関の権利行使を制限する規定（旧保振法29条3項に相当する規定）は、社債、株式等の振替に関する法律には設けられていない。

　したがって社債、株式等の振替に関する法律の下では、会社は、特別口座の名義人が振替機関である場合にも、他の特別口座の名義人と特に区別して扱う必要はなく、株主として権利行使をさせればよい（それで会社は免責される）と解すべきであろう。

（前田雅弘）

4．株主権の行使方法

【設　問】
(1) 株主権の行使方法について、取締役会の定める株式取扱規程に定める旨を授権（規定）する会社があります。その要否と、授権する場合の留意点はどのようなものでしょうか。
(2) 議決権の代理行使を株主に限定する定款規定がある会社において、株主提案権（会社法303条・305条）の行使についても、この規定は、効力を有するでしょうか。

【回　答】

> (1) 株主権の行使方法について定款に定めを置くことは、望ましいが不可欠ではない。株主権に不合理な制約を課す定款または株式取扱規程の定めは無効である。
> (2) 株主提案権の代理行使についても、議決権行使の代理人資格を株主に限定する定款規定の適用がある。

【解　説】

1　(1)について

　定款の記載事項は、3つに区分することができる。第1に、絶対的記載事項は、その記載を欠くと、定款自体が無効になるという事項である（会社法27条・37条・98条・113条1項）。第2に、相対的記載事項は、定款に記載しなくても定款自体の効力には影響はないが、その記載を欠くとその事項の効力は生じないという事項であり、変態設立事項（同法28条）など、会社法の多くの規定に定められている。第3に、任意的記載事項は、絶対的記載事項でも相対的記載事項でもないが、定款に記載された事項であり、株主総会の議長に関する定めや、取締役の人数に関する定めなどがこれに当たる。任意的記載事項は、記載しなくても、定款自体が無効になることもないし、その事項の効力が生じない

第1章　株主総会における諸問題

ということもないが、定款に記載することで、事柄を明確にし、かつ定款変更の手続をとらなければ変更できないようにするところに意味がある。

　株主権の行使方法についての定めについては、2つの考え方がありうる。

　第1に、株主権の行使方法についての定めは、会社法上、絶対的記載事項とはされておらず、明文上は相対的記載事項ともされていないので、任意的記載事項にすぎないという考え方である。この考え方によれば、定款に定めを置くことなく、直ちに株主権の行使方法に関する事項を株式取扱規程に定めることが認められることになる。

　第2に、株主権の行使方法についての定めは、明文上は相対的記載事項とはされていないが、株主の権利に関わる事項であることから、相対的記載事項と解釈すべきであるという考え方である。このような「解釈による相対的記載事項」ともいうべき事項がありうることは、すでに知られているところである（たとえば、議決権行使の代理人資格を当該会社の株主に限る旨の定めは、定款に定めてはじめて有効になると解する説が多い）。この考え方によれば、定款に根拠を有することなく株主権の行使方法に関する事項を株式取扱規程に定めたとしても、当該事項は効力を有しないこととなる。

　第2の考え方によるとしても、定款に定めがあれば株式取扱規程でどのような定めもできることになるわけではなく、定款の定めは、合理的な扱いを株式取扱規程に定めることの授権であって、株主権に不合理な制約を課す株式取扱規程の定めは、定款の授権を超えるものであって無効と解すべきである。他方において、第1の考え方によるとしても、定款に定めなしに株式取扱規程でどのような定めでもできるわけではなく、やはり不合理な制約を課す株式取扱規程の定めは無効と解すべきこととなろう。そうすると、重要なことは株式取扱規程の内容であり、いずれの考え方をとっても株主保護の点で大差はないと思われる。

　このように考えてくると、株主の権利に関わる事項であるから定款に根拠を置くことが望ましいとはいえても、第2の考え方のように定款による授権を不可欠とまで解する必要はないのではなかろうか。

2 (2)について

　会社法310条1項前段は、議決権は代理人によって行使できる旨を明文で確認するとともに、代理行使を強行法的に保障する。株主提案権については、代理行使を許容する明文規定は存在しないが、提案権は議決権を前提とし、議決権と密接に関わる権利であるから、代理行使が認められると解すべきであろう。

　このように解すると、議決権行使の代理人資格を当該会社の株主に限る旨の定款の定めが、提案権行使についても適用されるかどうかが問題になる。株主提案権の行使は、議題の提案についても議案の提案についても、議決権を行使することのできる事項に限って認められるにすぎないから（会社法303条1項・305条1項・304条）、議決権を代理行使することのできない者は、株主提案権の代理行使もできないものと解される。前記の定款の定めは、提案権行使についても適用される。

（前田雅弘）

5．書面投票制度と委任状勧誘制度の併用

【設　問】
　議決権行使書面を採用する上場会社が、議決権行使書面を使用するとともに、委任状も勧誘する場合、どのような点に留意すべきでしょうか。

【回　答】
> 　議決権行使書面は、総会に出席しない株主の議決行使のための制度であり、議決権行使書面による議決権行使と委任状に基づく議決権の代理行使とが重複して行われた場合には、委任状に基づく議決権の代理行使が優先して取り扱われる。

【解　説】
　委任状勧誘の制度は、会社に委任状勧誘を義務づけるものではなく、また、賛否の記載に反してなされた議決権行使の効力につき学説上見解が分かれている等の問題がある。そこでこれらの不備を補い、できるだけ株主の意思を株主総会に反映することができるよう、昭和56年商法改正により設けられたのが議決権行使書面の制度（書面投票制度）である。議決権を有する株主が1,000人以上の会社では、書面投票制度の採用が法律上強制され（会社法298条2項）、それ以外の会社も、取締役会決議で同制度を任意に採用することができる（同条1項3号）。
　金融商品取引法に基づいて株主全員に委任状勧誘を行う上場会社は、書面投票制度の採用を義務づけられることはないが（会社法298条2項ただし書、施行規則64条）、書面投票制度を採用する会社が、重ねて委任状勧誘を行うことが禁じられるわけではない。かつては、株主を混乱させることを理由として、書面投票制度を採用する会社が「全部の」株主に委任状勧誘を重ねて行うことは許されないとする説もあった。しかし、文言上そのような制約はなく、また、少なくとも一部の株主だけに重ねて委任状勧誘を行うことができることは異論

のないところであるから、株主を混乱させることを理由に、特に「全部の」株主に対する委任状勧誘だけが禁じられる理由は乏しいというべきであろう。

　なお、書面投票制度により株主総会参考書類および議決権行使書面が株主全員に交付されている場合は、委任状の用紙および株主総会参考書類の写しを金融庁長官に提出する必要はないこととされている（金商法施行令36条の3、委任状勧誘府令44条）。このような場合は、勧誘の相手方に対して議案に関する必要な情報が提供されており、議決権行使の機会も保証されることとなるから、委任状勧誘規制の趣旨がかなりの程度満たされており、あえて行政当局が関与してまで勧誘の相手方を保護する必要はないと考えられたからである。

　このように、書面投票制度を採用する会社は、重ねて全部または一部の株主に対して委任状勧誘を行うことができると解されるが、会社が書面投票制度と委任状勧誘とを併用する場合には、議決権行使書面による議決権行使と委任状に基づく議決権の代理行使とが重複して行われた場合の処理が問題となる。書面投票制度は、あくまで「株主総会に出席しない株主」が議決権を行使することのできる制度であり（会社法298条1項3号）、会社に議決権行使書面を提出した株主本人が株主総会に出席し、または委任状を持つ当該株主の代理人が株主総会に出席すれば、当該議決権行使書面は無効となる。すなわち、議決権行使書面による議決権行使と委任状に基づく議決権の代理行使とが重複して行われた場合には、委任状に基づく議決権の代理行使を優先して扱わなければならないことになると解すべきであろう（後記設問6.1参照）。

（前田雅弘）

6. プロキシー・ファイト時における議決権の行使

【設　問】
(1) 株主による会社提案議案に反対する委任状勧誘、または株主提案に賛成を求める委任状勧誘が行われ、会社と株主の間でプロキシー・ファイトが行われている状況にあるとします。

株主が委任状勧誘株主に応じて委任状を提出した後、当該委任状の撤回を行わないまま、会社提案に賛成する議決権行使書面を提出した場合、議決権行使書面による議決権行使を株主の真意に即したものとして取り扱ってよいでしょうか。

(2) 「委任は、各当事者がいつでもその解除をすることができる」（民法651条1項）とされ、また「委任による代理権は、……委任の終了によって消滅する」（同法111条2項）とされているため、株主が委任状勧誘に応じて委任状を提出したとしても、当該意思を撤回することができると解されています。

① すでに提出した委任状を撤回する場合の意思表示は、どのように行えばよいでしょうか。

② 民法651条2項では「当事者の一方が相手方に不利な時期に委任の解除をしたときは、その当事者の一方は、相手方の損害を賠償しなければならない。ただし、やむを得ない事由があったときは、この限りでない」とされています。委任状を撤回する場合、当該規定により委任状勧誘株主から損害賠償を請求されるおそれはあるでしょうか。その場合、どのような状況が考えられるでしょうか。

【回　答】
(1) 委任状の撤回がなされないまま、委任状を持参する株主の代理人が総会に出席すると、提出済みの議決権行使書面は失効する。
(2) ①提出済の委任状の撤回は、株主が委任状勧誘者に対して一方的に委任契約を解除する旨の意思表示をすれば足りる。②委任状を撤回した株

主が損害賠償責任を負うことは、現実にはほとんど考えられない。

【解　説】

1　(1)について

　委任状勧誘株主に対する委任状と会社に対する議決権行使書面とが同一株主から重複して提出された場合、その処理が問題となる。書面投票制度は、あくまで「株主総会に出席しない株主」が議決権を行使することのできる制度であり（会社法298条1項3号）、会社に議決権行使書面を提出した株主本人が株主総会に出席すれば、当該議決権行使書面は無効となることに異論はない。委任状を持つ当該株主の代理人が株主総会に出席する場合にも、法的には当該株主本人が出席するのと同一の効果が生じるので、議決権行使書面は無効になると解さざるをえないであろう。したがって、委任状の撤回がなされないまま、委任状を持つ当該株主の代理人が株主総会に出席すれば、議決権行使書面は失効することとなるから、会社は、もはや当該議決権行使書面による議決権行使を認めることはできないこととなる。

　それでは、定款または取締役会決議により、委任状と議決権行使書面とが重複して提出された場合には、議決権行使書面を優先する旨を定めることはできるか。書面投票が複数重複して行われた場合、電子投票が複数重複して行われた場合、および書面投票と電子投票が重複して行われた場合については、いずれを優先するか等の処理の方法を取締役会または定款で定め、株主にあらかじめ通知しておくことが認められているが（会社法298条1項5号、施行規則63条3号ヘ・4号ロ）、これは、書面投票・電子投票についてはその先後の関係を判別することが容易でない等の問題に対処するため、会社法が特に認めた措置である。委任状と議決権行使書面との重複の場合には、明文の規定もなく、議決権行使書面を優先する旨を定款または取締役会決議で定めたとしても、その定めの有効性には疑問があるといわざるをえないであろう。

2 (2)①について

「委任状の撤回」とは、法的には、株主が議決権の代理行使に関する委任契約を解除することである。委任契約の解除について特別の方式は必要なく、株主が委任状勧誘者に対して一方的に委任契約を解除する旨の意思表示をすれば足りる。もっとも、紛争を防止する観点からは、提出した委任状を受け戻し、または委任を解除する旨の意思表示を書面にしておく等の措置をとるのが望ましいであろう。

なお、同一株主が複数の委任状を提出した場合には、あとに作成された委任状の提出をもって、前に作成された委任状は撤回する旨の黙示の意思表示があった（すなわち作成日があとの委任状が優先する）ものと解される。

3 (2)②について

委任状勧誘者が、会社提案議案に反対する委任状または株主提案に賛成する委任状の提出を受け、会社提案議案の否決または株主提案の可決に向けて準備を進めていたところ、株主が委任状を撤回したため、会社提案議案の否決または株主提案の可決が不可能になったというような場合に、委任状を撤回した株主は、委任状勧誘者に対して損害賠償責任を負うことになるか。

第1に、委任状の撤回によって委任状勧誘者に損害が生じたといえるかが問題である。委任状の撤回自体は適法に行うことができ、それによって会社の意思決定が歪められることにはならないのであるから、会社提案議案の否決または株主提案の可決が不可能になったことで委任状勧誘者が何らかの経済的損失を受けたとしても、それは委任状の撤回によって委任状勧誘者に生じた損害とは評価できないと思われる。

委任状勧誘者に生じた損害として考えられるとすれば、それは、会社提案議案の否決または株主提案の可決を期待してその準備を行うのに要した費用であろう。しかし、当該株主が損害賠償責任を負うのは、株主総会当日の直前になって委任状の撤回がなされた場合などのように、委任状の撤回が勧誘者にとって「不利な時期」になされた場合に限られる。また、当該株主から委任状が提出されていなければ、委任状勧誘者は準備を進めていなかったであろうという事

情がなければ、委任状の撤回と損害との間の相当因果関係も否定されるであろう。

　第2に、仮に委任状の撤回によって委任状勧誘者に損害が生じたといえる場合でさえ、「やむを得ない事由があったとき」は損害賠償責任は生じない。株主がいったんは委任状勧誘に応じても、その後、議決権行使書を提出しまたは株主総会に出席してみずから議決権行使をしたいと考えることはありうるし、また別の者に対して委任状を提出したいと考えることはありうる。株主がこのように考えるにもかかわらず、損害賠償責任を負わなければその意に反する委任状を撤回できないというのは不合理である。ことさらに委任状勧誘者を害するために委任状を撤回するなどの特段の事情がない限りは、単なる翻意であっても、「やむを得ない事由」の存在が認められるべきではなかろうか。

　以上のところから、委任状を撤回した株主が損害賠償責任を負うことは、現実にはほとんど考えられないのではないかと思われる。

（前田雅弘）

第8節　株主総会の運営（事前準備および受付を含む）

1．事前質問状の有効性

【設　問】
　いわゆる事前質問状として取り扱うべき通知の形式的な要件をどのように捉えればよいでしょうか。たとえば、(1)基準日よりはるかに以前に通知された場合、および(2)100％子会社に通知され、株主総会日の前日に電話で通知の到達の確認を求められた場合、それぞれどのように考えればよいでしょうか。

【回　答】

> 　事前質問状の通知の始期に制限はなく、基準日よりはるか以前に通知することも妨げられない。子会社に対する通知は有効な通知ではないが、会社が任意に受領することは差し支えない。

【解　説】
　株主は、株主総会の日より相当の期間前に、株主総会で説明を求める事項を会社に対して通知することができ（事前質問状）、有効な通知がなされた場合には、取締役等は、調査が必要なことを理由としては説明を拒むことができなくなる（会社法314条ただし書、施行規則71条1号イ）。

１　通知の時期
　通知は、必要な調査ができるよう株主総会の日より相当の期間前にすることを要するが、通知を行うことのできる始期については制限がなく、基準日よりはるか以前に通知することも妨げられない。もっとも、この通知があっても、その株主（本人または代理人）が株主総会に出席して質問をしない限りは説明義務が発生することはない。もし基準日よりはるか以前に通知をした株主が基準日前に株主たる地位を喪失した場合には、当該株主は株主総会に出席するこ

とができず、したがって質問をすることもできないこととなるから、結局、当該株主が基準日前に株主たる地位を喪失した時点で通知は失効することとなる。ただし、通知された事項について株主総会に出席した別の株主が説明を求めた場合において、通知に基づいてすでに調査がなされていたときには、取締役等はこれに応じることを要し、調査が必要なことを理由としては説明を拒むことはできないと解すべきであろう。

2　通知の相手方

　平成17年の会社法制定前には、通知の相手方について明文の規定はなく（旧商法237条ノ3第2項）、会社でなく個々の役員等の自宅宛に郵送された通知も当然には無効でないとの見解が存在した。会社法の下では、通知は、「会社に対して」行うことを要し（施行規則71条1号イ）、具体的には、取締役会設置会社においては代表取締役（指名委員会等設置会社では代表執行役）に宛ててすることを要する。会社のために通知を受領する権限のない者に通知をしても、会社に対して通知をしたことにはならず、有効な通知とはならない。

　もっとも、取締役・監査役などに対してなされた通知を会社が任意に有効な通知として受領することは、特に恣意的な差別をしない限りは、差し支えないであろう。会社が任意に通知を受領したからといって、その効果は、説明義務の前提として取締役等に調査の義務を善管注意義務として発生させ、株主総会において調査が必要なことを理由としては取締役等が説明を拒めなくなることだけであって、通知をした株主または他の株主にとって不利益が生じるとは考えにくいからである。

　100％子会社に対してなされた通知も、法的には会社に対して通知がされたとみることはできないが、同様に会社が任意に受領することは差し支えないと思われる。

　会社以外の者に通知がされた場合に、通知をした株主が会社に対して通知の到達の確認をしてきたとき、会社は、実務的には回答をするのが望ましいであろうが、回答をする法的な義務はない。

（前田雅弘）

2．事前質問状の送付期限

【設　問】

株主総会日の前日に株主より大量の質問状が到着した場合、会社法314条ただし書および会社法施行規則71条1号イとの関係で、取締役の義務としてどのような対応が求められるでしょうか。

たとえば、株式取扱規程に事前質問状の送付期限を設けることは可能でしょうか。

【回　答】

> 事前質問状の提出は、総会日より「相当の期間」前に行う必要がある。相当の期間かどうかは、質問事項の量と内容により定まるものであり、定款または株式取扱規程によって送付期限を定めることはできない。

【解　説】

事前質問状の提出は、株主総会の日より「相当の期間」前に行うことを要する（会社法314条ただし書、施行規則71条1号イ）。取締役等に事前に調査の機会を与え、株主総会で質問があれば応答できるよう準備をさせるのに必要な期間を確保するためである。

「相当の期間」かどうかは、質問事項の量と内容によって異なり、画一的に定めることはできない。質問の内容が調査に時間を要するものである場合はもちろんのこと、比較的短時間の調査で済む内容の質問であっても、それが大量にある場合には、株主総会の前日に提出するのでは、「相当の期間」前に通知をしたことにはならない。「相当の期間」前になされなかった通知は無効であり、株主総会の日に当該株主から質問があっても、取締役等は、調査が必要なことを理由として説明を拒むことができる。

もっとも、「相当の期間」前に通知がなされなかった場合にも、事前質問状に含まれる質問事項のすべてについて当然に説明を拒絶できるわけではなく、

短期間に調査が可能な事項が含まれていれば、それについては可能な範囲で調査をし、可能な範囲では説明に応じなければならないと解すべきであろう。また、もともと説明のために調査を要しないときには説明を拒むことはできず、さらに、説明のために調査を要するときにも、その場で担当者に尋ねることができる等、調査が著しく容易であれば、やはり説明を拒むことはできない（施行規則71条1号）。

　なお、「相当の期間」かどうかは、前記のように質問事項のいかんによって定まるものであり、定款または株式取扱規程によって事前質問状の送付期限を定めても無効である。

（前田雅弘）

3．株主総会設営のコスト

【設　問】
　個人株主との対話を重視する株主総会の設営・運営が定着していますが、当事業年度の業績が相当の減収減益であるときに、昨年どおり、おみやげや相当の経費（借り会場等）をかけて出席株主向けのサービスを充実させて、役員が責任を負うリスクはないでしょうか。

【回　答】

> 　株主総会の設営・運営にどこまで費用をかけるかは、経営判断事項であり、著しく不合理である場合を除き、取締役が善管注意義務違反として責任を負うことはない。

【解　説】
　株主総会の設営・運営にどこまでの費用をかけるかは、経営判断事項であり、取締役に広範な裁量が認められる。一方では、業績の悪化した状況において、経費削減のため、おみやげ・会場等に要する費用を抑えるよう簡素化を図るべき要請はあるであろうが、他方では、個人株主サービスの一環としておみやげ・会場等は決して軽視はできないであろうから、行きすぎた簡素化は株主軽視との批判を受けるおそれがある。
　法的には、おみやげ・会場等の面で従来どおりの充実した株主サービスを維持することとする場合、その措置が著しく不合理である場合（たとえば、出席株主の利便をまったく損なうことなく、はるかに安価に借り会場を容易に確保できたにもかかわらず、それを怠った場合など）を除き、善管注意義務に違反するとして取締役が責任を負うことはないであろう。また逆に、経費削減のため、おみやげ・会場等を見直して簡素化を行うこととする場合には、会社に損害が生じることは、理論的にはありえても（たとえば会場の極端な簡素化により企業イメージが低下して資金調達が困難となるなど）、現実には考えられず、やはり取締

役が責任を負うことはないと考えられる。

（前田雅弘）

第1章　株主総会における諸問題

4．株主総会の公開

【設　問】
　株主総会をマスコミに公開する会社がありますが、その際、出席株主の承認を得る必要はあるでしょうか。

【回　答】

> 　株主本人の同意がない限り、人物が特定されることのないよう配慮する必要があり、出席株主の過半数が承認したとしても、自由に撮影・録音をしてよいことにはならない。

【解　説】
　自己の肖像をみだりに他人に撮影されたり使用されたりしない自由（いわゆる肖像権）は、芸能人などの特別な例を除き、法律上保護される利益であると解されており、これを侵害することは不法行為を構成する（民法709条）。報道機関による肖像権の侵害に会社が加担したとみられる場合には、会社も共同不法行為に基づく責任を負うおそれがある（同法719条）。したがって、株主総会をマスコミに公開する場合には、株主の肖像権に配慮する必要がある。株主本人の同意なく、当該株主の容貌を人物が特定できる態様で撮影すべきではなく、音声についても、発言した株主が特定されない配慮が必要となる。株主本人の同意があれば差し支えないが、多数決で決するべき事項ではないから、議長が議場で出席株主に了解を求め、出席株主の過半数が了解したからといって、自由に撮影・録音をしてよいことにはならない。
　株主本人の了解を得られないのであれば、後方から議場の様子を撮影するか、または役員の了解の下、役員席だけを撮影するなどにとどめざるをえないであろう。

（前田雅弘）

5．複数会場で開催する株主総会

【設　問】
　東京と大阪で同時に株主総会を開催する会社を想定した場合、①万が一、東京、大阪を結ぶ回線がダウンし、映像が途切れ、報告や質疑応答ができなくなった場合、取締役の責任はどのようになるでしょうか。②音声だけの議事進行は、許容されるでしょうか。③その他実務担当者として留意すべき事項としてどのようなことがあるでしょうか。

【回　答】

> 　株主総会を複数会場で開催する場合、各会場間の回線切断による報告および質疑応答の不能は、決議取消しの原因となり、取締役の任務懈怠責任につながる。

【解　説】
　複数会場で株主総会を開催する場合でも、株主総会としては1個の会議体であるため、各会場において、出席者の確認、質問者・発言者の確認、質問・説明の聴取、採決の正確さの確保が可能な状況になっていなければならない。そのためには、各会場間において、情報伝達の双方向性と即時性が確保されていなければならない。
　会社法施行規則72条3項1号が、「株主総会が開催された日時及び場所（当該場所に存しない取締役、執行役、会計参与、監査役、会計監査人又は株主が株主総会に出席をした場合における当該出席の方法を含む。）」を株主総会議事録の記載事項としているのは、株主総会の場にいない株主も、情報伝達の双方向性・即時性が確保された状況で、その場に存しないまま出席できることを前提とする。
　①設問のように東京・大阪会場を結ぶ回線がダウンしてしまって、映像が途切れ、報告や質疑応答ができなくなってしまった場合（仮に、役員はすべて東

京会場にいるとする)、大阪会場では取締役の報告や説明を聴取することができず、大阪会場の株主は質問をすることができない。この状況では、適法な株主総会が開催されているとはいえず、決議がされても、決議取消しの原因になる（会社法831条1項1号）。

　取締役には、適法な株主総会を運営しなかったという任務懈怠があるので、損害賠償責任を負う可能性がある（会社法423条1項）。

　②仮に東京・大阪間の映像だけが途切れたが、音声は通じている場合は、それによって、情報の双方向性、即時性は維持されているといえるので、法律上株主総会として認められる。電話会議システムによる株主総会が認められるのと同様に解すればよい。

　③複数会場で株主総会を開催する場合は、出席者の確認、質問者・発言者の確認、質問・説明の聴取、採決の正確さの確保が可能な状況になっていなければならない。そのために、情報伝達の双方向性・即時性が確保されなければならないから、伝達システムに障害がないように細心の注意をする必要がある。また、出席者の資格確認や株主の質問・発言の機会の確保が図られなければならないから、各会場には適正な人員を配備しておく必要がある。それでも、万が一会場間の回線が途絶え、容易に復旧しない場合は、何らかの方法で会場間の連絡を取り合った上で、延期または続行の決議をせざるをえないであろう（会社法317条）。

（北村雅史）

6．株主の資格確認

【設　問】
　定款で議決権行使の代理人を株主に限定している場合において、株主名簿に記録のない海外機関投資家（実質株主）の代理人が、カストディアンが発行する委任状その他（名義株主が発行する実質株主である旨の証明書等）を持参して株主総会に出席しようとする場合、入場の許諾について、どのように考えるべきでしょうか。

【回　答】
> 　定款による議決権行使代理人資格制限がある場合でも、会社は、機関投資家である実質株主を名義株主の代理人としてこれに議決権行使をさせることができる。その場合、代理人が実質株主であることの証明をどのようにするかが問題となる。一方、当該代理人が機関投資家の職員等でない者（弁護士等）であれば、会社は入場を拒むべきである。

【解　説】
　定款で株主総会における議決権行使の代理人を株主に限ることは、「株主総会が、株主以外の第三者によって攪乱されることを防止し、会社の利益を保護する趣旨に出たもの」であるから、「合理的な理由による相当程度の制限」であるとして、これを認めるのが判例の立場である（最判昭和43年11月１日民集22巻12号2402頁）。実務においてもこのような定款の定めは普及しており、上場会社の95％以上がこの規定を設けているといわれている。
　定款による議決権行使の代理人資格制限が有効であるとの前提で、判例は、法人株主の従業員や職員は、株主でなくとも代理人になることができ、病気療養中の株主に代わり、同居の親族等（株主でない）が代理人になることもできるとする。このような場合には、当該代理人によって株主総会が攪乱されるおそれがなく、定款による代理人資格制限の趣旨に反しないことが理由である。

これに対し、株主でない弁護士を代理人にすることができるかどうかについては、下級審裁判例の立場が分かれているが、一般的には代理人資格が認められないとする立場が有力である。

　代理人としての資格である「株主」とは、株主名簿上の株主であることを前提に、これまでの議論が行われてきたと思われる。本設問は、実質上の株主が名簿上の株主の代理人となることができるか、という問題を提起する。学説では、実質株主は、代理人資格を株主に制限する定款の定めがあっても、代理人としての議決権行使を妨げられないとする立場が有力である。この立場では、投資信託財産として有する株式について、投資信託委託業者が受託者の代理人として議決権を行使することが認められる。このほか、外国所在株主の常任代理人についても、議決権行使の代理人になることができるとされている。

　以上の考察から本設問を検討する。

　株主名簿上の株主であるカストディアンの代理人として実質株主である海外機関投資家が議決権を行使することは、定款による代理人の資格制限の定めがあっても、認めてよい。当該実質株主が法人である場合に、その役員や従業員ないし職員である者が代理人となることも、認められることになろう。ただし、そのような扱いをする場合、実質株主には代理人資格（株主資格）を法的に推定する根拠（株主名簿の記載）がないので、代理人資格の証明等実務上困難な問題もある。一方、当該代理人が、実質株主である機関投資家の職員等でない者、たとえば弁護士等である場合には、会社は入場を拒むことになろう。

（北村雅史）

7．実質株主の出席

【設　問】

　株主名簿上の株主ではないが実質上の株主であるとして、株主総会への出席を求めてきた者がある場合、それを認めるべきでしょうか。また、認めるとする場合の資格確認等の要件として、どのような事項が考えられるでしょうか。

　なお、当該実質上の株主によると、名義人はカストディ業務を行う海外の信託銀行であり、常任代理人を置いている場面を想定しています。

【回　答】

> 　実質株主としての株主総会出席は拒めるが、名義株主の代理人としての出席は拒めないとする見解が有力である。出席を認める場合、代理人資格を株主に限定している会社は、当該代理人が代理権を有することのほか、実質株主であることを確認することも必要となる。

【解　説】

　会社に対して株主として権利行使ができるのは、株主名簿上の株主だけである。実質株主であっても株主名簿上の株主でない者は、会社に対して株主であることを主張することはできず（会社法130条参照）、会社は、株主名簿上の株主を株主として扱えば足りる。したがって設問の実質株主は、実質株主であることに基づいて、株主総会に出席することを会社に求めることはできない。

　問題は、当該株主が、実質株主としてではなく、名義株主の代理人として出席を求めてきた場合である。名義株主は株主総会に出席することができ、議決権については代理行使が認められているが（会社法310条1項本文）、本設問の場合には、さらに2つの問題を検討しなければならない。

　第1に、名義株主が海外の信託銀行等であり、常任代理人が設けられている場合には、会社からの通知を受ける権限等を含め、常任代理人には株主権について包括的な代理権が付与されている。いったん常任代理人を設けた場合に

は、株主権の行使は常任代理人を通じて行わなければならず、名義株主が自ら株主総会に出席して議決権を行使し、または個別に常任代理人以外の代理人に株主総会に出席して議決権行使をさせることは、もはやできなくなるという解釈もありえないではない。しかし、個別に代理権を授与した場合でさえ、名義株主は代理権を撤回してみずから株主総会に出席し、または別の代理人を選定することは差し支えないと解されているところ、常任代理人をいったん設けて包括的な代理権を付与した以上は、株主権行使は常任代理人を通じてしかすることはできなくなると解するのは、株主権行使を不当に制限することとなり不合理である。常任代理人が置かれている場合であっても、個別に、別の代理人に株主総会に出席させることは妨げられないと解すべきであろう。

　第2に、多くの会社では、議決権行使の代理人資格を当該会社の株主に限る旨の定款の定めを置いているところ、実質株主が代理人となることは、この定款の定めに抵触しないかが問題となる。このような定款の定めは、株主総会が株主以外の者により攪乱されることを防止するという合理的理由に基づく相当な程度の制限であるとして、有効であると解するのが判例（最判昭和43年1月1日民集22巻12号2402頁）・多数説である。そうすると、実質株主は会社に対して株主であることを対抗できない者であるから、このような定款の定めがあれば、会社は、当該実質株主による代理行使を拒むことができるようにも思われる。

　しかし、判例・多数説は、このような定款の定めを有効としつつ、その定めの趣旨から、一定の場合に例外を認める。最高裁が認める例外は、株主が法人である場合に、当該法人の代表者の指示を受けた従業員（株主でない）を代理人とする場合だけであるが（最判昭和51年12月24日民集30巻11号1076頁）、実質株主が名義株主から代理権を授与される場合についても、例外を認める見解が有力である。この見解によれば、本問の場合に、実質株主が名義株主の代理人として株主総会に出席することを求めてきた場合、会社はこれを拒むことはできないことになる。この場合に、会社が当該実質株主の出席を認める場合には、名義株主または代理人たる実質株主から、委任状の提出を求めるのみならず（会社法310条1項後段）、代理人が実質株主であることを名義株主が証する書面

の提出を求めるべきこととなろう。

(前田雅弘)

8．実質株主の権利行使

【設　問】

　株主名簿上の株主ではないが、実質所有であるという海外機関投資家の代理人は、株主総会に出席して、議決権を含む株主権を行使することができるでしょうか。それを認める場合、当該代理人から、どのような書面の提出を求めるべきでしょうか。

　なお、当該会社は、代理人を議決権を有する株主1名とする定款規定を有しています。

【回　答】

> 　株主名簿上の株主でない実質株主は、みずから議決権を行使することはできないが、名義株主の代理人として議決権を行使することが考えられる。議決権行使の代理人資格を株主に限る旨の定款の定めがある場合でも、実質株主については例外を認める見解が有力である。

【解　説】

1　実質株主による議決権行使

　会社に対して株主として権利行使ができるのは、株主名簿上の株主だけである（会社法130条）。集団的法律関係を画一的に処理できるよう、会社は、株主名簿上の株主だけを株主として取り扱えば足りるのであり、このことが株主名簿制度の会社にとっての効用である。

　したがって、【設問】のように、ある海外機関投資家が実質株主ではあっても株主名簿上の株主でない場合には、当該海外機関投資家は、みずからでさえも議決権等を行使することはできない。本人がみずから会社に対して行使することができない権利は、代理人によっても行使することはできない。

2　名義株主による議決権行使

　他方、株主名簿上の株主は、みずから議決権を行使することができるし、名義株主または代理人が会社に代理権を証する書面（委任状）を提出して、代理人によって議決権を行使することもできる（会社法310条1項）。

　もっとも、【設問】の会社のように、議決権行使の代理人資格を当該会社の株主に限る旨の定款の定めがある場合、このような定款の定めは、株主総会が株主以外の者により攪乱されることを防止するという合理的理由に基づく相当な程度の制限であるとして、有効であると解するのが判例（最判昭和43年1月1日民集22巻12号2402頁）・多数説である。したがって、このような定款の定めがあれば、株主でない代理人は、議決権を代理行使することはできないのが原則である。ただし、判例・多数説は、このような定款の定めを有効としつつ、その定めの趣旨から、一定の場合に例外を認める。

　第1に、株主が法人である場合に、当該法人の代表者の指示を受けた従業員を代理人とするときは、当該従業員自身は株主でなくても、例外的に代理行使が認められる（最判昭和51年12月24日民集30巻11号1076頁）。また、下級審であるが、株主が病気の場合に、非株主である親族による代理行使を認めた裁判例がある（大阪高判昭和41年8月8日下民集17巻7＝8号647頁）。

　第2に、名義株主について常任代理人が会社に届けられている場合は、当該常任代理人自身は株主でなくても、例外的に議決権を代理行使できると解される。

　第3に、実質株主が名義株主から代理権を授与される場合にも、例外を認める見解が有力である。この立場による場合、会社としては、名義株主または代理人たる実質株主から、委任状のみならず、代理人が実質株主であることを名義株主が証する書面の提出を求めるべきこととなろう。

（前田雅弘）

9．通訳の議場への入場

【設　問】
　ファンド系の外国人株主（議決権比率5％を超える程度）が株主総会に出席し、通訳を介して質疑応答をした事例がありました。その事例では、会社および株主間の協議により、会社側が準備した通訳1名（株主ではありません）を介して質疑応答がなされたようですが、株主の方が通訳を準備することも可能と思われます。通訳による発言を認める場合、どのようなことに留意すべきでしょうか。
　また、実例はないようですが、事前の会社・株主間の話し合いもなく、株主総会日に唐突に外国人株主（やはり議決権比率5％を超える程度）が通訳（株主ではありません）を伴って議場に当該通訳の入場を求めてきた場合、どのように対応すべきでしょうか。

【回　答】

> 　外国人株主が相当数存在する場合、会社側で通訳を用意すべきであり、その場合、会社は、株主側通訳の入場を拒絶できるが、株主側の用意する通訳の入場を認めることも可能である。

【解　説】
　外国人株主についての通訳の取扱いについては、会社法等で特に規定はないので、会議体の一般原則に則って対応することになる。かつては、通訳でも非株主である限り入場はできない、日本の株主総会であるから外国語への対応はしない、という回答も十分にありえたところだが、現在の状況を前提にすると、外国人株主の存在をまったく無視した総会運営は好ましいものとはいえないであろう。実際に、役員が外国人である場合には、役員からの説明に通訳がついている例が多くみられるようになっている。
　外国人株主が相当数いるあるいは外国人株主の持株比率が相当割合に上る会

社では、通訳による質疑に対応することが必要になる。本来的には、会社側が同時通訳装置や通訳者を用意すべきであり、その場合、外国人株主には、通訳を用意している旨をあらかじめ通知しておくことが望ましい。

　外国人株主の人数・割合が小さい場合、あるいは会社が通訳を用意することが困難な言語の通訳を必要とする場合には、通訳を株主側が用意するものとする（費用も株主が負担）ほうが効率的である。株主側に通訳を用意させる場合には、事前に当該株主と協議することが望ましい。そのために、通訳を同行することを希望する場合には、事前に会社に申し出ることを招集時に通知しておくべきである。株主総会に株主およびその代理人以外の者が入場することは、厳密にいえば株主総会手続の原則から外れることになるから、通訳者が議場を混乱させる（総会を撹乱させる）ことがあってはならないのはもちろんのこと、通訳者が通訳としての職分を超えた行動に出ること（たとえば、質問に対する役員からの回答に対し通訳者が新たな質問をするような場合が想定される）も厳に慎まれるべきである。そのような事態が生じれば、決議方法の著しい不公正として他の株主から決議取消しの訴えが提起される可能性もある。事前に協議するのは、ここで述べた事態にならないように、通訳の人選と当日の行動について注意を促すためである。また、実際に通訳の行動に問題があるときは、議長が適切に議事整理や退場権限を行使すべきである。なお、株主が2名以上の通訳を同行することはその必要性が認められないから、1名のみの入場を認めることとすべきであろう。

　事前の協議なく株主が唐突に通訳を同行して入場を迫った場合は次のように対応すべきである。

　会社側が通訳を用意している場合は、その旨を告げて株主側通訳の入場を拒絶できる。通訳は、コミュニケーションにおける使用言語の違いを埋めるためのもので、それ以外の株主の議場での行動を補助するものではないからである。

　会社側が、通訳を同行する場合には事前に協議をお願いする旨をあらかじめ通知していたにもかかわらず、協議なしに総会の場に同行してきた場合は、事前協議がないことを理由に、通訳の入場を拒絶することができる。株主・代理人以外の入場はできないのが原則であり、代理人でさえ定款で資格を株主に限

定できるとされている。この場合は、外国人株主に特別の配慮を事前にしているのであるから、通訳の入場を拒絶しても、不当であるとはいえないであろう。

　事前の協議の有無にかかわらず、外国人株主が当日伴った通訳に入場を認めることも可能である。その場合は、議事が混乱しないように留意することはもちろんだが、外国人株主によって差別が生じないように注意が必要である。ある外国人には通訳入場を認め、別の株主には認めないのは、それに合理的理由（たとえば、英語の通訳は会社が用意しているから英語通訳者の入場は認めないが、それ以外の言語の通訳者の入場を認めるのは合理的取扱いである）がない限り、株主平等原則違反となるからである。

　なお、どのような場合であれ、通訳者が議場にいるときは、通訳によって他の株主に迷惑がかからないようにするため、通訳を必要とする株主の着席位置等について工夫が必要になるであろう。

（北村雅史）

10. 新型インフルエンザ流行への対応

【設　問】

　今年（平成21年）5月下旬に開催した株主総会において、新型インフルエンザが流行したため、感染拡大防止の観点より出席株主のためにマスクを準備しその着用を要請することとしましたが、議場でマスクを着用しない、あるいは拒否する株主がいた場合、次の対応を想定しました。法的に問題はないでしょうか。なお、議長および出席役員については、マスクを着用しないこととしました。
(1)　議長より、マスクを着用するよう要請し、着用しない株主は議場に原則として出席できない旨を説明する。
(2)　前記(1)の要請にかかわらず、マスクを着用しない株主に対しては、議場の一定の区画内に座席を設けるので、そこに着席するよう要請する。
(3)　前記(1)および(2)の要請に従わない株主には、議長より退場を命ずることとする。

【回　答】

> 　(1)および(2)は合理的な措置である。
> 　(3)前記【設問】(2)の要請に従わない株主に対しては、議長は退場を命じることができるが、事前に警告を発しておくのが実務的には無難であろう。

【解　説】

　会社法315条は、議長は、株主総会の秩序を維持し議事を整理すべきこと、および、その命令に従わない者その他株主総会の秩序を乱す者を退場させることができる旨を定めている。これらのことは、明文規定がなくとも解釈上当然のこととして認められるべきことであるが、議長がとりうる措置を明らかにし、その職務遂行の公正と円滑を図るため、昭和56年の商法改正により明文をもって定められ、平成17年制定の会社法に引き継がれている。

第 1 章　株主総会における諸問題

　議長には、秩序維持権限の行使について広範な裁量が認められるが、その裁量を逸脱することは、決議方法が著しく不公正であるとして、決議取消原因（会社法831条 1 項 1 号）となる。議長の裁量の範囲については画一的な基準があるわけではなく、株主総会の秩序を維持するための合理的な措置といえるかどうかに照らし、個々に判断せざるをえないが、その限界の具体的な判定は容易でない。

　たとえば、株主が他の株主の発言を妨害し、大声をあげ、または暴力をふるうなどの行為をする場合には、議長は、そのような行為を止めるよう命じ、その命令に従わない場合にはその者を退場させることができることに異論はない。他方で、たとえばいかがわしい衣服を着用する株主に対しては、その服装が言動と相まって他の株主に威圧感を与え、審議の妨げになるという特別な場合を除いては、単に不適切な衣服を着用していることだけをもって入場を拒み、または退場を命じることはできないであろう。

　新型インフルエンザの感染拡大防止のために、議長はどこまでの措置をとることができるか。議場に用意されたマスクを着用するよう議長が要請すること（(1)の措置）は、株主が平穏に議事に参加できる環境作りのための合理的な措置であると解される。その要請が聞き入れられるよう、着用しない株主は議場に出席することができないことがある旨を警告することにも問題はない。

　この要請に従わない株主に対して、議場の一定の区画内に着席するよう要請すること（(2)の措置）も合理的な措置であると解される。マスクをしない株主を一定の区画内に集めることによって、他の株主にとって相当程度の平穏を確保することのできる効果が認められる一方、マスクをしない株主にとっても総会参与権を奪われるわけではなく、法的な不利益はないと考えられるからである。

　それでは、(1)の措置に従わない株主に対して、(2)の措置を経ることなく、議長が直ちに退場を命じることはできるか。マスク着用を強制されることで株主に実質的不利益が生じることは考えにくく、これを拒む株主は直ちに退場を命じられてもやむをえないという考え方もありえよう。しかし、退場を命じることは、株主の基本的権利である総会参与権を剥奪するものであるから、退場の

第8節　株主総会の運営（事前準備および受付を含む）

命令は慎重になされなければならず、退場の命令は、他にとりうる措置がない場合の最後的手段と考えるべきである。マスク着用が平穏な議事運営に有用だとしても、(2)の措置によっても相当程度の平穏を確保することはできる。当該株主が感染者である可能性は低い上、議長および出席役員もマスクを着用していないことも考慮すると、マスク着用の要請に応じないことだけをもって退場を命じることは、議長の裁量の範囲を逸脱するといわざるをえないのではなかろうか。

　これに対して、(1)の要請に従わない株主に対しては、(2)の要請をし、後者の要請にさえ従わない株主に対しては、議長は退場を命じることができると考えてよいと思われる。株主には、マスクを着用するか、着用せずに一定の区画内に着席するかの選択の自由が与えられ、そのいずれも株主に実質的負担を強いるものでない以上、そのいずれをも拒む株主にまで総会参与権を確保すべき理由はないと考えられるからである。もっとも、前記のように退場の命令が最終手段であるべきことを考慮すると、この場合でも、退場を命じる前に、(2)の要請に従うよう説得し、従わなければ退場させる旨の警告を発しておくのが実務的には無難であろう。

　なお、体温測定等により、ある株主に感染の顕著な症状がある場合には（どのように体温測定等をするかも問題であるが、たとえば受付に測定機を備えて任意に依頼することは問題ない）、以上とは異なり、そもそも入場を控えるよう要請し、要請に応じない場合には、マスクの着用の有無にかかわらず一定の区画内に着席することを求め、それにさえ応じない場合には、他の株主が平穏に議事に参加できるよう、その者の入場を拒み、または退場を命じることができると解してよいのではなかろうか。

（前田雅弘）

第1章　株主総会における諸問題

11. 記録用ビデオの措置の開示

【設　問】

　株主総会の議場において、議事を記録するためビデオ撮影を行うことが通例的に行われています。その場合、肖像権等との関係上、議場でその旨を開示すべきと考えられるでしょうか。また、株主よりビデオ撮影を止めるよういわれたとき、どのように対応すべきでしょうか。

【回　答】

> 　議長が議場でビデオ撮影をする旨を説明した上、出席株主全員に了解を求め、異議を述べる者については、撮影の対象から除くか、その者の容貌を人物が特定できる態様では撮影しないようにするなどの対応をするのが無難である。

【解　説】

　自己の肖像をみだりに他人に撮影されたり使用されたりしない自由（いわゆる肖像権）は、芸能人などの特別な例を除き、法律上保護される利益であると解されており、これを侵害することは不法行為（民法709条）を構成する。

　もっとも、本人の同意なしにビデオ撮影をすることが当然に肖像権の侵害となるわけではなく、撮影が肖像権の侵害として違法性を具備するかどうかは、撮影目的の相当性、撮影の必要性、撮影方法の相当性等の諸事情を考慮して、社会的に相当と認められるべき撮影といえるかどうかによって決せられると解される。

　下級審ではあるが、裁判例として、原告株主が被告会社の株主総会に出席した際、原告らの肖像がその承諾なしにビデオカメラによって撮影されたこと、および録画ビデオテープが原告らの承諾なしに電力会社に貸し出されたことで損害を被ったとして、原告株主が被告会社に対して不法行為に基づく損害賠償を請求した例があり、参考となる（大阪地判平成2年12月17日資料版商事法務83

号38頁)。

　この事件において裁判所は、①撮影目的の相当性について、本件撮影は、総会議事の正確な記録（議事録の作成等）と将来の総会決議取消訴訟等における証拠保全の目的で撮影したものと認定し、撮影目的は相当性を有していたと認めた。②撮影の必要性については、過去の株主総会の状況も考慮した上で、本件の株主総会では、多数の不規則発言があり、総会が長時間にわたるなどの事態が十分予想され、正確な議事録作成や総会決議取消訴訟に備えるためには、速記や録音テープだけでは不十分な事情があったと認定した。さらに、決議が適法になされたかどうかの判断においては、決議の対象になった議案の審議の状況、過程の立証が重要であり、議場の混乱等不測の事態はいつ起きるか予測できないものであることを考えると、証拠保全のためには、総会の開会から閉会まで撮影しなければ、証拠保全の用をなさないと述べ、総会の開会から閉会までの全体について撮影に必要性があると認めた。③撮影方法の相当性については、発言者をズームアップで撮影している部分もあるものの発言者を特定するに必要な限度にとどめられていること、議長が正確な議事の記録を目的にビデオ撮影をしている旨の説明をしたことなどの事実を認定し、本件ビデオ撮影の方法は、相当と認められる範囲内で行われたと認めた。なお裁判所は、録画ビデオテープが原告らの承諾なしに電力会社に貸し出されたことで損害を被ったという原告の主張については、貸出しの事実はないとして原告の主張を退けた。

　この裁判例で示されているように、本人の同意のないビデオ撮影が違法となるかどうかは、撮影目的の相当性、撮影の必要性、撮影方法の相当性等の諸事情を考慮して決せられると解されるが、基準は必ずしも明確ではなく、実務的には、議長が議場でビデオ撮影をする旨の開示をした上で、出席株主全員に了解を求めるのが賢明であろう。だれも異議を述べる者がなければ、問題なくビデオ撮影をすることができる。

　異議を述べる者がいる場合には、慎重な対応が必要となる。撮影に同意するかどうかは、多数決で決するべき事項ではないから、出席株主の過半数が了解したからといって、異議を無視して自由に撮影をしてよいことにはならない。

第1章　株主総会における諸問題

異議を述べる株主がいても、前記のように社会的に相当と認められるべき撮影といえるならば違法な撮影とはならないが、判断基準が必ずしも明確でないことを考慮すると、実務的には、その者については撮影の対象から除くか、その者の容貌を人物が特定できる態様では撮影しないようにするなどの対応をするのが無難ではなかろうか。

（前田雅弘）

12. 親子会社上場の場合の子会社

【設　問】

　親会社および子会社がともに上場しているいわゆる親子会社上場の場合に、子会社の少数株主より、親会社の利益になるような行為を批判または問題視する動きがみられました。たとえば、子会社に独立性を有する取締役がいない場合に、子会社の取締役再選（全員）に反対する基準を適用した国内投資顧問会社があったり、ファンド株主の中には、株主総会に出席して「親会社が子会社の経営に及ぼす影響」を質す株主（議決権比率5％を超える程度）がありました。

　親子会社上場の場合の子会社では、前記に関し、株主総会議事運営上、あるいは経営方針としてどのような点を留意すべきでしょうか。

【回　答】

> 　子会社の株主総会においては、親会社が子会社の不利益となる指図を行う懸念を払拭する説明を準備するとともに、親会社の利益のみを追求すれば、子会社取締役には善管注意義務違反や任務懈怠責任が生じるため、独立性のある社外役員の選任を視野に入れることが考えられる。

【解　説】

　親会社が、その支配力を行使して、子会社に対して、子会社に不利・親会社に有利な取引その他の業務執行を命じることがありうる。親会社によるこのような行為から子会社の少数株主をいかに保護すべきかは、企業結合法制に関する重要テーマであり続けながら、そのためのルール作りはそれほどは進んでいない状況にある。

　親子会社関係に関する会社法上の開示について、子会社の側では、株式会社と関連当事者との重要な取引が計算書類の注記として記載・開示される（計算規則112条）。関連当事者には親会社も含まれる。当該注記では、取引の内容や金額、取引条件および取引条件の決定方針等が開示内容となっている。また、

第1章 株主総会における諸問題

平成27年改正会社法施行規則118条5号では、親子会社間の利益相反取引であって会社計算規則112条1項に規定する注記を要するものについては、当該取引をするに当たり子会社の利益を害さないように留意した事項等を事業報告に記載しなければならないものとされている。これらは、親子会社間における不公正な条件での取引等を開示させることによって、親会社・子会社の経営コントロールを適切に行うための規制である。

会社法上の親子会社規制としては、親会社の監査役や株主による子会社の監査や書類等の閲覧制度等が充実してきたが、子会社監査役による親会社の調査権限は、立法論としては提案されているものの、現在のところ規定は存しない。また、社外取締役・社外監査役の資格についても、親会社の役員であり、またはあったことは、子会社の社外役員の資格からは外されていなかった。もっとも、平成26年改正会社法により、親会社等の取締役・執行役・支配人その他の使用人は子会社の社外取締役・社外監査役の資格を欠く旨が定められた（同改正後会社法2条15号ハ・16号ハ）。

このような状況下で、子会社が上場会社である場合に、子会社の株主が、株主総会において、親会社との取引等に関連して一定の行動をする傾向が見られるようになったようである。わが国では、子会社上場という例が多いことから、この傾向は、今後強くなるかもしれない。

【設問】に具体的に挙げられている実例との関係で、株主総会運営上留意すべきこととしては、以下のような点が考えられる。

投資顧問会社の議決権行使に関する基準については、事前に投資顧問会社その他の機関投資家、さらには大株主と連絡をとり、議決権行使に関する特別な基準を設けている株主とは協議する必要がある。たとえば、子会社の社外役員が親会社からの独立性の疑問がある者のみである場合に取締役候補者全員の選任議案に反対するという基準が設けられている場合、当該候補者によっていかに子会社の利益のための経営コントロールが可能かといった点を説明して理解を求めるなどの努力が望まれるであろう。

次に、子会社に投資する者にとっては、親会社による子会社に対する不利益指図への懸念がついて回るため、「親会社が子会社の経営に及ぼす影響」等に

関する質問が子会社の株主総会の議場でされることは予測しておかなければならない。前述のように、親会社との取引等に関する質問は、計算書類や事業報告に関係するので、会社法上の説明義務の対象となる。もちろん計算書類や事業報告における開示事項は親会社との重要な取引等のみであるため、すべての取引が説明対象となるわけではないし、さらに一般的に親会社が子会社に及ぼす影響についてどこまで説明しなければならないかは解釈が分かれるところである。しかし、一般論として、親子会社間で、独立当事者間取引から逸脱する取引が行われていないか、親会社から不当な指示はないか、仮に取引を個別に見ると親会社からの不利益指図があるとしても、グループ全体の運営から合理性があり、子会社もそれによって間接的に利益を得るのであればその旨等は、子会社取締役としては説明できなければならない。また、子会社の利益のための監査体制の整備、親会社の企業集団としての内部統制システムにおける子会社の関わり方等といった事柄についても、株主総会において質問が出ることを予想して、説明できるように準備しておかなければならないであろう。

　経営方針としての留意事項としては、以下の点を指摘しておきたい。親会社の利益のみを追求する経営は子会社の取締役の子会社に対する善管注意義務・忠実義務の違反となる。完全子会社でない限り、子会社取締役としては、子会社利益の最大化、あるいは企業集団の一員としての子会社利益の最大化のための経営をしなければならないわけであり、子会社が上場している場合は、一般の少数株主・零細株主のためにも子会社の株式価値を毀損する経営方針を立てることはできない。親会社の指示どおり動いて子会社の利益に反する業務執行を行った子会社取締役には、任務懈怠責任が生じる。上場子会社であれば、株主代表訴訟による責任追及も覚悟しなければならない。また、このようなグループ企業としての性質からの経営コントロールを充実するため、実質的な独立取締役・独立監査役の選任も、視野に含めて考えなければならない場合も生じてくるであろう。

(北村雅史)

13. 業務・財産状況調査者

【設　問】

　株主総会で資料調査者、業務・財産調査者（会社法316条）が選任された場合、調査者は、どのような観点で調査するのでしょうか。調査者の任期は、いつまででしょうか。

【回　答】

> 　調査者は、適法性の観点から提出された資料を調査する。任期について会社法に定めはなく、任務が終了するまで継続する。

【解　説】

　会社法316条1項は、株主総会がその決議で、取締役等が株主総会に提出した資料を調査する者を選任することができる旨を定め、旧商法238条の規律を実質的に引き継いでいる。

　会社法306条に定める総会検査役の制度が、株主総会決議の手続面（招集手続と決議方法）の適法性を調査するための制度であるのに対し、同法316条に基づく調査者の制度は、株主総会に提出された資料の内容の適法性を調査するための制度である。すなわち、調査者は、株主総会に取締役等が提出したすべての種類の書類を対象として、その内容が適法かどうかという観点から調査をする。妥当性・効率性については調査の権限はないと解される。

　調査者は、会社から事務を委託された者であり、会社とは準委任の関係に立ち、会社に対して善管注意義務を負う（民法656条・644条）。任期については会社法に定めはなく、選任の目的である任務が終了するまで継続する。民法の定める委任終了事由が生じれば当然に退任するほか、株主総会はその決議でいつでも調査者を解任することができる（同法656条・653条・651条）。

　調査者による調査の結果の報告の方法については、総会検査役の場合（会社法306条5項〜7項）とは異なって会社法に定めはなく、善管注意義務に従い、

株主総会に出席して口頭で報告をし、または報告書を提出するなど、適宜の方法を選択すればよいと解される。

　なお、会社法316条2項は、少数株主の請求に基づいて取締役の招集した株主総会、または少数株主が裁判所の許可を得て招集した株主総会において、その決議によって、会社の業務および財産の状況を調査する者を選任することができる旨を規定し、旧商法237条4項の規律を実質的に引き継いでいる。会社法316条1項の調査者と権限の範囲は異なるが、会社との関係や任期などについては同様に解すればよい。

（前田雅弘）

14. 株主総会の会場変更

【設　問】
　ある会社が、招集通知を発送後、総会開催日の1週間前に会場を変更しました。会場変更の理由は、「多数の株主が来場することが予想される」というものでした。どうしても招集通知記載の会場で開催できないのであればやむをえないと思いますが、「多数の株主が来場することが予想される」という理由による会場変更も、取消訴訟で取り消されるまでは、有効でしょうか。

【回　答】
　総会の会場変更をする正当な理由があり、開催日の1週間前に会場変更の通知がされている場合、出席予定の株主の多くは総会の会場変更を知る機会があったというべきであり、当該総会について決議不存在とまではいえない。

【解　説】
　公開会社では、招集通知を株主総会の日の2週間前までに発しなければならない（会社法299条1項）。招集通知には、株主総会の日時および場所その他法定の事項が記載・記録されなければならない（同法298条1項・299条4項、施行規則63条）。招集通知記載事項については、株主総会参考書類や計算書類等と異なり、招集通知発出後の修正に関する手当てはされていない（施行規則65条3項等対照）。したがって、招集通知に記載された株主総会の場所自体は、原則的に変更できないことになるので、会日の1週間前に行った会場変更の通知で、適法に会場が変更されたことにはならない。
　もっとも、当初予定していた人数を上回る数の株主が来場することが予想される場合など正当の理由があれば、会場変更ができないわけではない。その場合は、当日に、別の適切な会場に株主を誘導しなければならず、誘導に必要な時間、株主総会の開会を遅らせなければならない（このことから、変更後の会場

と変更前の会場はそれほど離れていないことが必要である）。招集通知発出後、会場変更の通知をした場合でも、当日の誘導は必要である。誘導が適切でなく、変更後の会場に到着できなかった株主（代理人を含む）がいれば、その株主総会で行われた決議は瑕疵を帯びる。

　この場合の瑕疵は、原則的には決議取消原因である（会社法831条1項1号）。ただし、手続の瑕疵の程度が大きければ、決議不存在の原因となる可能性がある（同法830条1項）。決議不存在の場合は、いつでもだれでもどのような方法でも（裁判による必要はない）決議が存在しないことを主張できる。

　どの程度の瑕疵があれば決議不存在となるかについては、一般には決議取消しの訴えの提訴期間（決議から3か月）の制限を課すのが合理的かどうか（合理的でないほど瑕疵が大きいか）によって判断される。会場変更の場合には、招集通知もれの場合とパラレルに考えればよいと思われる。会場の変更により、株主総会への出席の機会が奪われたという面からすると、招集通知を受けなかった株主の場合と利害状況が共通するからである。

　そうすると、変更後の会場に到達できない株主が相当程度いた場合、あるいは特定の株主を排除するためにあえて会場を変更した場合などには、決議は不存在と判断されるであろう。もっとも、設問の例では、株主総会の日の1週間前に会場変更の通知がされており、株主総会に出席する予定の株主の多くは会場変更を知る機会があったというべきである。したがって、反対派に変更通知を送らなかったという事情がなければ、当日の誘導に不手際があって、会場に到達できなかった株主が若干名いたとしても、決議不存在とはいえないであろう。

（北村雅史）

15. IR説明会で利用した映像の利用等

【設　問】

　株主総会当日の事業報告ほか計算書類および連結計算書類の内容について、議長より「お手許の書類○ページから○ページに記載のとおりであります」と述べた後、決算発表時のIR説明会で使用した映像を用いて、議長またはナレーションによりその内容を説明したいと考えています。この対応が、説明義務違反に問われることはないでしょうか。

【回　答】

> 　株主総会の報告事項の報告方法については、事業報告等の該当ページを示して、「添付書類に記載のとおり」と述べたり、映像を用いた説明を行う方法で問題ない。

【解　説】

　定時株主総会において、取締役は、事業報告の内容、計算書類の内容、ならびに連結計算書類の内容および監査の結果を報告しなければならない（会社法438条3項・439条・444条7項。計算書類については、会計監査人設置会社で承認特則規定の定める要件に該当する場合）。この取締役は、一般には代表取締役を意味するとされるが、報告の方法については会社法に特に規定はなく、報告に関する会社法の趣旨および会議体の一般原則に従った方法によればよい。定時株主総会における報告の趣旨は、会社の現況を株主に理解させ、業務運営に違法・不当な点がないかチェックさせるとともに、決議事項の判断の材料を提供することである。すなわち、株主への適切な情報提供が行われることに主眼があり、代表取締役としては、その趣旨に則り会議体としての手続に従った方式で報告しなければならない。そのため、代表取締役自らが報告することのほか、他の取締役や場合によっては適切な使用人等に報告させることも認められる。議長には取締役がなることが多いが、議長が説明することも認められる。

事業報告や計算書類の一字一句を説明する必要がないのはもちろんであり、合理的な平均的株主が報告の対象となっている書類の内容を理解できる程度の説明がされればよい。株主の手許に配布されている書類に事業報告等が掲載されていれば、該当ページを示して、「配布書類に記載のとおり」と述べることで足りる。

設問にあるように、映像を用いて説明することの可否も、以上述べた会社法の趣旨と会議体の原則から導かれる。事業報告や計算書類等の報告は、株主に適切に情報を提供するために行われるのであり、取締役のプレゼンテーション能力を試すことが趣旨ではないのだから、情報提供に適する方法がとられればよい。そのために映像等を用いることに、特に問題はないと考える。

本設問は、書類の該当ページを示すこと、あるいは映像を用いて説明することが、説明義務違反に問われることはないかを問題にしている。説明義務は、株主総会の場で実際に質問がない限り、生じることはないので、本設問は、以上のような報告について質問があった場合を想定していることになろう。

取締役等の説明義務（会社法314条）の趣旨についても、特に報告事項に対するものに関しては、上に述べたところが妥当する。株主の質問に対して映像で回答する場面は想定しにくいが、たとえば、質問に対して、「先ほど説明しましたように、配布書類の〇〇ページに記載してあるとおりです」と答えれば、そのことが説明の方法として違法なわけではない。映像に関する質問があれば、議題に関係のある範囲で、合理的な平均的株主が理解できるような説明をする必要がある。映像を使った以上、映像上の音声で述べた事柄でも、あらためて口頭で述べるのが望ましいが、「先ほどの映像で説明したとおりです」との回答でも、映像の説明だけで合理的な平均的株主なら当該質問に対する答えが理解できるのであれば、説明義務違反とはならないであろう。

（北村雅史）

第9節　株主総会の議事進行（議案採決の効力を含む）

1．議事運営における多数株主の意思の尊重

【設　問】

　株主総会において、多数株主の意思は、どこまで尊重されるでしょうか。たとえば、会議の目的に関連しない発言を再三繰り返す多数株主に対し、議長は、当該株主の発言内容を確認するまでもなく受け付けないこととすることは、適法でしょうか（議場秩序や議事運営に混乱を来す、またはその可能性があるというような状況でなくとも、議場の多数株主の意思があれば、個々の株主の質問・発言の権利を奪うことも可能でしょうか）。

【回　答】

> 　議長は、株主平等原則に照らし、株主の発言権を奪うことはできないが、ある株主が、議題に関係のない質問を繰り返す場合、秩序維持権限や議事整理権限の行使として、質疑打切りを宣言したり、退場を命じることができる。

【解　説】

　株主総会の目的事項に関連しない質問については、取締役は説明を拒絶できる（会社法314条）。それを再三繰り返す株主に対しては、議長の秩序維持権限や議事整理権限の行使（同法315条）によって対応すべきである。ある株主が議題に関係のない質問を繰り返す場合は、議長としては、質疑打切りを議場に諮ってもよいが、議長権限として、当該株主の質問を遮って質疑打切りを宣言することもできる。

　問題の株主が議題・議案ごとに関連のない質問を繰り返す場合にも、質問打切りはそのつど行うのが原則である。ただし、発言・質問が度を超えている場合は、会議の秩序を維持する目的のため、当該株主の発言を禁止すること、そ

れにも従わず発言を繰り返す場合には退場を命じることは、議長の権限として行えるし、行うべきである。

　【設問】は、「議場秩序や議事運営に混乱を来す、またはその可能性があるというような状況ではない」ことを前提とするので、議長が、上に述べた発言禁止や退場を命じることが適当でない、仮に命じた場合は、決議方法の著しい不公正に該当しかねない場合を念頭に置いているようである。

　このとき、多数株主の意思で、ある株主の発言を封じることができるかということであるが、会社法上は、否定せざるをえないであろう。株主総会での発言権、質問権は、株主の持株数に関係なく、決議に参加できるすべての株主に平等に与えられている。ここでの株主平等とは、いわゆる株式の平等の意味ではなく（会社法109条１項の文言から直接導かれる株主平等原則とは異なる）、社団構成員としての株主の平等取扱原則である。株式の平等も構成員の平等も、多数決濫用から少数株主を保護する機能を有しており、両方の意味での株主平等原則に反する決議は瑕疵を帯びる。したがって、多数株主の意思によって、個々の株主の質問・発言の機会を奪うことはできない。

　前述のように、個々の株主の質問・発言機会の剥奪は、議長の秩序維持・議事整理権限の行使によって可能になる。その権限行使の前提として、議長が、ある株主の質問・発言の機会を奪うことについて議場に諮り、多数株主の賛成により可決されても、当該株主の質問・発言を封じることが、そもそも議長としての権限の濫用に該当する場合には、多数株主の賛成による決議は効力を生じない。したがって、多数株主の賛成があることを基礎に、秩序維持・議事整理に必要な範囲を超えて株主の発言を封じれば、決議方法の著しい不公正（会社法831条１項１号）に該当する。

（北村雅史）

第1章 株主総会における諸問題

2．株主総会の開会時間の遅延

【設　問】

　株主総会の当日、出席株主の議決権数等の集計作業に手間取り、開会時間が予定より約30分遅れました。この遅延は、決議取消事由に該当するでしょうか。また、決議取消事由に該当するのは、どの程度遅延した場合と考えられるでしょうか。

【回　答】

> 　株主総会の開会時刻が、仮に30分程度遅延したとしても、合理的な理由がある場合には、決議取消事由とはならないであろう。大幅に遅延する場合には、延期の決議をし、別の日に開催すべきである。

【解　説】

　株主総会は、招集通知に記載された日時（会社法299条4項・298条1項1号）に開催されなければならない。開会時間を招集通知記載の時刻よりも早めることは、株主の出席の機会を妨げることとなるから、株主全員が出席をして全員が同意するという特別な場合を除き、許されない。

　これに対し、開会時間が招集通知記載の時刻よりも5分等遅延することは、実質的に株主の出席の機会を妨げることとはならず、株主にとって予測しえない事態でもないので、特に法的な問題は生じないであろう。

　開会時間が30分等、株主にとって必ずしも予測しえない幅で遅延する場合には、遅延に合理的理由があるかどうかが問題となる。たとえば、交通機関の事故により予定された開会時間では多数の株主の参集が困難と判断される場合、または、予想外に多数の株主が参集したため、出席株主の議決権等の集計作業に予想外の時間を要し、もしくは急遽第2会場を用意したために時間を要した場合などには、それぞれの場合に必要な時間だけ開会時間を遅らせることは、合理的理由による遅延であり、株主総会決議の取消事由とはならないと解すべ

きであろう。もっとも、大規模な災害等により開会時間を2時間等の大きな幅で遅延せざるをえない場合は、実質的に株主の出席を困難にするおそれがあるから、すでに出席している株主によって延期の決議（会社法317条）をし、別の日にあらためて開催すべきではなかろうか。

　開会時間を遅延して予定された日のうちに株主総会を開催するべきか、それとも延会の手続をとるべきかについては、画一的・客観的な時間幅を定めることは困難であり、株主のためにできるだけ出席の機会を確保しようとする会社法の精神に照らして判断せざるをえないが、この判断は議長の権限に属し、議長にはその権限の行使について広範な裁量が認められるであろう。

(前田雅弘)

3．議事運営・議事整理

【設　問】

(1)　株主総会で、事業報告等の内容に関して、期中に発行した社債につき、資金調達の必要性、発行総額の妥当性、利率の妥当性、償還期限の妥当性、借入金でなく社債とした理由等を尋ねられた場合、取締役会としての判断が問われているので、誰が回答してもかまわないと思われます。一方、同じ質問であっても、取締役再任候補者の能力を確認したいという理由で特定の候補者に対して質問された場合、そうしなければならないでしょうか。

(2)　議事進行中に株主総会の議場において携帯電話のメールを送信する等の行為がみられますが、どの程度まで容認してよいでしょうか。メールであれば、原則として、議事運営に支障を生じさせないので、規制することは難しいでしょうか。

【回　答】

(1)　株主が、説明すべき取締役等を指名しても、議長は、それに従う必要はない。
(2)　株主に対し、携帯電話の電源を切る旨等を依頼し、または注意をすることは、議長の議事整理権限ないし秩序維持権限の裁量の範囲内である。

【解　説】

1　(1)について

　説明義務は、決議事項については株主が賛否の態度を決め、報告事項については株主がその内容を理解するために、必要な情報を株主総会の場に提供することを目的とする制度であって、取締役等の知識・能力をテストすることを目的とする制度ではない。したがって、重要なことは株主総会の場に情報が提供されたかどうかであって、それをだれが提供するかは重要ではなく、株主が説明すべき取締役等を指名しても、それに従う必要はないと解される。

第9節　株主総会の議事進行（議案採決の効力を含む）

2　(2)について

　会社法315条は、議長は、株主総会の秩序を維持し議事を整理すべきこと、および、その命令に従わない者その他株主総会の秩序を乱す者を退場させることができる旨を定める。株主が他の株主の発言を妨害し、大声をあげ、または暴力をふるうなどの行為をする場合には、議長は秩序を維持するための適切な措置をとることができ、またとらなければならないことに異論はないと思われる。

　議長には、議事整理権限ないし秩序維持権限の行使について広範な裁量が認められるが、その裁量を逸脱する場合には、決議方法が著しく不公正であるとして、決議取消原因（会社法831条1項1号）となる。

　携帯電話については、審議中に呼出し音が鳴って審議の妨げになることは十分に予想されることであるから、審議前に電源を切る旨の依頼をし、または注意を与えることは、議長の議事整理権限ないし秩序維持権限の裁量の範囲内であろうが、それに従わない者がいる場合に、現実に呼出し音が鳴る等して審議が妨げられたという事情があれば格別、単に電源を切っていないことだけを理由に、退場を命じることまではできないであろう。

　メールの送信も、遠慮するよう株主に依頼をし、または注意を与えることは議長の権限の裁量の範囲内であろうが、メールの送信が審議の妨げにはなるとまではいいにくく、それに従わない者がいる場合に、それだけを理由に退場を命じることまではできないのではなかろうか。

　なお下級審ではあるが、会場へのカメラの持込みを禁じた事例において、会場内で株主が不規則に写真撮影を行うことは、プライバシーの問題から株主相互の不快感や軋轢の原因となりかねず、議場の平穏を乱すおそれがあるほか、自由な質疑討論の妨げにもなりかねないことを理由に、カメラの持込み禁止は議事運営権の裁量の範囲内であると判断された例がある（福岡地判平成3年5月14日判時1392号126頁）。

（前田雅弘）

4．議事進行（説明義務と役員の欠席理由）

【設　問】
　取締役再選議案の候補者である現任取締役が病気を理由に株主総会を欠席する場合において、賛否の判断材料にするという理由で株主から病状について回答を求められた場合、どのように対応すべきでしょうか。プライバシーを理由にして回答を拒否しても、説明義務違反に当たらないでしょうか。

【回　答】

> 　説明取締役は、候補者の欠席理由である病気が取締役としての職務遂行にどのような影響を及ぼしうるか判断できる事情を知りうる範囲で述べるべきである。ただし、具体的な病名や病状の詳細については、プライバシー保護の観点から説明を拒むことができる。

【解　説】
　当該株主総会終了時に任期満了となる現任取締役が、再選議案の候補者となっているとき、候補者の取締役としての適否に関する質問は、議題（取締役の選任）に関係するものといえる。したがって、出席取締役等は、原則として、候補者に関する質問について、必要な説明をしなければならない（会社法314条）。
　もっとも、候補者に関する情報についても、およそ取締役としての資質に関係しない事柄（候補者の個人的な趣味など）は、議題関連性あるいは議題について判断するための必要性が欠けるとして、説明を拒否できる。
　本設問のような候補者の病状については、微妙な判断が必要になる。プライバシー保護が問題となる一方で、候補者が取締役としての任に堪えない程度の病気に罹患しているか否かは、取締役選任議題に関係し、候補者としての賛否の判断に必要な情報であるともいえるからである。
　会社法314条および会社法施行規則71条が定める説明拒否事由のうち、本設

問に関係しうるのは、「株主が説明を求めた事項について説明をすることにより株式会社その他の者（当該株主を除く）の権利を侵害することとなる場合」（施行規則71条2号）と「株主が説明を求めた事項について説明をしないことにつき正当な理由がある場合」（同条4号）である。候補者のプライバシー保護が説明義務よりも重視される場合は、このいずれに含めて考えることもできよう。

　一般論として、当該現任取締役の欠席理由である病気が取締役としての職務の遂行にどのような影響を及ぼしうるかを判断できるような事情は、知っている範囲で、出席取締役等は説明すべきである。たとえば、当該株主総会欠席が一時的な病気によるものであるならその旨を説明すべきであり、ある程度の療養が必要であるなら職場復帰までに予想される期間を説明すべきである。その候補者が取締役に再任された場合に担当すべき職務との関係も、場合によっては説明対象になろう。しかしそれを超えて、候補者の具体的病名および病状の詳細（後遺症の発生の可能性等も含む）については、プライバシー保護が重視され、説明を拒むことができると解する。

　　　　　　　　　　　　　　　　　　　　　　　　（北村雅史）

5．議事進行（株主による区別と説明義務）

【設　問】
　議場で質疑応答が活発に行われている場合（質問者が多数いる場合）において、議長が、マークする株主（特殊株主等）を認識した上、その株主が質問することを求めているにもかかわらずその指名をせず、他の一般株主の質問だけに回答し、その後、質疑を打ち切った場合、マークする株主の質問権を侵害することとなるでしょうか。

【回　答】

> 特定の株主が、総会の秩序を乱している等の事情もなく質問を求めているのを認識しながら、質問者が多数であることを理由に当該株主を指名しなければ、著しく不公正な議事運営として決議取消しの対象とされうる。

【解　説】
　一般論として、質問株主が多数いる場合、議長としては、どこかの時点で質疑を打ち切らなければならない。すべての株主に質問の機会と十分な質問時間を与えることは、必ずしも合理的な議事運営とはいえず、同じあるいは類似の質問が繰り返されるような場合には、審議が尽くされたとして質問時間を終了するのは議長の権限として認められる。質疑の打切りは、動議を可決した上で行うことが望ましいが、動議を出すことなく議長の裁量で打ち切ることも、それが裁量権の濫用と認められない限り、議事運営上の瑕疵とはいえない。
　本設問は、質問者が多数いる場合において、議長がはじめから特定の株主をマークして、その者が質問することを求めているにもかかわらず指名しないというものである。議長は、株主総会の秩序を維持し、命令に従わない者を退場させることができる（会社法315条）。しかし、本設問では、マークされている株主が現実に株主総会の秩序を乱しているなどの事情はない。質疑が打ち切られる場合には、必然的に質問できない株主が存在することになるが、質疑打ち

切りが正当な議事運営である以上、質問できなかった株主がいることは法的には問題にはならない。しかし、質問者が多いことを奇貨として、特定の株主が質問を求めているのを認識しながら殊更に指名しないことは、著しく不公正な議事運営として、決議取消しの対象とされる危険性がある。当該株主が特殊株主あるいは過去に幾度となく不適切な発言を繰り返し行っている者であったとしても、当該株主総会で異常な行動をとっていない限り、質問を認めるのが紛争予防の観点からは適切である。

(北村雅史)

第1章 株主総会における諸問題

6．議事進行（同時通訳）

【設問】

　外国（米国）人の社長が議長であるため、株主に対する説明のため同時通訳がなされる場合があり、その際、英語で質問をする株主もあったということです。外国人株主が多い会社において、会社側で外国人株主に対する通訳を準備しておかなければ問題となる場合があるでしょうか。

【回答】

> 　会社が通訳を用意しないことは、必ずしも決議取消事由とはならないが、外国人株主の持株比率が相当に高い場合は、会社が通訳を用意せず、かつ株主の通訳同行を認めなかった場合は、決議方法の著しい不公正となる可能性がある。

【解説】

　役員が外国人であり、その役員による外国語の説明につき、日本語への通訳を置かない場合には、株主全員が当該外国語を話す外国人である（あるいは株主全員が当該言語を十分に理解できている）等の例外的な場合を除き、「決議方法が著しく不公正」であるとして、株主総会決議取消しの原因になりうる（会社法831条1項1号）。一方、株主側に外国人がいる場合に、会社は必ず通訳を準備しなければならないとは、一般にはいえない。外国人株主が出席する場合には、通訳による質疑への対応が検討されるべきであるが、外国人株主の数が少なければ、当該外国人株主の側が通訳を同行することが効率的である。株主総会の議場へは、株主およびその代理人しか入場できないが、通訳は、株主のコミュニケーションにおける使用言語の違いを埋めるためのものであるから、その入場を認めても、必ずしも「決議方法の著しい不公正」にはならない（反対に、入場を認めなくても、必ずしも「不公正」ではない）。もっとも、通訳が通訳の職分を超えた行動を行うことは厳に慎まれるべきであるので、通訳の行動に

252

問題があるときは、議長の秩序維持権限により適切に対処すべきことになる。また、当日の混乱を避けるため、外国人株主がいる会社では、通訳の同行を希望する場合には、事前に会社と協議すべきことを、招集通知において記載しておくことも考えられる。

　しかし、株主が通訳を同行することを認める場合、外国人株主の数が多い会社では、同行通訳の数も多くなり、議場が混乱する可能性がある。そこで、外国人株主が相当数いる会社、あるいは外国人株主の持株比率が相当割合に上る会社では、会社側が通訳を用意しておくことが適切である。外国人株主が多い会社において、会社側が通訳を用意しないことが、必ずしも決議取消しの事由になるわけではないが、外国人株主の持株比率が相当に高い場合において、会社が通訳を用意せず、かつ株主には通訳の同行を認めないという処理をすれば、「決議方法の著しい不公正」となる可能性は否定できないと考える。

（北村雅史）

第1章 株主総会における諸問題

7．一括上程方式

【設　問】
　株主総会の議事進行方式として一括上程方式を採用している会社で、議決権行使書面の集計により議案が可決されることが確実な場合、シナリオとして、決議事項の一括上程→質疑応答→採決→閉会宣言という方式ではなく、決議事項の一括上程→質疑応答・採決（質問が終了した時点で議案は可決され、議案ごとにあらためて株主に諮らない）→閉会宣言という方式は、許されるでしょうか。

【回　答】

> 　仮に議案ごとに株主に諮らないとするとしても、質疑応答が終了した時点で、すべての議案の成立に必要な多数の賛成が得られていることを議場に説明する必要がある。

【解　説】
　株主総会の会場での採決方法については、会社法に規定がないから、定款に別段の定めがない限り、議案の賛否について判定できる方法であれば、いかなる方法によるかは議長の裁量に委ねられている。議長は、会議体の一般原則に照らして、合理的な方法を採用すればよい。また、株主総会の決議は、定款に別段の定めがない限り、討議の過程を通じて議案に対する各株主の賛否の態度が明白になり、議案の成立に必要な議決権数を有する株主が決議に賛成することが明らかになれば、採決行為がなくても成立する、とされている（最判昭和42年7月25日民集21巻6号1Ｒ頁）。学説もおおむねこの立場を支持する。昭和42年の最高裁判例は、株主数10名程度の閉鎖的な会社に関する事例だが、上場会社においても、基本的には同じように解されている（東京地判平成14年2月21日判時1789号157頁）。
　この一般的な立場からすると、設問の「決議事項の一括上程→質疑応答・採決（質問が終了した時点で議案は可決され、議案ごとにあらためて株主に諮らない）

254

第9節　株主総会の議事進行（議案採決の効力を含む）

→閉会宣言」というシナリオも、株主総会の決議方法として、許容されないわけではない。ただ、問題となるのは、「質問が終了したあと、議案ごとにあらためて株主に諮らない」場合に、「討議の過程を通じて議案に対する各株主の賛否の態度が明白になり、議案の成立に必要な議決権数を有する株主が決議に賛成することが明らかになった」といえるか、である。

　ここで「明らかになった」とは、議長ないしは会社側にとって主観的に明らかになっただけでは足りず、出席株主全員にとって、議案の成立に必要な議決権数を有する株主が決議に賛成することが明らかになっていなければならないと考える。そうすると、質疑応答が終了した時点で、議長としては、議決権行使書面を集計したところ、すべての議案の成立に必要な多数の賛成が得られていることを、議場に説明する必要があり、その説明によって決議が成立したと解することができる。

　なお、議案の中に株主提案がある場合は、若干考慮が必要である。株主提案については、書面投票の結果、議案に反対の議決権が過半数に達している場合、上に述べたとおり、総会の会場で採決手続を経なくても、否決の決議が成立したとみてよい。しかし、株主提案については、「実質的に同一の議案につき株主総会において総株主（その議案について議決権を行使できない株主を除く。）の議決権の10分の1以上の賛成を得られなかったときはその日から3年を経過」していなければ議案の再提案はできないから（会社法304条ただし書・305条4項）、提案株主としては、自己の提案が、どの程度の賛成を得たのかを知ることに利益を有している。そこで、株主提案については、議決権行使書面の賛否の数を集計し、かつ会議場での採決の結果を集計しなければならないとする見解もある。しかし、議案の再提出があったとき、それが前記10％賛成要件を満たさなかったことの証明責任は会社側にあるので、会社はその証明ができなければ再提出を拒むことはできなくなるにすぎない。したがって、株主提案への賛成が10％を超えたかどうかの集計をしなくても、決議方法の法令違反や著しく不公正な方法による決議になるとはいえないであろう。

（北村雅史）

8．審議方式の切替え

【設　問】
　株主総会の審議方式について、個別審議方式から一括審議方式に切り替える会社が増加していますが、これまで個別審議方式を採用していた会社が、今回の定時株主総会において一括審議方式を採用する場合、留意すべき事項はどのようなことでしょうか。

【回　答】
> 　個別審議方式から一括審議方式に変更する最初の株主総会では、毎年継続して出席している株主が審議方式の変更を理解できるよう留意しなくてはならない。

【解　説】
　どのような審議の方法を採用するかは、議長の議事の整理権限に属する事項である。個別審議方式を採用してきた会社が一括審議方式に切り替える場合には、切替えを行う最初の株主総会では、毎年継続して出席している株主が審議方式に変更があったことを理解できるよう留意しなければならない。審議方式が変わったことを株主に理解させないまま審議を行い、株主が質問の機会を逸することとなるような場合には、決議方法が著しく不公正であるとして、決議取消原因（会社法831条1項1号）が生じるおそれがある。議長は、議事の進行について議場で説明をする際に、一括審議方式を採用する理由（効率的に審議を進めることができるなど）を示すとともに、質問を一括して受けることとするなどの説明をするのが適切であろう。

（前田雅弘）

第9節　株主総会の議事進行（議案採決の効力を含む）

9．報告事項の報告方法

【設　問】
　事業報告、計算書類等の「報告」として、議長からの説明は、どの程度の内容を説明すれば足りるでしょうか。たとえば、株主資本等変動計算書の内容は、貸借対照表の純資産の部と重なりますが、貸借対照表の純資産の部の説明によって、株主資本等変動計算書の説明を省略してよいでしょうか。また、個別注記表については、他の計算書類の補足説明的なものと捉え、その説明を省略して問題ないでしょうか。

【回　答】

> 　招集通知の添付書類は各株主に交付されるので、その内容の説明については、法的には送付された書類の記載のとおりである旨を述べるだけでよい。報告すべき情報が全体として株主に提供されればよいので、他の書類の説明で内容が報告済みの書類については説明を省略できる。

【解　説】
　株主総会において事業報告・計算書類等の「報告」が求められているのは（会社法438条3項・439条等）、会社役員の経営責任を明確化するためであると解されるところ、これらの書類は、株主総会の招集通知に添付して各株主に交付されるから、特に質問がなければ、議長からの説明は、送付された書類の記載のとおりである旨（たとえば、「事業報告の企業集団の現況に関する事項については、交付した招集通知の〇頁のとおりである」など）を述べるだけでよいと考えられる（ただし、ウェブ開示事項については、後記のように特別な考慮を要する）。また、報告すべき書類の内容に係る情報が全体として株主に提供されればよいのであるから、書類ごとに説明を厳密に区分する必要性も乏しく、ある書類の内容の説明に他の書類の内容の説明も含まれると合理的に考えられる場合には、当該他の書類の内容については、説明を省略し、またはすでに説明済みで

ある旨を述べれば足りると思われる。

　もっとも、法的には以上のようにいえても、実務的には、これらの書類の内容を株主が理解するのを容易にするため、議長は、報告すべき事項の全体について重要なポイントをわかりやすく解説するのが望ましいであろう。

　また、株主から特定の事項について説明を求められた場合には、法定の拒絶事由に該当しない限り、当該事項について必要な説明をしなければならない（会社法314条）。

　各株主に送付した書類は、株主総会においてあらためてこれを出席株主に配布する必要はなく、特に請求する株主にだけ配布すれば足りると解されるが、ウェブ開示を利用した場合には特別な配慮が必要になる。「定時株主総会」に報告すべき事業報告は、ウェブ開示事項も含めた事業報告の全体であるから、ウェブ開示を利用したことにより各株主に交付した書面には記載しなかった事項については、ウェブサイトに掲載した旨を報告することを要する。さらにウェブサイトでのみ開示した事項については、その内容を確認できない株主が存在すること（デジタル・デバイド）を考慮すると、会場のスクリーンに当該事項を投影し、または株主総会当日に出席株主から請求があれば、当該開示事項を記載した書類をその者に配布するなどの措置をとるのが望ましいのではなかろうか。

　会社法上、以上のような水準の「報告」が要求されていると解されるが、法的に不十分な「報告」しかされなかった場合でも、決議に瑕疵が生じるわけではないから、決議取消しの問題は生じない。また、「報告」が不十分であることは具体的な法令（会社法438条3項・439条等）に違反することとなり、取締役の任務懈怠となるから、そのことにより会社または株主にもし損害が生じれば、取締役は損害賠償責任を負うこととなるが（会社法423条1項・429条1項）、株主総会における「報告」が不十分であるために会社または株主に損害が生じることは、現実にはほとんど想定できないのではなかろうか。

（前田雅弘）

10. 議長等が謝罪する場合

【設　問】

　業績の悪化、無配転落または減配ということで陳謝した事例や、不祥事があった場合にも陳謝する事例があります。そのように株主総会で議長や出席役員が陳謝する場合、法的にどのような点に留意すべきでしょうか。

【回　答】

> 　株主総会における議長や役員の陳謝については、その内容次第で、業績悪化等についての役員の法的責任に影響を与えかねず、慎重さが求められる。

【解　説】

　業績の悪化、無配転落または減配があっても、それが世界的な金融・経済環境の悪化等に伴うやむをえないものであって、取締役の法的責任と結びつく可能性がない場合には、議長や出席役員が陳謝をすることは、単に感情論に基づく株主の怒りを和らげるためのものと考えられ、法的に問題とすべき点はない。

　しかし、業績悪化等について役員等の法的責任が問われる可能性がある場合には、陳謝の内容次第では、役員等の責任に影響を与えかねず、慎重さが求められる。「株主の皆様にご迷惑をおかけして申し訳ありません」という程度の抽象的な内容であれば問題はないが、たとえば具体的な業務執行上の判断について「われわれの見通しが甘かった」または「もう少し注意をしておくべきであった」などの内容を陳謝の中で述べたとすると、業績悪化等について役員等の責任を追及する株主代表訴訟が後日に提起された場合には、その陳謝の内容が役員等自身が自らの注意義務違反ないし過失を認めていたことの資料となり、注意義務違反ないし過失を認定されやすくなるおそれがある。

　不祥事についても同様であるが、不祥事については、単なる業績悪化等とは異なり責任追及の可能性が高いと考えられるので、陳謝の内容にはより慎重さ

第 1 章　株主総会における諸問題

が求められる。コーポレート・ガバナンスの強化について現在議論がまた活発化していることもあり、不祥事があった場合には、役員等の監督責任が厳しく問われるおそれがある。したがって不祥事についても、単に迷惑をかけた程度の内容であれば問題はないが、「われわれの監督が不行き届きであった」または「内部統制システムに不備があった」などの内容を陳謝の中で述べたとすると、後日の訴訟において監視義務違反または過失を認定されやすくなるおそれがある。

　　　　　　　　　　　　　　　　　　　　　　　　　　（前田雅弘）

11. 子会社の不祥事の陳謝

【設　問】
　子会社における製品の試験データ捏造が発覚した親会社の株主総会において、その件について、親会社の社長である議長より陳謝がなされました。親会社の取締役等は、子会社の不祥事について責任を有し、このように対応すべきでしょうか。また、子会社への出資比率によって対応は異なるでしょうか。

【回　答】

> 　子会社の不祥事により親会社が損害を被った場合において、発生した損害と内部統制システムの不整備に因果関係があるなど親会社取締役の子会社の管理・監督に懈怠があると認められるとき、親会社取締役の親会社に対する任務懈怠責任が発生する。その取締役の責任と株主総会での説明ないし陳謝は、切り離して考えるべきである。

【解　説】
　一般論として、子会社と親会社は別法人であるため、子会社の違法行為等について、親会社取締役が当然に任務懈怠責任を負うわけではない。ただし、子会社は、親会社にとっての収益の源泉の一部であるから、親会社取締役は、子会社を適切・適法に運営するように管理ないし監視する職務があるといえる。そのため、子会社の管理・監視を怠った結果、子会社が不祥事を起こし、それによって親会社が損害を被った場合には、親会社取締役の親会社に対する任務懈怠責任が発生する。親会社の子会社への出資比率が大きいほど、あるいは当該子会社からの収益が親会社全体の収益に占める割合が大きいほど、親会社取締役にとって当該子会社管理は重要な職務となる。また、大会社・指名委員会等設置会社および監査等委員会設置会社では、いわゆる内部統制システムを構築しなければならないが、その内容として「当該株式会社及びその子会社から成る企業集団の業務の適正を確保するための体制」が含まれる（会社法348条3

第1章　株主総会における諸問題

項4号・362条4項6号・399条の13第1項1号ハ・416条1項1号ホ）。したがって、そのようなシステムが整備されていなかったことと子会社の不祥事の間に因果関係があれば、やはり親会社取締役の任務懈怠となる。

　親会社の取締役の責任と、株主総会での説明ないし陳謝は、基本的には切り離して考えるべきである。重要な子会社の状況は、事業報告の記載事項でもあり（施行規則120条1項7号）、各種計算書類の記載事項とも関連する。したがって、子会社の不祥事について、親会社取締役は親会社株主総会で報告すべきであるし、株主から質問があれば説明すべきである。子会社の不祥事について陳謝するかどうかは、本来、法的に要請される問題ではない。ただし、不祥事への対応を誤るとさらに信用を失墜させ、会社の評価を下げる要因にもなりうるので、陳謝すべきかどうかは、社会に対する影響を考えて、経営者としての視点で判断しなければならない。

（北村雅史）

第9節　株主総会の議事進行（議案採決の効力を含む）

12. 議案に対する賛否の詳細の公開

【設　問】
(1)　株主総会の前に、株主より決議事項の賛成票、反対票の総数について開示せよと請求があった場合、会社は、開示する義務があるでしょうか。
(2)　請求に応じ、当該株主にだけ開示した場合、株主平等の原則に反するでしょうか。

【回　答】

(1)　会社は、株主総会に先立ち、株主に対して議決権行使書面における賛否の状況を開示する義務はない。
(2)　恣意的な扱いをすると、株主総会の決議取消事由になりうる。

【解　説】
1　(1)について
　提出された議決権行使書面は、株主総会の日から3か月間、本店に備え置いて株主の閲覧に供しなければならないが（会社法311条3項・4項）、会社は、株主総会の日に先立って、議決権行使書面における賛否の状況を株主に開示する義務を負うことはない。

2　(2)について
　株主総会参考書類の交付など、会社が株主全員に対して会社法上要求される情報を提供している限り、それを超える情報を一部の株主にだけ提供することは、株主平等原則の観点からは問題とはならないと思われる。もっとも、経営陣に友好的な株主の請求には応じ、他方で敵対的な株主の請求を拒むなどの恣意的な扱いがなされる場合には、決議方法が著しく不公正であるとして、決議取消原因を生じるおそれを否定できない。議決権行使書面における賛否の状況は、一応の賛否の見通しを示すものにすぎないとはいえるが（議決権行使書面

を会社に提出した株主が株主総会に出席し、または代理人が株主総会に出席することにより、議決権行使書面が失効する可能性がある)、株主の投票行動に影響を与えうる情報だからである。

(前田雅弘)

13. 議事の休憩

【設　問】
　出席株主の議決権等の集計に手間取るために長時間に亘る株主総会を想定する場合、休憩についてどのように考えるべきでしょうか。休憩は、再入場チェックの観点から避けたいところですが、株主の疲労等を考慮すれば、検討をしておく必要もあると考えられます。

【回　答】

> 　出席株主の議決権等の集計を慎重にしなければならない場合であって、株主の疲労を考慮し休憩をすることが適当な場合であっても、休憩中の株主の退場によって定足数を充足しなくなる事態等を避けるため、すべての採決が終了している段階で休憩をとるのが適当である。

【解　説】
　株主総会の日までに到着した書面投票および電子投票は、株主総会の開会前に、集計しておくことが適当である。この集計の便宜のため、会社法は、書面投票・電子投票の行使期限を、原則として、株主総会の日時の直前の営業時間の終了時までとし（会社法311条1項・312条1項、施行規則69条・70条）、さらに株主総会招集通知発出日から2週間経過後なら、株主総会の日時の直前の営業時間の終了時よりもさらに前の日時を、議決権行使期限と定めることもできるものとしている（施行規則63条3号ロ・ハ）。
　株主総会開会の前に、書面投票・電子投票だけで定足数を満たして決議成立に必要な議決権を得ていることが確定していれば、株主総会の議場では、出席株主の議決権の集計をそれほど正確に行うことなく、議長は決議の成立を宣言することができる。
　しかし、書面投票および電子投票のみによっては、定足数を満たしていないか、あるいは決議成立に必要な議決権を得ていない場合、株主総会出席者の議

決権行使分について、集計する必要が生じる。開会から集計まで時間が相当経過している場合で、この集計に時間がかかるときには、【設問】にあるように、休憩の必要が生じることがありうる。

　休憩は、議事運営の一環として、議長の権限でとることができる。株主から休憩の動議が出された場合は、議長は、休憩に入るか、続行するかを、出席株主に諮るべきである。

　議場の混乱を避けるためには、休憩はできるだけとらないほうがよいが、集計を慎重にしなければならない場合には、株主の疲労も考えて、休憩をすることが適当なこともある。そのときは、休憩中の株主の退場によって、定足数を充足しなくなる事態を避けるため、休憩は、すべての採決が終了している段階でとるのが適当である。定足数は、採決時に満たされていればよいので、すべての議案について採決が行われた後、集計段階に入れば、その後に退場者がいたとしても、決議の成立には影響はない。休憩後、再開のために、再入場者チェックは必要であるが、採決が終わっていれば、それほど厳密に行う必要はないであろう。再開後、定足数充足に必要な株主が議場にいなくても、議長は採決結果を宣言して、株主総会を終了させることができる。

（北村雅史）

第9節　株主総会の議事進行（議案採決の効力を含む）

14. 説明義務規定と議長の権限

【設　問】

　会社役員の説明義務は、どのように規定されているでしょうか。また、株主総会の議長は、会社法上のどのような権限を有するでしょうか。

【回　答】

> 　会社法は、取締役等は、株主総会において、株主から特定の事項について説明を求められた場合には、当該事項について必要な説明をしなければならない旨を規定する。議長の権限は、株主総会の秩序を維持し議事を整理することおよび命令に従わない者その他秩序を乱す者を退場させることである。

【解　説】

1　説明義務

　会社法314条本文は、取締役等は、株主総会において、株主から特定の事項について説明を求められた場合には、当該事項について必要な説明をしなければならない旨を定めている。株主は、株主総会でその決議に加わるのであるから、議決権行使に必要な範囲内で、議案の内容について質問できることは本来当然のことであるが、株主の質問が無視され、または逆に総会屋が質問を濫用するなどの弊害に対処するため、昭和56年の商法改正により、株主総会活性化の一環として、取締役等の説明義務についての明文規定が設けられ（旧商法237条ノ3）、平成17年制定の会社法もこれを引き継いでいる。

　会社法314条ただし書は、取締役等は、次の場合には説明を拒絶することができる旨を定めている。

　第1は、株主が説明を求めた事項が会議の目的である事項に関しない場合である。説明義務の制度は、議題に関する質疑応答の機会を保障するのが制度の趣旨であるから、議題との関連性を有しない質問は無視することができる。

267

第2は、説明をすることによって株主の共同の利益を著しく害する場合である。質問が会社の企業機密に関する場合などがこれに当たる。

第3は、その他正当な理由がある場合として法務省令で定める場合であり、これを受けて、会社法施行規則71条は次の4つの場合を挙げている。

① 説明をするために調査を要する場合（1号）。たとえばある取引の金額を質問されたが即答はできず、調査が必要な場合である。ただし、（イ）株主が総会から相当の期間前に質問事項を通知した場合、または（ロ）調査が著しく容易である場合には、説明を拒むことはできない。
② 説明をすることにより会社その他の者の権利を侵害することになる場合（2号）。取締役等自身が刑事訴追を受けるおそれがある場合などである。
③ 株主が実質的に同じ質問を繰り返す場合。
④ 以上のほか、説明をしないことに正当な理由がある場合。たとえば調査に多額の費用がかかる場合などである。

これらのいずれの拒絶事由にも当たらないにもかかわらず説明が拒絶されると、株主総会決議の取消原因となる（会社法831条1項1号。決議方法の法令違反）。

2 議長の権限

会社法315条は、議長の職務権限として、株主総会の秩序を維持して議事を整理すること、および命令に従わない者その他秩序を乱す者を退場させることができる旨を定めている。これらは明文規定がなくても当然に認められるべきものであるが、総会屋対策の一環として昭和56年商法改正により明文規定が設けられ（旧商法237条ノ4）、会社法に引き継がれている。

議長の議事運営が不適切であるために十分審議が尽くされなかったということになれば、株主総会決議の取消原因になりうる（会社法831条1項1号。決議方法の著しい不公正）。

（前田雅弘）

15. 説明義務(1)（会社法314条）

【設　問】

「取締役、会計参与、監査役及び執行役は、株主総会において、株主から特定の事項について説明を求められた場合には当該事項について必要な説明をしなければならない」と定められています（会社法314条本文）。この「特定の事項」とは、何を指すでしょうか。

また、旧商法237条ノ3（取締役・監査役の説明義務）では、「株主ノ求メタル事項ニ付」という定めでしたが、違いはあるでしょうか。

【回　答】

> 説明義務の対象である「特定の事項」とは、決議事項については株主が賛否の態度を決め、報告事項については株主がその内容を理解するための具体的な議題に関する具体的な事項である。

【解　説】

取締役等の説明義務（会社法314条）は、投資判断資料などの一般的な情報の開示請求権を株主に与えるための制度ではなく、具体的な議題に関する質疑応答の機会を株主に保証するための制度であると解するのが通説である。旧商法の下では、「株主ノ求メタル事項」について説明を要するものとされ（同法237条ノ3第1項）、前記の趣旨が文言上必ずしも明らかではなかったが、会社法は、株主が説明を求めうるのは「特定の事項」であることを明示し、株主は一般的・抽象的な情報開示を求めうるのでなく、決議事項については株主が賛否の態度を決め、報告事項については株主がその内容を理解するために、具体的な議題に関する具体的な事項について説明を求めうるにすぎないことを明らかにしようとしたのであろう。旧商法からの実質変更はないと考えられる。

（前田雅弘）

16. 説明義務(2)（会社法314条ただし書、会社法施行規則71条）

【設　問】

会社法314条ただし書では、説明を拒絶することができる場合として、次の事項が定められています。

① 会議の目的事項に関しないもの
② 説明することにより株主の共同の利益を著しく害する場合
③ その他正当な理由がある場合として「法務省令」で定める場合

また、③の「法務省令」で定める場合として、会社法施行規則71条では、次のとおり定められています。

(a) 説明をするために調査をすることが必要である場合には、説明を拒絶することができる（次に掲げる場合を除く）。

　(ア) 株主が株主総会の日より相当の期間前に当該事項を会社に対して通知した場合

　(イ) 説明をするために必要な調査が著しく容易である場合

(b) 説明をすることにより会社その他の者（質問株主を除く）の権利を侵害することとなる場合には、説明を拒絶することができる。

(c) 株主が実質的に同一の事項について繰り返して説明を求める場合には、説明を拒絶することができる。

(d) 前記のほか、説明することができないことにつき正当な事由がある場合には、説明を拒絶することができる。

(1) 会社法の下では、前記③(a)(イ)が新たに加わりましたが、どのような趣旨で設けられたと考えられるでしょうか。また、議事運営上どのような点に留意すべきでしょうか。

(2) 前記(b)も新たに加わりましたが、②と重複する場合もあるように思われます。これも、(1)と同様、どのような趣旨で設けられたと考えられるでしょうか。また、議事運営上どのような点に留意すべきでしょうか。

(3) 前記(c)も新たに加わりましたが、これについても、趣旨・議事運営上の留意点は、どのようなことでしょうか。

(4) 説明拒否できる場合として企業秘密があると思いますが、企業秘密は、通常、前記のうちどれに該当すると考えられるでしょうか。また、たとえば、未公表の事業部門別の利益率などは、企業秘密に当たり、説明を拒否できるでしょうか。

【回　答】

(1) 【設問】の定めは、説明義務の制度の形骸化を防ぐ趣旨から会社法上明文化されたものである。
(2) 説明することがプライバシーの侵害や名誉毀損となる場合には、説明を拒絶できる。これに該当すると合理的に判断されたのであれば、事後にこれに該当しないことが判明しても説明義務違反とはならない。
(3) すでに十分に説明をした事項については、再度説明をしなくても、説明義務違反とはならない。
(4) 企業秘密については、「株主の共同の利益を著しく害する場合」として説明を拒絶することができる。

【解　説】

1　(1)について

　平成17年改正前の旧商法237条ノ3第1項ただし書は、説明を拒絶できる事由の1つとして、説明をするについて調査を要するときを挙げ、同条2項において、株主が事前に書面で質問を通知したときは、調査を要することを理由に説明を拒むことができない旨を定めていた。説明をするために調査が必要ではあるが、その調査が著しく容易である場合について、旧商法は明文規定を置いてはいなかったが、同法の下においても解釈により、審議を停滞させずにごく簡単な調査をすれば説明できる場合には、説明を拒むことはできないと一般に解されていた。ごく簡単に調査できる場合にまで、調査を要することを理由に説明を拒めることとなると、説明義務の制度が形骸化してしまうからである。会社法制定により、必要な調査が著しく容易である場合は説明を拒めないこと

が明文で明らかとなったが（会社法314条、施行規則71条1号ロ）、これは旧法からの実質変更ではないと考えられる。

「著しく容易」とは、株主総会の場で手許の資料を見ることにより、またはその場にいる担当者に尋ねるなどして、審議を停滞させずに説明することができる状況をいうものと解される。必要な調査が「著しく容易」であるにもかかわらず、調査を要することを理由に説明を拒むと、決議方法が法令（会社法314条）に違反することとなり、決議取消事由を生じさせることになる。もっとも、「著しく容易」かどうかは、当該質問のあった時点においてその場の状況に基づいて客観的に判断されるべきものであり、事後的に「著しく容易」であることが判明したとしても、当該質問のあった時点で「著しく容易」であると合理的に判断できない状況にあったのであれば、会社法314条の違反があることにはならないと考えられる。

2　(2)について

旧商法237条ノ3第1項ただし書は、個別的な説明拒絶事由のほか、「正当ノ事由アルトキ」を一般的な説明拒絶事由として挙げ、何がこれに当たるかについて明文規定を置いていなかったが、説明をすることにより他人の権利を侵害する場合がその典型例であると解釈されていた。会社法施行規則71条2号は、会社法314条の規定を受け、「正当な理由がある場合」についての例示の1つとして、会社その他の者の権利侵害となる場合を明文で定めたが、旧法からの実質変更はないと思われる。

説明をすることが権利侵害となる場合の典型例は、プライバシーの侵害や名誉毀損となる場合である。第三者の権利侵害だけでなく、「会社」の権利侵害も含まれているが、会社の権利の侵害は、それにより会社に多大の経済的損害が生じる場合には、重ねて会社法314条ただし書の「株主の共同の利益を著しく害する場合」にも該当するであろう。

説明をすることがプライバシーの侵害などの権利侵害になるかどうかの判断は微妙であり、これについても、当該質問のあった時点においてその場の状況に基づいて権利侵害になると合理的に判断されたのであれば、たとえ事後的に

は客観的に権利侵害とならないことが判明したとしても、会社法314条の違反はないと解すべきではなかろうか。

3　(3)について

　旧商法237条ノ3第1項の下においても、すでに十分に説明をした事項については、再度説明をしなくても説明義務違反にはならないと解されていた。説明義務の制度は、決議事項については株主が賛否の態度を決め、報告事項については株主がその内容を理解するために、必要な情報を株主総会の場に提供することが制度の目的であるから、すでに提供された情報を繰り返して提供する必要はないからである。会社法施行規則71条3号は、このことを明文化したものであり、旧商法からの実質変更はないと考えられる。

　なお、ある株主が実質的に同一事項について繰り返し説明を求める場合は、会社法施行規則71条3号に基づいて取締役等が説明を拒むことができるだけでなく、議長の議事整理権として、そもそもその者の質問を制止することもできるであろう。

4　(4)について

　旧商法237条ノ3第1項の下では、株主の質問が企業秘密に関わる場合は、「株主共同ノ利益ヲ著シク害スルトキ」に該当し、取締役等が説明を拒むことができる典型的な場合であると解されていた。会社法314条の下でも、同様に、企業秘密に関する事項は、通常、「株主の共同の利益を著しく害する場合」に該当するとして説明を拒むことができる。当該企業秘密を漏洩することが会社の名誉を侵害する場合などは、会社の権利を侵害することとなり、会社法施行規則71条2号の拒絶事由にも該当するであろう。

　どこまでの事項を企業秘密とみて説明を拒みうるかについて、明確な基準を設けることは困難であり、説明をすることが株主共同の利益を著しく害するかどうかを基準に、個別に判断するほかないと思われる。法定の開示書類（事業報告・参考書類など）の記載事項は、一応の目安にはなりうるであろう。これらの開示書類に記載すべき事項は、当該事項の実質的な機密性のいかんにかか

わらず、取締役等が株主に対して原則として開示すべき一般的事項を定型化したものと考えられるからである。

　未公表の事業部門別の利益率は、法定の開示書類において開示は求められておらず、これが公表されると株主共同の利益を著しく害するおそれのあることは否定できないと思われるので、通常は、企業秘密であるとして説明を拒むことができると考えられる。

（前田雅弘）

17. 説明義務(3)（会社法314条その他の規定）

【設 問】

　監査役は、内部統制システムの相当性、会計監査人の「職務の遂行が適正に実施されることを確保するための体制」につき、監査報告に記載する必要がありますが、株主からの質問に対し、どこまで説明する必要があるでしょうか。

【回 答】

> 　監査報告の内容について株主から質問があれば、監査役は、一般的な株主が理解するのに必要であると客観的に考えられる限度で、説明しなければならない。

【解 説】

　監査報告には、内部統制システムの整備について、事業報告に記載された取締役会決議の内容が相当でないと認めるときはその旨およびその理由を記載しなければならない（施行規則129条1項5号・130条2項2号）。内部統制システムに関する相当性の判断は、①取締役決議の内容そのものが適切か、および②当該決議の内容が適切に事業報告において開示されているか、という2つの観点から行われる。

　また、監査報告には、会計監査人の職務の遂行が適正に実施されることを確保するための体制に関する事項を記載しなければならない（計算規則127条4号・128条2項2号）。会計監査人の監査の方法が相当であるかどうかの判断を監査役が行う際には、このような体制に関する事項を考慮に入れるべきだからである。

　これらの監査報告の記載事項も説明義務の対象となり、監査役は、株主から質問があれば、監査報告の内容を一般的な株主が理解するのに必要であると客観的に考えられる限度で、説明を行わなければならない。

（前田雅弘）

18. 剰余金の配当決定の特則適用会社における取締役選任議案の説明義務

【設　問】

　会社法は、剰余金の配当を排他的に取締役会で定めることを許容するなど、株主総会の権限を限定することを認めています。これを採用した会社では、取締役選任議案における株主の質問に対する説明義務は、従来より広くなるでしょうか（定時株主総会で審議される事項は、特別の議案がなければ、実質的に役員選任議案だけになりますので、それに応じて、同議案への質問に回答すべき義務の範囲も膨らむ可能性はないでしょうか）。

【回　答】

　分配特則規定の適用の有無によって、取締役の選任手続に違いはなく、株主総会で説明すべき内容について特別な要請はない。ただし、取締役会の決議に基づく剰余金の配当等に関する質問に対し、取締役選任議案の審議に必要であるとして、説明を拒否できない場合はありうる。

【解　説】

　法律上株主総会の決議事項とされているものを、定款で他の機関に決定させる旨を定め、かつ株主総会はその事項を決定しないと定めることができるのは、公開会社では、剰余金の配当等に関する決定機関の特則（会社法459条・460条。分配特則規定）のみであると考えられるので（公開会社でない株式会社では、会社法202条3項・241条3項などについて、株主総会の権限縮小が問題となる）、以下、分配特則規定の適用がある株式会社を念頭に置く。

　剰余金配当等の決定権限が取締役会にある旨が定められている場合であっても、法令上は、取締役選任手続について違いはない。株主総会参考書類の記載事項についても、とくに詳細な内容が要求されているわけでもない。したがって、取締役選任議案について、株主総会において提案取締役が説明すべき内容

第9節　株主総会の議事進行（議案採決の効力を含む）

についても、法令上特別な要請はないことになる。

　ただし、事実上、説明義務の範囲が大きくなること、裏を返せば説明拒否事由の範囲が小さくなることはありえよう。取締役は、株主総会における株主の質問が、株主総会の目的である事項に関しないものであるときは説明を拒むことができる（会社法314条）。たとえば、取締役の再任が議題・議案となる場合に、分配特則規定の適用がない会社であれば、剰余金配当の額に関する質問は、株主総会の目的事項に関係がないとして原則的に説明を拒絶できるが、分配特則規定の適用がある会社では、取締役会決議に基づいて行われた剰余金配当の額等に関する質問は、剰余金処分に関する当該再任対象の取締役の見解をただす、あるいは当該取締役の経営者としてのパフォーマンスを審議する際に必要な事柄として、株主総会の目的事項に関係するからである。

（北村雅史）

19. 役員退職慰労金額の開示と説明義務

【設　問】

　事業報告で、受ける見込みが明らかとなった会社役員の報酬等（施行規則121条5号）として、定時株主総会で支給予定の役員退職慰労金額等を開示しながら、同時に実務では、株主総会参考書類の役員退職慰労金支給議案では同金額等を開示せず、取締役会の決議等に一任する方法がとられることがあります（同規則82条2項等参照）。この場合、株主総会で役員退職慰労金支給議案に関し同金額の開示を求められたら、具体的金額を説明しなければならないでしょうか。

【回　答】

　株主総会では具体的金額を明示せず、内規に基づき支給する旨および支給基準そのものを説明する方法で差し支えない。事業報告に支給予定額を明示している場合は、事業報告に記載しているとおりであると答えれば足りる。

【解　説】

　会社法施行規則121条5号は、平成20年3月公布、4月施行の同規則改正によって新設された規定である。これは、同条4号によって、当該事業年度にかかる会社役員の報酬が開示されるが、たとえば当該事業年度との対応関係がない退職慰労金等については、改正前同条9号（現行11号）の「会社役員に関する重要な事項」や、同規則118条1号の「会社の状況に関する重要な事項」として開示されるべきと考えられていたのを明確化したものである。これらの定め、特に後者は公開会社でない会社を含めたすべての株式会社に関する包括条項であるため、ここに公開会社の役員報酬等を読み込むのは適切ではないとの見解があった。そこで、改正後の同規則121条5号は、「当該事業年度において受け、又は受ける見込みの額が明らかとなった会社役員の報酬等」のうち同条

第9節　株主総会の議事進行（議案採決の効力を含む）

4号において開示するものと重複しないものについて、報酬額の総額または役員ごとの報酬額を事業報告に記載するものとしている。

　会社法施行規則121条5号にいう「当該事業年度において受けた報酬等」とは、報酬等が当該事業年度中に現に支給されたことを意味し（退職慰労金が支給されたが、それが当該事業年度に対応する報酬としての要素がない場合など）、これは、改正前は同規則118条1号に基づき「会社の状況に関する重要な事項」の1つとして開示されるべきとされていたものである。また、会社法施行規則121条5号の「当該事業年度において受ける見込みの額が明らかになった」とは、支給される予定の報酬額が当該事業年度中に明らかになったことを意味し、これは、改正前同条9号（現行11号）の「役員に関する重要な事項」として開示されるべきとされていたものに対応する。設問にある「定時株主総会で支給予定の役員退職慰労金額等を開示」するとはまさにこれであり、退職慰労金の支給決議をする株主総会に提出する事業報告において、退職慰労金の予定総額を開示するというものである。

　なお、退職慰労金でも、各期の報酬に振り分けて開示できるものは従来どおり会社法施行規則121条4号に基づき他の報酬等に含めて開示することができるが、各期の報酬に振り分けることができないもの（退職慰労金は、在任期間全体の功労に報いるもので、各期に分けられるものではないと理解する場合）については、退職慰労金支給決議をする株主総会に提出する事業報告において、原案どおり可決された場合の支給予定額を記載すべきことになるであろう。これを避けたいのであれば、各期に割り振って、各年度の事業報告における報酬等の総額に含ませるという方法をとることになりそうである。

　退職慰労金支給が議題となる株主総会において、総会では具体的金額を明示せず、内規に従って取締役会に具体的金額の決定を一任することは、判例・通説で承認された取扱いである。実務では、退職慰労金の場合、退職者が1名のことも多いから、総額を開示すると具体的支給額を開示することになり、これを避けたいとの要請がある。学界からのこの取扱いへの理論的根拠づけは、退職慰労金については、支給対象者はすでに退職しているから、取締役会に一任してもお手盛りの危険性は高くないためである、とされる。株主の質問に対し、

第 1 章 株主総会における諸問題

取締役が退職慰労金の具体的な額を説明しなければならないか否かについては、従来、内規に基づき支給する旨を説明すれば足り、具体的金額を説明する必要はないとされてきた。支給基準そのものを説明すべきか、あるいは支給基準は本店において閲覧可能と述べるだけで足りるかは、議論のあるところであるが、グッド・プラクティスとしては支給基準まで述べるべきであるというのは、少なくとも学界での多数説であると思われる。事業報告に支給予定額を明示している会社において、具体的金額について質問が出た場合は、「事業報告に記載しているとおり」であるとのみ答えれば足りる。

(北村雅史)

20. 社外役員の説明義務

【設問】
　社外役員が存する会社では、事業報告および株主総会参考書類（再選の場合）において、取締役会での出席や発言その他各社外役員の活動状況の開示が求められますが、そのことによって、株主総会において株主より特定の社外役員を指名して質問がなされた場合、当該社外役員自身が回答したり、回答義務の範囲が拡大することなどはあるでしょうか。

【回答】
> 　株主総会において、株主からの質問にどの役員が回答するかは議長の権限に属し、株主には説明する役員を指定する権利はない。もっとも、説明すべき範囲が拡大すると、社外役員自らが説明する場面も増えていくことが考えられる。

【解説】
　会社法の下で、社外役員については、特に株主総会参考書類や事業報告においてその活動状況や取締役会における出席・発言状況等の開示が要求される（施行規則74条4項・76条4項・124条1項4号）。これは、社外役員が現実に社外役員として期待される機能を果たすような活動をしているかどうかを開示させることにより、会社が社外役員の活動が適切になされるようにするための体制を整え、社外役員にふさわしい者を社外役員に選任しているかどうかの判断材料を与え、また社外役員として選任された者に社外役員としての職務を十分に行うようなインセンティブ（とプレッシャー）を与えようとするものである。
　ところで、一般論として、株主総会における株主からの質問に対し、どの役員が回答するかは、議長の権限に属することであり、株主には説明する役員を指定する権利はないと解されている。株主総会における取締役の説明義務（会社法314条）は、株主が報告事項および議案を理解するために規定されている

のであって、その目的が達成される限りにおいて、誰が説明するかは問題にならないからである（説明義務は、役員の適性検査のためにあるのではないともいわれている）。事業報告における開示内容が拡大すれば、議題（株主総会の目的事項）に関係のある質問の範囲も拡大することになるが、回答者に関して述べた原則は変わらない。もっとも、説明すべき範囲が拡大すると、たとえば社長がすべてを説明することが困難になることは考えられるから、実際には、社外役員自ら説明すべき場合が増えていくことも予想されうる。

（北村雅史）

21. 質問への対応

【設　問】

　株主総会の目的事項について法定の報告および決議がなされたにもかかわらず、閉会宣言のタイミングで、株主から質問がなされた場合、閉会宣言の前であれば、回答の義務があるでしょうか。それとも、実質的に株主総会は終結していると考え、質問を受け付けなくともよいでしょうか。

【回　答】

> 　株主総会は、その目的が達成されれば自動的に終了し、議長の閉会宣言は、当該終了を確認する意味を持つにすぎない。目的が達成されれば、総会は実質的に終了しているので、その時点で株主に質問の機会を与える必要はない。

【解　説】

　本設問は、株主総会の議事は、いつ終了するか、および議長の閉会宣言は、法的にはどのような効力を有するか、に関する問題ということができる。

　株主総会において、報告事項の報告・決議事項の説明、質疑応答および採決がすべて終了すれば、その時点で株主総会の目的が達成され、株主総会は自動的に終了する。議長の閉会宣言は、この自動的終了を確認する意味を持つにすぎない。議長が閉会宣言をしないまま退場しても、株主総会が目的を達成しているのなら、株主総会は終了したことになる。反対に、株主総会がまだ目的を達成していないにもかかわらず、議長が、延期や続行を諮ることなく、一方的に閉会を宣言したとしても、株主総会は終了したことにならない。よって、株主総会の目的事項が終了していないにもかかわらず、議長が一方的に閉会を宣言して退場した場合でも、残った株主によって、有効に株主総会決議をすることができる。

　以上の一般的な理解を前提に、設問を検討する。【設問】では、「閉会宣言の

タイミングで、株主から質問がなされた場合」とあるが、まず、その時点で、株主総会の目的が達成されているのであれば、株主総会が実質的に終了しているので、そもそも株主に質問の機会を与える必要がないはずである。したがって、株主が質問をしたとしても、取締役には回答の義務はない。ここで、株主総会が目的を達成していないにもかかわらず議長が勝手に「閉会宣言のタイミング」と判断しただけであれば、説明義務違反あるいは決議方法の著しい不公正と評価される可能性がある（会社法831条1項1号）。しかし、【設問】中の「法定の報告および決議がなされ」たのが、株主に必要十分な質問の機会を与えた上でのことなら、もはや法的には株主に質問の機会を与える必要はないといえよう。

（北村雅史）

22. 質問株主の氏名の開示

【設　問】

　質問株主に対し、質問を受けるに際し、出席票の番号に加え氏名の開示を求めるのが通例ですが、質問株主が氏名の開示を拒む場合、議長は、どうすべきでしょうか。

　逆に、番号のみを示すように指示した場合に、質問株主が自発的に氏名を名乗ったとき、議長は、どうすべきでしょうか。

　質問株主の氏名の開示を求める趣旨には、入場株主リストの氏名との一致（株主名簿上の株主であること）を確認することが含まれますが、議場で述べられた氏名が当該リストの氏名と一致しない場合、議長は、どのような措置をとるべきでしょうか。

【回　答】

> 株主総会の議場で質問株主が氏名の開示を拒む場合、議長の裁量で、出席票番号の開示のみで質問を認めることができ、また、氏名の開示がない限り株主資格を確認できないとして質問を拒否することもできる。

【解　説】

　会社法は、株主が質問権を有することを前提に、取締役等の説明義務および説明拒否事由を定めるが、株主が質問を行う際の議事運営については、特に規定はなく、会議体の一般原則に委ねられる。

　一般に、株主総会開会後の株主の資格確認は、議長の議事運営権限に含まれると解される。株主総会における質問者が株主の資格を有する者であることを議場で確認する方法が合理的であれば、それは議長の権限内の運営方法として許容される。実務で行われている出席票の番号と氏名の開示の要求は、株主資格の議場での確認方法として合理的であるといえる。株主が質問に際して氏名を明らかにすること自体が個人情報保護の観点から問題であるとはいえないで

あろう。株主資格確認の必要性と合理性を考慮すれば、個人情報保護の要請は後退せざるを得ない。このことは、株主および会社債権者が、その権利の確保または行使に関する調査のために株主名簿を閲覧できること（会社法125条）からも、是認できると思われる。すなわち、このときは、株主の個人情報保護の要請と株主・債権者の権利確保の要請が衝突しているが、法は、両者のバランスをとった合理的な調整を行っており、その限りにおいて個人情報保護の要請が若干後退することを容認しているのである。

以上を踏まえて、本設問を検討する。

まず、質問株主が氏名の開示を拒む場合、議長の裁量で、出席票番号の開示のみで質問を認めることもできるし、氏名の開示がない限り株主資格を確認できないとして質問を拒否することもできると考える。ただし、株主平等取扱いの原則から、特定の株主についてのみ氏名の開示を要求することは認められない。

出席票番号のみを示すように指示したのに氏名まで株主が自発的に開示した場合については、特に問題とする点はない。議事運営としては、出席票番号の開示だけをその後の質問者に要求すればよい。

議場で述べられた氏名と出席株主リストの氏名が一致しない場合、議場での氏名の開示が株主資格確認のためである以上、当該議場での氏名の開示では資格確認ができないことになる。したがって、他の方法で資格確認ができるまで、議長としては株主の質問を拒否することができる。他の方法による資格確認の仕方についても議長に裁量権があるといえる。議長は、質問株主に、出席株主リストには当該氏名がないことを告げて、他の方法での証明を促すべきである。質問株主が証明しない場合には質問を拒否できるが、出席株主リストの作成に関して会社側に過誤があると、事後的に決議の瑕疵を主張される可能性があるので、慎重な対応が必要である。とりあえず質問を受け付けておき、他の質問を受けている時間を利用して資格確認をすることなどの対応が考えられる。

（北村雅史）

第9節　株主総会の議事進行（議案採決の効力を含む）

23．回答者を指定した質問への対応

【設　問】

　議長は、株主より回答者を指名されても、それに従う必要はありませんが、たとえば、監査役が指名された場合には、当該監査役が回答すべきという意見もあるようです。どのような質問の場合に、当該監査役が回答すべきと考えられるでしょうか。

【回　答】

> 　監査役の職務範囲に関する事項について株主から監査役に質問があった場合、監査役から説明する必要があるが、必ずしも株主から指名された監査役が説明する必要はない。役割分担が定められていれば、これに沿って担当監査役から説明することで差し支えない。

【解　説】

　会社法314条において、説明義務を負うべき者とされているのは、取締役、会計参与、監査役、および執行役である。ただし、それぞれの役員は、その受任している職務に関してのみ説明義務を負うにすぎない。取締役・執行役は、経営全般について受任しているので、説明義務の範囲は広いが、会計参与と監査役の説明義務の範囲は、職務との関係で限定される。

　監査役の職務は会社の業務および会計に関する監査であり、その監査業務に関して説明義務を負うことになる。経営判断に関する事項についてはもちろん、議案提案（会計監査人の選任等を除く）は取締役・執行役の職務であるから、決議事項である議案についての説明義務も原則的には負わない。ただし、取締役が株主総会に提出しようとする議案に、法令定款に違反しまたは著しく不当な事項があると認められるときは、その調査の結果を株主総会に報告しなければならないとされているから（会社法384条・389条3項。施行規則73条1項3号で株主総会参考書類に記載）、監査役にその報告に関しての説明義務が生じ

287

ることはありうる。

　報告事項に関する監査役の説明義務も、基本的にはその監査職務に関する範囲内のものとなる。監査報告の記載事項の範囲内のものは、原則的に説明義務の範囲内に入るであろう。したがって、監査の方法・結果のほか、内部統制システムに関する決議内容の相当性（施行規則118条2号・129条1項5号）や、買収防衛策で問題になる「株式会社の財務及び事業の方針の決定を支配する者の在り方に関する基本方針」（同規則118条3号）についての意見（同規則129条1項6号）などについても、質問があれば説明しなければならないと解される。

　なお、取締役の職務執行についての違法性について質問があった場合、監査役は、それについて説明しなければならないが、その場合は事実のみを説明すればよく、善後措置等については取締役が説明することになる。

　監査役の職務範囲に関する事項について株主から監査役に質問があった場合、取締役が説明をすることはできない。複数の監査役がいる場合において、株主が特定の監査役を指定して質問したとき、監査役の独任制から当該監査役が説明しなければならないとの見解があるが、そこまで窮屈に解する必要はないであろう。株主が特定の監査役の監査結果について質問をしたのであれば、当該監査役が説明するのが原則であるが、当該質問事項について監査役全員の意見が一致しているのであれば、たとえば常勤監査役が説明することに問題はない。監査役間に監査対象について役割分担がある場合においては、質問に関する部分を担当する監査役が説明するのも差し支えない。質問に対してどのような説明がされたかが重要なのであって、どの監査役が回答したかは問題ではない。

　　　　　　　　　　　　　　　　　　　　　　　　　（北村雅史）

24. 議長の議事運営

【設　問】

　たとえば、監査役宛に質問（監査に関する質問等）があった際に、監査役に代わり議長または他の取締役が回答して、問題ないでしょうか。

【回　答】

> 　特定の監査役に対する質問であっても、他の監査役、または議長もしくは他の取締役が説明して差し支えない。

【解　説】

　取締役等の説明義務の制度（会社法314条）は、取締役等の知識・能力をテストすることを目的とする制度ではなく、決議事項については株主が議決権行使の判断をし、報告事項については株主が内容を理解するのに必要な情報を提供することを目的とする制度である。したがって、株主がある監査役を指名して質問をした場合には、当該監査役が説明をすることが円滑な議事運営に寄与するとはいえるであろうが、説明すべき者を指名できる権利が株主にあるわけではなく、他の監査役、さらには、異論はあるが、議長または他の取締役が説明することも差し支えないと解すべきであろう。監査に関する質問に対して議長または他の取締役が説明をした結果、必要な情報が提供されなかったこととなれば、もとより説明義務の違反となる。

（前田雅弘）

25. 将来の増配に関する言及

【設　問】
　株主総会において、取締役が「将来の有利子負債の削減時期に合わせて2年後および4年後に増配する」旨を述べたにもかかわらず、実際に増配ができなかった場合、当該取締役は、何らかの責任を問われるでしょうか。

【回　答】

> 　「増配する」という発言は、単に将来の予定ないし希望を述べたものにすぎず、実際に増配ができなかったとしても、取締役の責任は問題とならない。

【解　説】
　取締役が将来に増配する旨発言した場合、それは法的にどのような意味を持つか。剰余金配当をするにはそのつど株主総会決議を要するのであるから（会社法454条1項）、たとえ代表取締役が発言したのであっても、その発言によって当然に株主が具体的な剰余金配当請求権を有することにはならない。
　その発言は、「できれば増配したい」または「増配する予定である」などの表現がとられている場合はもとより、単に「増配する」という表現がとられた場合であっても、単に将来の予定ないし希望を述べたものにすぎず、法的には意味はないと解するのが合理的ではなかろうか。このような将来の予定ないし希望を述べた発言に法的拘束力はなく、したがって実際に増配ができなかった場合にも、当該取締役の責任が問題となることはないと考えられる。
　もっとも、株主数の少ない閉鎖的な会社の場合には、取締役が増配する旨の発言をすれば、取締役が株主総会決議成立に向けて尽力する旨の契約が当該取締役と株主との間で締結されたと見る余地がある。たとえば同族会社において当該取締役が株主総会決議を成立させることのできる地位にあるならば（典型的にはオーナー経営者で議決権の過半数を有している場合）、「決議成立に向けて尽

第9節　株主総会の議事進行（議案採決の効力を含む）

力する」とは、具体的には株主総会決議で賛成票を投じるという一種の議決権拘束契約を意味する。この場合に、増配のための株主総会決議を有効に成立させることが可能な状況で、決議を成立させず、増配ができなかったときには、当該取締役は、前記契約上の義務を怠ったものとして、株主に損害賠償責任を負うと考えられる。上場会社においては、このような契約の成立を認めることは困難であろう。

（前田雅弘）

26. 株主総会における質疑の打切り

【設　問】
　今回の株主総会では、質問を希望する株主が多く、開会から1時間30分経過しても、質問が途絶えなかったため質疑を打ち切りましたが、終了後、質問できなかった株主から「株主の質問の機会を認めなかった当社の対応は問題である」と非難を受けました。質問を希望する株主が多い場合、どのようなタイミングで質疑を打ち切るのが適当でしょうか。

【回　答】

> 　株主総会の開会時刻から長時間を経過したというだけで、質疑を打ち切ることはできない。

【解　説】
　取締役等は、いわゆる説明義務を負い、株主総会において、株主から特定の事項について説明を求められた場合には、一定の拒絶事由に該当しない限り、当該事項について説明をしなければならないところ（会社法314条、施行規則71条）、開会から長時間を経過したことは、説明義務の拒絶事由とはされていない。説明義務の制度は、決議事項については株主が賛否の態度を決め、報告事項については株主がその内容を理解するために、必要な情報を株主総会の場に提供することを目的とする制度であるから、単に開会から長時間が経過したという事実だけで説明を拒絶できることとすると、説明義務の制度の趣旨は全うされないからである。
　他方において、株主総会の議長は、議事を公正・円滑に運営することを職務とし、総会の秩序を維持し議事を整理しなければならない（会社法315条1項）。議長は、株主と取締役等との質疑応答により、株主に必要な情報が提供されるよう配慮しなければならないが、それとともに、出席株主に公平に発言の機会が与えられるようにし、かつ総会がいたずらに長時間続くことのないよう配慮

第9節　株主総会の議事進行（議案採決の効力を含む）

しなければならない。したがって議長としては、発言希望株主が多いことが予測されるのであれば、議事の開始に際して1人の発言時間を5分以内などと制限し、または1人の株主が合理的な時間を超えて発言を続ける場合には、手短に発言を締めくくるよう注意し、株主がその注意を無視して発言を続けるときは、その発言を制止するなどの方法で、1人の発言が延々と続くことのないよう配慮すべきである。

また、説明義務の制度は、必要な情報を株主総会の場に提供することを目的とする制度であるから、すでに提供された情報が繰り返して提供される必要はない。したがって、ある株主が実質的に同一事項について繰り返し説明を求める場合は、会社法施行規則71号3号に基づいて取締役等が説明を拒むことができるだけでなく、議長の議事整理権として、そもそもその者の発言を制止することもできる。

議長が前記のような公正な議事運営を行ってもなお、開会から長時間を経過したにもかかわらず発言の機会が与えられない株主がいる場合には、単に開会から長時間が経過したという事実だけで質疑を打ち切ることはできないであろう。株主に発言の機会を与えないまま質疑を打ち切ると、決議方法の法令違反または著しい不公正として決議取消事由（会社法831条1項1号）となりうる。

なお、議事進行上の動議として質疑の打切りの可否を総会に諮り、その動議が可決された場合には、質疑を打ち切ることができるか。説明義務が尽くされたかどうかは、株主総会の多数決によって決すべきことではなく、客観的に判断されるべき問題である。したがって、説明義務が尽くされていないのであれば、いかに株主総会で質疑の打切りの動議が可決されたからといっても、議長は当然に質疑の打切りをしてよいことにはならない。もっとも、株主総会で質疑の打切りの動議が可決されたという事実は、議長の議事運営が公正に行われたことを推認させる事実の1つにはなりうる。

（前田雅弘）

27. 株主の再入場

【設　問】

　株主総会の開催場所を遊園地内とし、出席株主には「いったん会場から退出した株主の再入場を認めない」という制限を設けました。この場合、会場から退出した株主が質問を希望して再入場を求めた場合、入場させるべきでしょうか。また、議案の賛否が拮抗している際、この制限は、問題となるでしょうか。

【回　答】

> 　いったん退出した株主が再入場を求める場合、その者が退場を命じられた株主であるなどの特別な場合を除き、再入場を拒否することはできない。

【解　説】

　議決権のある株式の株主には、株主総会に出席し討議に加わる権利が認められ（総会参与権）、この権利は、定款をもってしても制限することはできない（通説）。ただし、公正・円滑な議事運営を図るため、議長には、その命令に従わない者その他総会の秩序を乱す者を退場させる権限が与えられている（会社法315条2項）。

　いったん会場から退出した株主であっても、その者が再入場を求める場合には、その者がすでに退場を命ぜられた株主であるなどの特別な場合を除いては、その者の再入場によって総会の秩序が乱されるとは考えにくく、再入場を拒否することはできない。議案の賛否が拮抗しているかどうかにかかわらず、いったん退出した株主の再入場を拒否することは、特段の事情のない限り、決議方法の法令違反として決議取消事由（会社法831条1項1号）となりうるであろう。

　もっとも、公正・円滑な議事運営の観点から、議長は株主の再入場を一時的に制止することは認められるであろう。たとえば、議案の賛否が拮抗して会場で採決がなされている最中であれば、採決が終了して賛否の数が確定するまで

第9節　株主総会の議事進行（議案採決の効力を含む）

再入場しないよう株主に命じることは認められると解される。

（前田雅弘）

第1章　株主総会における諸問題

第10節　動議等（議案の修正、撤回および否決を含む）

1．手続的動議の取扱い

【設　問】
　いわゆる手続的動議が株主より出された場合、必ず議場に諮らなければならない動議と議長の裁量により決定できる動議は、どのように区別すればよいでしょうか。

【回　答】

> 　議長の不信任、調査者の選任、会議の延期・続行、会計監査人の定時株主総会への出席要求についての動議が提出された場合は、権利濫用などの特別な場合を除き、議長は、必ず議場に諮らなければならない。

【解　説】
　取締役会設置会社における株主総会では、招集通知に記載された議題についてしか決議することができないのが原則であるが（会社法309条5項）、議長の不信任や会議の休憩など、議事運営に関する事項については、性質上当然に、必要に応じて決議をすることができる。
　株主総会の議事運営の具体的な方法について会社法に明文の規定はない。株主総会の秩序維持および議事の整理に関する一般的な権限と職責は議長に与えられており（会社法315条）、議事運営に関する決定権限は原則として議長にあると解される。ただし、議事運営に関する事項のうち、①議長の不信任、②調査者の選任（同法316条）、③会議の延期または続行（同法317条）、④会計監査人の定時株主総会への出席要求（同法398条2項）については、議長に決定権限はなく、株主総会決議によって決定する必要がある。前記②～④は、会社法がそれぞれ明文で株主総会決議を要求している事項であり、前記①は、明文の規定はないが、会議体の一般原則として、議長の不信任には株主総会決議を要す

第10節 動議等（議案の修正、撤回および否決を含む）

ると解されるからである。

　したがって、議事進行に関する事項のうち、前記①～④の事項について株主より動議が提出された場合には、それが権利濫用となるなど特別な場合を除き、これを議場に諮らないという裁量は議長になく、必ず総会にその是非を諮らなければならない。

　これに対して、会議の休憩や審議の打切りなど、前記①～④以外の事項について株主より動議が提出された場合には、議長は議場に諮る必要はなく、自らの裁量で決することができると解される。この場合の株主の動議は、議長の総会運営の判断を促す意味を有するにすぎず、議長の議事運営に不満な株主は、議長不信任の動議を提出するほかない。もっとも、議事運営に関する事項についての最終的な決定権限は株主総会自体にあると解されるから、前記①～④以外の事項について株主より動議が提出された場合に、議長が任意に議場に諮って株主総会決議によって決することはもとより差し支えなく、むしろ望ましいといえよう。

　以上のように、一定の事項を除き、議長には株主総会の議事運営について広範な裁量が与えられているが、議長の議事運営が著しく不合理であるときは、決議取消しの原因となり（会社法831条1項1号。決議方法の著しい不公正）、また、それによって会社に損害が生じた場合には、議長の損害賠償責任を生じうる。

（前田雅弘）

2．議事進行（必要的手続動議と説明義務）

【設　問】

　会計監査人の定時株主総会への出席要求の動議は、必ず議場に諮るべきものとされていますが、動議の提出者の目的が会計監査人の本来の権限と関係しない質問をするためであることが明白な場合に、議長の裁量で動議を議場に諮らなくとも差し支えないでしょうか。

【回　答】

> 　動議の提出理由が会計監査人の職務に関係する意見陳述を求める内容であれば、当該動議を議場に諮るのが穏当であるが、会計監査人の職務に関係のない質問を目的としていることが明らかであれば、議長裁量で当該動議を議場に諮らないことができる。

【解　説】

　会社法398条2項は、同条1項と関連性を有する。すなわち、同条1項は、計算書類等の適法性に関して会計監査人と監査役（監査役会）との意見が異なる場合に、会計監査人は定時株主総会に出席して意見を述べることができるものとする。これに対し、同条2項は、定時株主総会において会計監査人の出席を求める決議があったときは、会計監査人は、定時株主総会に出席して意見を述べなければならないと規定する。すなわち、同条1項では、定時株主総会での意見陳述が会計監査人の権利として規定され、2項では、義務として規定されている。

　会社法398条2項の意見陳述については、1項と異なり、計算書類の適法性に関して監査役と会計監査人の意見が異なっていない場合でも、定時株主総会の出席要求決議があれば、出席義務が生じる。したがって、会計監査人の職務範囲内の事項であれば、出席要請決議をし、意見陳述を義務づけることができると解される。

第10節　動議等（議案の修正、撤回および否決を含む）

　そうすると、たとえば会計監査人の監査上の職務怠慢を問責するような意見陳述の要請であっても、当然に会社法398条2項によって許されないとはいえないと思われる。これも会計監査人の職務である計算書類等の監査に関係する事項といえるからである。なお、会計監査人の意見陳述は、取締役等と異なり説明義務として規定されているわけではない（同法314条対照）。したがって、議題に関連する事項でも会計監査人の職務に関係のない事項について意見陳述をさせるために出席を求めることはできない。会計監査人の出席を求める決議ができるのは定時株主総会だけであることから、意見陳述の内容は、計算書類等の監査に関するものに限定するのが法の趣旨であるといえよう。

　以上より、会計監査人出席要請動議の提出者が、会計監査人の職務に関係のない質問をすることを目的としていることが明らかであれば、議長の裁量で当該動議を議場に諮らないことができる。ただし、動議提出者が動議提出理由として会計監査人の職務に関係する意見陳述を求める旨を述べる場合には、一応議場に諮るのが穏当であろう。

（北村雅史）

3．株主総会の議事運営に関する必要的な手続的動議

【設　問】
　会社法において、株主総会の議事運営に関する必要的な手続的動議は、どのようなものがあり、また、それらは、会社法制定前と変わらないものと考えられるでしょうか。

【回　答】
> 　株主総会の議事運営に関する必要的な手続的動議には、議長の不信任や選任、総会提出書類調査者の選任、延期・続行の決議および会計監査人の出席請求などがある。

【解　説】
　株主総会の議事運営に関する規定は、会社法制定前の商法と会社法では大きく変わっていない。議事運営に関して、会社法制定により規定内容に変化が見られるものを挙げるとすれば、以下の3点になる。

(1)　議長について、会社法制定前の商法では、「定款ニ定メザリシトキハ総会ニ於テ之ヲ選任ス」る旨の規定があったが（旧商法237条ノ4第1項）、会社法ではこの規定はなくなった。議長は定款で定めることができ、実際に定めている例も多く、また定款で定めていなくても、会議体の運営に関する事項として、当該株主総会で議長を選解任できることは当然であるからである。したがって、議長の不信任や選任についての動議に関しては、会社法制定の前後で違いはない。なお、会社法制定前の旧商法は、議長は必ず選任されなければならないという規定振りであったが、会社法では、議長は存在しなければならないとはされていない（施行規則72条3項5号は、議長が存するときは議長の氏名を議事録に記載すべきものとする）。もっとも、通常は、議事の合理的運営のために、議長は必要である。
　議長の議事整理権限、秩序維持権限については、会社法制定前の旧商法

第10節　動議等（議案の修正、撤回および否決を含む）

(237条ノ4第2項・3項）と会社法（315条）で違いはない。
(2)　会社法制定前の旧商法では、株主総会は、取締役の提出した書類および監査報告書を調査させるために検査役の選任ができることになっていた（旧商法238条）。これに対し、会社法は、株主総会は、取締役、監査役、監査役会、会計参与、および会計監査人が株主総会に提出した資料を調査する者を選任することができるものとする（会社法316条1項）。これは、会社法の下で検査役とは法律に定められた各場合に裁判所によって選任される者をいい、株主総会によって選任される「調査する者」は検査役と呼ばないものとしたことによる。これは実質的な改正とはいえず、総会提出書類を調査する者の選任も、会社法制定前の商法下の検査役選任と同じく、議事運営上の動議として提出し、決議することができる。
(3)　説明義務については、説明拒否事由に関して、若干の修正がある。会社法制定前の商法において、説明拒否事由とされていたのは、①質問事項が会議の目的に関しないとき、②説明することにより株主共同の利益を著しく害するとき、③説明をするにつき調査を要するとき（事前質問状が提出されているときは拒否できない）、④その他正当の事由があるとき、であった（237条ノ3第1項）。

　　これに対し、会社法は、①質問事項が会議の目的に関しないとき、②説明することにより株主共同の利益を著しく害するとき、③説明をするにつき調査を要するとき（事前質問状が提出されているときおよび調査が著しく容易であるときは拒否できない）、④当該事項について説明をすることにより、株式会社その他の者の権利を侵害することになる場合、⑤株主が当該株主総会において実質的に同一の事項について繰り返して説明を求める場合、⑥その他正当の理由がある場合、に説明を拒否できるものとする（会社法314条、施行規則71条）。規定の文言からすると、会社法のほうが拒否事由を拡大したようにみえるが、会社法制定前の商法で、その他正当の事由があるときとされていたものの内容が具体化されたと理解すれば、これも実質的な改正ではないといえよう。ただ、たとえば、株主が当該株主総会において実質的に同一の事項について繰り返して説明を求める場合が、説明拒否事由として明文化され

たことから、そのような仕方での質問が行われる場合には、説明拒否とともに、質問打ち切り・議事進行の動議が提出されることも考えられる。なお、会社法では、計算書類や事業報告の記載事項が会社法制定前の旧商法よりも詳細になっているので、説明対象の範囲は会社法の方が広くなっているといわれている。一方、会社法は、質問事項について「必要な」説明をしなければならないとしているから、説明内容についてはやや制限的な解釈も可能である。

そのほか、会社法に明文の定めがある議事運営に関係する規定としては、延期・続行の決議（会社法317条、旧商法243条）、定時株主総会における会計監査人の出席請求（会社法398条2項、旧商法特例法17条2項）があるが、その内容はいずれも会社法制定前の商法と同じである。

法律に明文の定めがない議事運営に関する動議としては、議事進行の順序、採決の順序・方法、休憩、質疑打ち切りなどがあり、それらについては、会社法下でも特に違いはない。

なお、会社法309条5項ただし書は、取締役会設置会社において、株主総会に提出された資料を調査する者の選任の決議と会計監査人の出席を求める決議は、招集通知に記載されていなくとも株主総会で決議することができる旨を定めるが、調査する者の選任と会計監査人の出席は例示であり、その他議事運営上の事項については、株主総会で決議することができると解さなければならない。

（北村雅史）

第10節　動議等（議案の修正、撤回および否決を含む）

4．動議対応(1)（会社法316条・317条・398条2項）

【設　問】
(1)　手続動議のうち、平成17年改正前であれば、①議長不信任、②株主総会の延期・続行（会社法317条）、③株主総会提出資料調査者の選任（同法316条）、④会計監査人出席要求（同法398条2項）の動議は、必要的動議といわれ、提出されれば、議場に諮る必要があるといわれました。
　　前記のうち、①議長不信任動議については、会社法では、株主総会で議長を決定するという規定もありませんので、裁量的動議として扱って差し支えないでしょうか。
(2)　必要的動議は、どのような状況においても議場に諮る必要があるでしょうか。たとえば、開会直後の延期・続行動議など、状況性によって諮らなくともよい場合があるでしょうか。

【回　答】

> (1)　議長不信任動議は、提出されれば議場に諮って採決をしなければならない。
> (2)　議長は、必要的動議であっても、権利濫用などの特別な場合には、却下することができる。

【解　説】
1　(1)について
　会社法においては、議長の選任に関する旧商法237条ノ4第1項に相当する規定が削除されたが、これは議長を定款で定め、または株主総会で選任できることは当然のことと考えられたからにすぎない。会社法の下では、同法315条に規定する権限を有する法定の議長を選任することなく議事運営がなされることも妨げられないが、いったん議長が選任された場合には、その議長の権限や不信任に関しては旧商法からの実質変更はない。

303

議長不信任の動議は、旧商法におけると同様、提出されれば議場に諮って採決をしなければならないと解される。議長には、議事整理権限ないし秩序維持権限の行使について広範な裁量が認められるところ、その反面として、議長の議事進行に不満な株主は議長不信任の動議を提出することができることとして、株主総会の運営について株主の最終的な決定権を担保しておく必要があるからである。

2 (2)について

必要的動議は、原則として議場に諮らなければならないが、権利濫用などの特別な場合には、議長はその動議を却下することができるであろう。動議の提出がいやがらせのみを目的とすると考えられる場合、会社から金銭を獲得することを目的とすると考えられる場合などがこれに当たる。もっとも、動議の提出がこれらの目的でなされたことの立証責任は会社側が負担するので、それを証明できるだけの確実な資料がなければ、実務的には議場に諮らざるをえないと思われる。

（前田雅弘）

5．動議対応(2)（会社法304条ただし書・305条4項）

【設　問】

　株主提案（事前の提案・当日の動議）にかかる議案の採決につき、提案株主から、会社法304条ただし書または305条4項（実質的に同一の議案につき株主総会において総株主の議決権の10分の1以上の賛成を得られなかった日から3年を経過していない場合は、議案を提出することができない）の適用がないことを明確にするために、賛成票を算定するよう要求された場合、これに応じなければならないでしょうか。それとも、来年以降に同一議案が提案されても適法と扱う旨の約束をし、算定しないで済ますことは認められるでしょうか。

【回　答】

> 　株主提案の拒絶事由の要件を満たす場合であっても、会社は、提案を拒絶しなくともよく、また、株主から賛成票の算定を要求されても、それに応じる必要はない。

【解　説】

　会社法304条ただし書および305条4項の規定は、過去に否決された議案と実質的に同一の議案が提出された場合に、一定の要件の下で、会社が当該提案を拒絶できることを定めるが、これは会社の側から拒絶できる事由を定めたものと解されるので、会社の側から、これらの要件を満たす場合であっても、提案を拒絶しないことは差し支えないと解される。したがって、来年度以降にこれらの規定に基づいて提案を拒絶しないのであれば、賛成票を算定する必要はない。株主から算定するよう要求があっても、それに応じる必要はない。算定を省くために、来年度以降に同一議案が提案されても拒絶はしない旨を株主との間で合意しておく必要もない。

　他方、これらの規定に基づいて来年度以降に提案を拒絶するためには、賛成票が10分の1未満であることを証明できるだけの資料を残しておく必要がある

が、賛成票が10分の1未満であることが明らかな場合（たとえば議決権行使書面や委任状のみで否決票が10分の9超あるなどの場合）には、賛成票が10分の1未満であることさえ確認してその資料を残しておけば、その具体的な票数まで数える必要はないであろう。株主から具体的な数を算定するよう要求があっても、それに応じる必要はない。賛成票が10分の1未満であることが明らかでない場合に、来年度以降に提案を拒絶するためには、現実に賛成票を数えておかざるをえないと思われる。

（前田雅弘）

6．動議対応(3)議案の修正が可能な場合

【設　問】

　招集通知発出後、株主総会の議場において、議案について修正が認められるのは、どのような場合でしょうか。たとえば、定款変更議案において、一部の変更案の規定の変更を取り下げ、残った変更案の規定のみを修正議案とする修正動議は、成り立つでしょうか。また、吸収合併契約承認議案では、いかがでしょうか。

【回　答】

> 　一般に議案の撤回（議案を縮小する方向での修正）は認められる。複数の規定の変更案が関連性を有する定款変更議案の一部撤回については、事前行使された書面投票は棄権として扱わざるをえない。吸収合併契約承認議案の契約条項の一部撤回は認められない。

【解　説】

　書面投票制度または電子投票制度を採用する会社（議決権を有する株主数が1,000人以上の会社では書面投票制度が強制される。会社法298条2項）では、総会招集の通知に際し、株主総会参考書類を株主に対し交付しなければならず（会社法301条1項・302条1項）、株主総会参考書類には議案を記載しなければならないから（施行規則73条1項1号）、招集通知発出後は、議案は修正できないのが原則である。もし株主総会の議場において議案を修正すると、当該修正議案は参考書類に記載されていなかったこととなり、当該修正議案について、株主は書面投票または電子投票によって賛否の意思を表明する機会を奪われることとなるからである。

　しかし、株主総会の議場における議案の修正のうち、議案の撤回（議案を縮小する方向での修正）は、書面投票等により株主がいったん行った賛否の意思表明を無にすることにはなるものの、株主に与える影響はそれほど重大ではな

307

いので、認められると考えられる。株主総会に議案撤回の動議を提出した上、その承認を要するかどうかについては見解が分かれうるが、実務的には、撤回について株主総会の承認を得ておくのが無難であろう。したがって、議案が可決される見通しが立たず、または議案の内容に問題があるなどの場合に、たとえば定款変更議案や吸収合併契約承認議案について、議案を全体として撤回することは認められると考えられる。

　さらに、同様の趣旨から、たとえば定款変更議案の中に、Ａ規定の変更案とＢ規定の変更案とが含まれている場合に、Ａ規定の変更案の部分だけを残し、Ｂ規定の変更案だけを撤回することもできると考えられる。この場合は、書面投票等における当該定款変更議案への賛成票・反対票は、修正議案（Ａ規定の変更案の部分だけを残した議案）についてもそれぞれ賛成票・反対票として扱うことができるであろう。ただし、Ａ規定の変更案とＢ規定の変更案とが関連性を有する場合には、書面投票等における原案への賛成・反対票が当然には修正議案への賛成・反対票とはいえなくなるであろうから、書面投票等は修正議案については棄権票（法的には反対票と同じ）として扱わざるをえないのではないかという問題が生じる。このような問題を回避するためには、実務的には、議案の撤回の可能性があるのであれば、あらかじめＡ規定の変更案とＢ規定の変更案とをそれぞれ別個の議案としておくのが賢明だということになろう。

　吸収合併契約承認議案については、議案を全体として撤回することはできるが、合併契約の契約条項の一部だけを撤回することは、合併契約の内容を変更することとなるから、認められないと解すべきであろう。

（前田雅弘）

第10節　動議等（議案の修正、撤回および否決を含む）

7．修正動議の修正可能な範囲

【設　問】

　総会場において株主が提出できる動議は、招集通知に記載された議題または議案の修正と解されています。また、この動議の修正は、無制限に提出できるわけではなく、招集通知に記載された株主総会の目的事項から「一般的に予見し得る範囲」を超えることはできないと解されています。

(1)　この「一般的に予見し得る範囲」とは、どの程度の範囲のことをいうのでしょうか。たとえば、定款第○条変更の件という議案を付議した場合、修正動議として提案できる範囲は定款全般に及ぶでしょうか。
(2)　「一般的に予見し得る範囲」の修正を超えてなされた決議は決議取消しの理由となりうるでしょうか。

【回　答】

　　議題または議案の修正について、一般的に予見しうる修正の範囲とは、平均的な株主が、当該株主総会において決議されると合理的に予想ないし期待する事項の範囲を意味し、これを逸脱する事項は、修正動議として提出できない。仮にそのような修正動議が可決された場合、原則として、その決議には取消原因がある。

【解　説】

　会社法は、株主総会で決議できる事項の範囲（株主総会の権限）について、取締役会設置会社か否かで区別している（会社法295条1項・2項）。取締役会設置会社の株主総会は、会社法および定款で株主総会決議事項と定められた事項についてのみ決議することができるが、取締役会を設置していない株式会社では、株主総会は、原則として、会社の組織運営管理その他一切の事項について決議することができる。

　特定の株主総会において決議できる事項について、取締役会設置会社でない

309

第1章　株主総会における諸問題

　株式会社では、株主総会の招集通知に会議の目的事項を記載する必要はなく（会社法298条1項2号・299条4項参照）、仮に会議の目的事項を記載していても、それ以外の議題について決議することができる（同法309条5項の反対解釈）。これに対して、取締役会設置会社では、招集通知には会議の目的事項が記載されなければならず、招集通知に記載された事項以外の議題について決議することができない。

　以下では、取締役会設置会社を前提に話を進める。

1　(1)について

　取締役会設置会社において、株主総会招集通知に「株主総会の目的事項」を記載しなければならない理由は、株主に出席するかどうかの判断の材料を与えるとともに、議決権行使に関する調査・準備の機会を与えるところにある。株主は、総会の議場において、招集通知に記載された会議の目的事項（議題）に関して、議案を提出することができる。このことは、従来認められてきたことであるが、会社法は明文で定めた（304条。総株主の議決権の10％以上の賛成が得られなかった日から3年間実質的に同一の議案を提案できない点は新設）。

　会社法304条が定める「株主総会の目的である事項」とは、招集通知に掲げられた会議の目的事項から一般的に予見することができる範囲内の事項と解釈されている。株主総会の議場で株主が提案できる議案の範囲は、当該株主総会が決議できる議案の範囲と同じものになる。会社側が当初提出していた議案を総会の場で修正できる範囲も同じである。ここで「一般的に予見することができる範囲」とは、招集通知に会議の目的事項を記載させる理由からすると、平均的な株主が、当該株主総会において決議されると合理的に予想ないし期待する事項の範囲を意味し、株主の合理的予想ないし期待に反するような事項は、当該株主総会では決議できず、したがって株主が修正動議として提案することはできない。

　抽象的にはこのようにいえるが、具体的に判断することは容易ではない場合がある。取締役の選任を株主総会の目的とする場合、招集通知に「取締役3名選任の件」と記載されていれば、平均的な株主であれば、4人以上の取締役が

選任されることを予想しないはずであるから、修正動議を含めて4人以上の取締役を選任することはできない。一方、招集通知には「取締役選任の件」と記載されており、選任される取締役の人数が明示されていない場合において、会社提案によると、取締役候補者としてABCの3名選任が議案として掲げられているとき、修正提案に基づき、株主総会の議場で取締役を4名以上選任することができるかが問題とされる。この場合は、議題が「取締役選任の件」というだけであり、取締役を何名選任するかは議題からは制限されていないから、定款所定の取締役の員数の範囲内であれば、総会の議場で修正提案が出されることによって、予定の3名を超えて選任することもできるし、予定の3名を下回る人数を選任することもできるとの解釈もありうると思われる。しかし、取締役選任が議題になるときは、招集通知には議案の概要も記載されるから（施行規則63条7号イ）、そこに明示されている員数を超える取締役を選任することは株主の合理的な予想に反する。書面投票・電子投票制度が採用される会社において、株主総会参考書類に議案が記載されている場合にも同じことが妥当する。その場合、修正議案の提案そのものは会社法の規定に反しないが、上の例で会社提案の3人を超える取締役を選任する決議がされると、その決議は、招集手続または決議方法が著しく不公正であるとして、決議取消の原因となることもありえよう。

　取締役の解任を株主総会の目的とする場合は招集通知において解任の対象となる取締役を明示しなければならないとする裁判例があり（名古屋高決平成25年6月10日判時2216号117頁）、この立場によると、総会場において、招集通知に明示された者以外の取締役を解任する議案を提出することはできないことになるだろう。

　本設問のように定款の変更が議題となるときには、招集通知に「定款の一部変更の件」と記載されている場合と「定款第○条変更の件」と変更される条文番号まで記載されている場合がある。

　「定款の一部変更の件」と記載されている場合は、定款のすべての条文について、修正提案が原則的に可能であるように思える。もっとも、定款変更は特別決議事項であり、会社法制定前から、議案の要領の招集通知への記載が必要

である（旧商法342条2項。会社法では施行規則63条7号チ）。このことから、定款変更のような会社の基礎に影響を及ぼす案件については、議題と議案の要領（概要）から、何が決議されるかを株主に予見させる仕組みになっていたといえる。そうすると、招集通知や株主総会参考書類に記載されている議案または議案の概要から合理的に予見できない事項を株主総会で決議することには問題がある。招集通知に変更の対象として記載されていた条文の変更と関係するような変更であれば許されるが、たとえば株主総会の議事運営に関する規定の変更が当初の議案として通知されていたときに、会社の商号や目的を変更する修正提案をするように、通知された議案とかけはなれた定款規定の変更は認められないと解される。

「定款第〇条変更の件」が会議の目的事項となっているのであれば、当該株主総会では、当該条文の変更しかできず、他の定款規定の変更はできないということになろう。もっとも、当該定款の条文の変更が必然的に他の条文の修正を伴うものであれば、当該他の条文の変更をも決議したことをもって違法という必要はない。それは当該条文の変更による影響が及ぶ範囲として株主が予見できるからである。

【設問】にあるように「定款第〇条変更の件」が会議の目的事項となっている場合に、他の条文も修正ができるのは、このような場合に限られ、当該条文と関係のない定款規定についてまで、修正動議として提案できるわけではない。

2　(2)について

この問題は、基本的には、取締役会設置会社において、会議の目的事項以外の事項を決議してしまった場合に、その決議の効力はどうなるか、という問題と理解すればよい。ここでは決議の内容が法令に違反しているのではないから決議無効が問題となるのではない。

考え方は2つある。すなわち、当該決議は、当該株主総会が本来行えないことを決議したのだから決議は不存在であるとする考え方と、決議取消しの原因になるとする考え方がありうる。ただ、本設問では、取締役会設置会社の株主総会の権限外の事項を決議したというわけではなく、一般的に株主総会が決議

できる事項であるが、招集通知に記載されていなかったために、当該株主総会では決議できない事項であった（会社法309条5項）にすぎない。したがって、原則的には招集手続の法令違反ないしは著しい不公正であるとして決議取消しの原因となると解すべきである（同法831条1項1号）。

　その上で、たとえば、ある株主が欠席することを期待して、招集通知にはある事項を議題としては通知せずにいたところ（ある議題について決議することが一般的に予見できないような招集通知の記載の仕方になっていた場合も同様）、その株主が実際に欠席したので、招集通知に記載されていない（あるいは招集通知からは予見できない）事項に関する議案を株主に提出させて決議し、その事実を決議後3か月経過するまで当該欠席株主には知らせないようにしていた場合のように、提訴期間の制限がある決議取消しの訴えによってのみ決議の効力を否定できるとすることが著しく正義公平にもとると認められる場合には、決議は不存在となりうると解すべきである。

（北村雅史）

8．修正動議の取扱い

【設　問】

株主から修正動議を受ける場合、修正の成否（必要的動議として議場に諮るべきか否か）が問題となることがあります。次の一般的な議案について、どのように考えられるでしょうか。
(1)　剰余金の配当議案
(2)　定款変更議案
(3)　組織再編に関する議案
(4)　役員複数選任議案（書面投票制度を採用している場合）
(5)　役員報酬改定議案

【回　答】

> 株主総会では、招集通知に記載された議題以外の事項について決議することはできず、修正動議についてもその制約は及ぶ。議題の範囲内かどうかは、修正が招集通知に記載された議題から一般的に予見することができるかどうかによって決する。
> (1)　剰余金の配当については、配当額の増加か減少かを問わず修正は認められる。
> (2)　定款変更については、定款変更を拡大する方向の修正は認められない。
> (3)　合併等については、株主の利益になることが明確な場合を除き、認められない。
> (4)　取締役選任については、修正が認められるが、定款所定の人数の上限、または議題で示された選任すべき人数までしか選任決議を行うことができない。
> (5)　役員報酬改定については、報酬等の額を増加する方向の修正は認められない。

第10節　動議等（議案の修正、撤回および否決を含む）

【解　説】

　取締役会設置会社における株主総会の招集通知には、会議の目的事項（議題）を記載しなければならない（会社法299条4項・298条1項2号）。株主は、招集通知に記載された議題を見て、株主総会に出席するかどうか、議案に賛成するか、情報をさらに入手すべきか等の判断をすることとなる。したがって、株主総会では、あらかじめ招集通知に記載された議題以外の事項について決議をすることはできない（会社法309条5項）。招集通知に記載された議題以外の事項について決議をすることとなれば、株主にとっては不意打ちとなるからである。

　株主は、株主総会の議場において取締役提出議案に対する修正提案（いわゆる修正動議）を提出することが認められているが（会社法304条）、修正動議についても当然に前記の制約は及ぶから、議案の修正は、あらかじめ招集通知に記載された議題の範囲内においてしか認められない。修正動議が招集通知に記載された議題の範囲内において行われる場合には、法定の拒絶事由（同条ただし書）が存在しない限り適法な提案であって、議長はこれを無視することはできず、議場に諮らなければならない。

　修正が招集通知に記載された議題の範囲内かどうかは、その修正が招集通知に記載された議題から一般的に予見することができるかどうかによって決すると解されているが、その限界の具体的な判定は相当に困難である（大隅健一郎＝今井宏『会社法論中巻〔第3版〕』（有斐閣、1992年）111頁）。

　さらに、書面投票・電子投票を採用する会社以外の会社では、一定の重要事項については、招集通知に議案の概要まで記載しなければならず（会社法299条4項・298条1項5号、施行規則63条7号）、書面投票・電子投票を採用する会社では、株主総会参考書類に議案（一定の議案については議案ごとに記載事項が法定）を記載し、招集通知に際して株主に交付しなければならない（会社法301条・302条、施行規則65条・73条～94条）。修正が招集通知に記載された議題の範囲内かどうかの判断に当たっては、議案に関して株主に提供されるこれらの情報も考慮しなければならず、判断はより一層微妙となる。以下においては、いくつかの議案ごとに検討を行う。

第1章 株主総会における諸問題

1 剰余金の配当議案

書面投票・電子投票採用会社においては、前記のように株主総会参考書類において議案が記載される。学説では、議題が「剰余金配当の件」とされている場合、取締役提出議案を修正して配当額を増加することはできるが、配当額を減少することは、株主の予想を超えることとなって認められないという説も有力である（大隅＝今井・前掲111頁）。しかし配当額を減少して会社に留保する額を増やすことが当然に株主の不利益になるとも言い切れず、特に修正の範囲を配当額の増加だけに限定する根拠は乏しいというべきではなかろうか。

書面投票・電子投票採用会社以外の会社においても、招集通知に際して「剰余金配当の件」が議題として示されたのであれば、具体的な配当額の増減は株主の予想できるところであり、増加か減少かを問わずに修正は認められると解すべきであろう。

2 定款変更議案

定款変更については、書面投票・電子投票を採用しているかどうかにかかわらず、招集通知の際に株主には議案（またはその概要）まで示される。したがって、議案に示された定款規定とは異なる規定を変更する旨の修正動議が認められないのはもちろんのこと、議案に示された規定についての定款変更であっても、定款変更を拡大する方向での修正は、株主の予想を超えるものであって認められないと解すべきであろう。

以上のことは、議題が「定款第〇条変更の件」とされている場合でも、単に「定款の一部変更の件」とされている場合でも違いはないと思われる。

3 組織再編に関する議案

合併等については、業務執行者が締結した合併契約等を株主総会で承認するのであり、そもそも株主提案はできないという説が有力であり、このような説によれば、合併等に関する修正動議も認められないこととなる。

合併等について株主提案を認める説に立っても、合併等は定款変更と同様、招集通知の際に株主に議案（またはその概要）まで示されることから、その修

正は、株主の利益になることが明確である場合（たとえば合併条件を一方的に株主に有利になるよう修正する場合）を除き、株主の予想を超えるものであって認められないと解すべきではなかろうか。

4　役員複数選任議案

　議題が単に「取締役選任の件」とされている場合、取締役候補者を追加する旨の修正動議は認められるであろう。役員等の選任については、書面投票・電子投票を採用しているかどうかにかかわらず、招集通知の際に株主に議案（またはその概要）まで示されるが、定款所定の人数の上限までの範囲で取締役が選任されることは、株主は予想しうるところだからである。修正による追加候補者により定款所定の人数の上限を超える場合であっても、取締役提出議案の候補者と併せて選任決議が人数の上限に達するまでは、議場に諮らなければならないと解される（どのような方法で人数内の決議を成立させるかは別問題）。

　議題が「取締役〇名選任の件」とされている場合には、定款所定の人数の範囲内であっても、取締役提出議案の候補者および修正動議による取締役候補者を併せて最大〇名までしか選任決議を行うことはできない。

5　役員報酬改定議案

　役員等の報酬等は、招集通知の際に株主に議案（またはその概要）まで示される。ここでも、報酬等の額を減少する方向での修正は差し支えないが、これを増加する方向での修正は、株主の予想を超えるものであって、認められないと解すべきであろう（大隅＝今井・前掲111頁）。

　　　　　　　　　　　　　　　　　　　　　　　　　　　（前田雅弘）

第1章　株主総会における諸問題

9．議案の変更

【設　問】

　株主総会の当日、議案の修正が行われ、原案と異なる決議が可決された事例がありましたが、招集通知発送後当日までに議案を変更できる範囲と手続、また、株主総会の当日に議案を変更できる範囲と手続について、どのように考えればよいでしょうか。

【回　答】

> 　招集通知発出後でかつ招集通知発出に係る法定期限の経過後は、議案を修正して株主に通知することはできない。一方、株主総会当日の議案の修正は、議題の範囲内において行うことができる。

【解　説】

　取締役会設置会社を前提として、招集通知発送後の議案修正については、以下のように考えるべきである。

　招集通知に際して、議案または議案の概要が株主に通知されるのは、書面投票もしくは電子投票制度を採用する場合または役員等の選任や組織再編行為等の一定の事項が議題となる場合である（会社法298条1項5号、施行規則63条3号・7号、会社法299条4項）。したがって、それ以外の場合すなわち招集通知に際して議案を株主に通知していない場合は、特に株主総会の当日までの議案修正は必要なく、株主総会の当日に、議題の範囲内において（会社法309条5項）、修正後の議案を提出すればよい。

　招集通知に際して議案が通知される場合において、招集通知発送後であるが会社法または定款に定めた招集通知発出期限（会社法299条1項）前に議案修正の必要性が生じたときは、招集通知の訂正として、変更された議案について修正した招集通知をあらためて発送することができる。この段階では、議案ばかりでなく議題も修正できる。書面投票制度採用会社では、修正議案を反映した

第10節　動議等（議案の修正、撤回および否決を含む）

議決権行使書面をあらためて発送しなければならない。

　招集通知発送後でかつ会社法または定款に定めた招集通知発出期限経過後であれば、議案を修正して株主に通知することはできない。株主総会参考書類等について、招集通知を発送した日から株主総会の前日までの間に修正をすべき事情が生じた場合における修正後の事項を株主に周知させる方法を、株主総会の招集通知と併せて通知していたとしても（いわゆるウェブ修正のためのURLの通知。施行規則65条3項・133条6項、計算規則133条7項・134条7項）、「議案」のように、もともとインターネット上の開示が認められていない（施行規則94条1項1号）ものについては、ウェブ修正は認められないと解されている。したがって、この段階において、議案修正の通知を株主に発送したり、議案についてウェブ上で修正したとしても、それは会社法上有効な通知もしくは修正ということにはならない。

　招集通知に際して議案を通知しなければならない場合において、株主総会の日までの間に有効に議案の修正を行えない場合は、株主総会の当日に議案を修正せざるをえない。

　議案の修正は、もとの議案の撤回と新たな議案の追加と見ることができる。議案の追加は、株主総会招集通知に記載された議題の範囲内において、行うことができる（会社法309条5項）。株主が修正動議を提出する場合は、会社法304条の要件（特に、同一議案が総株主の議決権の10分の1以上の賛成を得られなかった日から3年を経過していないこと）を満たさなければならないが、会社側の修正であれば、この要件はない。会社側からの議案修正の手続については、会社法に特に定めはないが、会議体の一般原則からすると、議場で株主に修正の理由を説明すべきである。

　議案が修正された場合の書面投票の取扱いについては、2つの考え方がある。第1は、原案賛成のものを修正議案反対とし、原案反対のものと棄権のものは、修正議案も棄権とする立場である。第2は、原案に賛成・反対・棄権のいずれも、修正議案には棄権とする立場である。前者は、原案賛成のものはそれ以外の議案には黙示的に反対であると解されることを理由とし、後者は、修正議案を事前に知らされていれば修正案に賛成したか反対したかどうかはわか

らないことを理由とする。いずれにしても、決議成立要件との関係では、棄権は反対と同じ（定足数との関係では出席として扱われる）であるので、上のどちらの説によっても、結果は同じになる。そうすると、書面投票分が割合的に相当数に上るときは、修正議案は可決されない可能性がある。これに対処するためには、議案を修正する予定がある場合、会社に協力的な大株主から委任状を取得しておくべきことになろう。

　なお、指名委員会等設置会社においては、株主総会招集通知発送後に、取締役選任議案を修正しようとする場合、別途の考察が必要になる。指名委員会等設置会社では、株主総会に提出する取締役選任議案の決定は、指名委員会のみが行えるので（会社法404条1項）、執行役等が、指名委員会に無断で、株主総会の場でそれを修正することはできない。もっとも、指名委員会等設置会社でも、株主は、事前の提案権行使（同法305条）や当日の議案提出（同法304条）ができるので、株主は、指名委員会の提出する候補者以外の候補者を提案することができる。

（北村雅史）

10. 議案の撤回(1)

【設　問】
(1) 議案が可決される見通しが立たない等の理由で議案・議題を撤回する場合、株主総会に先立って取締役会を開催し、撤回の決議を行い、総会場で株主の承認を得た上で議案の撤回を行うものと思われます。
　① 株主総会における撤回動議の承認は必要でしょうか。
　② 時間の制約上、株主総会前に取締役会を開催できない場合、どのように対応すればよいでしょうか。
(2) 株主提案権が行使され、提案株主から招集通知発送後総会当日までに株主提案議案の撤回の申出があった場合、株主総会の当日、議長から撤回の動議を提出し、議場で承認されれば、撤回できるでしょうか。

【回　答】

> (1)① 議題・議案の撤回について株主総会の承認は不要であるが、出席株主から撤回に異議があれば、当該株主自身による提案がなされたものと解すべきである。
> 　② 議題・議案の撤回は、取締役会決議で決定することを要する。取締役会決議による決定ができない場合は、撤回を断念せざるをえない。
> (2) 会社が提案株主からの撤回に同意する場合、議長は、提案株主から撤回の申出があった旨を述べれば足りる。他の出席株主から撤回に異議があれば、当該株主による提案がなされたものと解すべきである。

【解　説】

1　(1)①について
　株主総会における議題・議案の撤回について、総会における承認が必要であるとの説も存在するが、総会の承認は法的には不要と解すべきであろう。議案の修正について、会社法は、総会の承認なしに株主が会場において当然に修正

動議を提出できる旨を明文で明らかにした（会社法304条）。取締役提出議案を修正する権限が株主に与えられていることとの均衡も考慮すると、議案の決定者である取締役会自身が議案の撤回を決定したにもかかわらず、総会の承認がなければ議案を撤回できないと解するのは不合理である。議題についても、議題の決定者である取締役会が撤回を決定したのであれば、総会の承認を要することなく、撤回は認められると思われる。

　もっとも、議案の撤回については、株主には会場において議案を提出する権限が与えられているので（会社法304条）、撤回された取締役提出議案を株主が提出することは可能である。したがって、総会の承認なしに取締役提出議案の撤回ができるとはいっても、会場における株主から撤回に異議があれば、当該株主自身による提案がなされたものと解すべきこととなろうから、株主から異議があれば、実質的には、撤回はできないこととなろう。

2　(1)②について

　議題・議案の決定権限は取締役会にあり、その撤回の決定も取締役会が行う必要がある。議題・議案の撤回は重要事項の決定であり、時間がないからといって、その決定を議長等に委ねることはできないと解される（会社法362条4項）。

　議案の可決が危ぶまれ、撤回の可能性が事前に予測できるのであれば、株主総会の当日朝など、株主総会開始までに臨時の取締役会の開催を予定しておくのが賢明であろうし、取締役・監査役全員の同意があれば、招集手続を省略して臨時取締役会を開催することもできる（会社法368条2項）。さらに、いわゆる書面決議が可能である旨の定款の定めのある会社であれば、撤回について取締役全員の同意があり、監査役にも異議がなければ、会議を開催することなく撤回の取締役会決議をすることもできる（同法370条）。これらの措置によってもなお撤回の取締役会決議をすることができない場合は、撤回を断念せざるをえないのではなかろうか。

第10節　動議等（議案の修正、撤回および否決を含む）

3　(2)について

　株主提案権は株主の利益のために設けられた制度であり、提案権を行使した株主は会社の承認を要することなく撤回ができるという見解もありうるが、提案権行使の効力は、請求が会社に到達したときに生じており、その後は会社の同意なしには撤回できないと解する説が多い。株主提案権が行使されると、会社側は当該提案を招集通知に記載するなどの措置をとることとなるから、このように解するのが正当であろう。

　したがって、招集通知発送後に提案株主から議案を撤回する旨の申出があっても、会社は、撤回を認めることなく、総会においてその提案を付議することができると解される。他方、会社は、株主からの議案撤回に同意し、提案権の行使がなかったものと扱うこともできる。議案撤回に同意することの決定は、取締役会の決定を要するほどのこともないであろう。総会の承認を要するとの説もあるが、そう解すべき根拠は乏しく、議長は、提案株主から撤回の申出があった旨を述べれば足りると思われる。

　もっとも、取締役提出議案の撤回の場合と同様、撤回された株主提案議案を他の株主が会場で提出することは可能である。したがって、会場において他の株主から撤回に異議があれば、当該他の株主による提案がなされたものと解すべきこととなろうから、株主から異議があれば、実質的には、撤回はできないことになろう。

（前田雅弘）

11. 議案の撤回(2)

【設　問】

　株主総会で会社提案が否決の見通しとなり、会社提案を撤回した会社がありましたが、たとえば、議案の承認見通しが不明の状況（招集通知送付後の数日間）で会社都合により議案を撤回する場合、株主宛の通知等は必要でしょうか。あるいは開示、総会場での対応だけでも問題ないでしょうか。

【回　答】

> 　議案を取り下げる旨を株主に通知することは法定されていない。議案の取下げは、総会当日、議場において行うことができ、その場合、当該議案に関する議決権行使書面の記載はないものとして扱われる。

【解　説】

　招集通知において、議案を株主に通知した場合、招集通知発出期限の後は、原則的に議案の変更をすることは適切ではない。たとえば、招集通知後に、議案を追加したとすれば、それについては、議決権行使書面による議決権行使はできなくなり、また株主の議案についての考慮の期間を確保するための招集通知期限に関する規制（会社法299条1項）の趣旨が損なわれるからである。しかし、議案の取下げ等、縮小的な変更については、株主に不測の損害を及ぼすことがないので、あまり問題はないと考えられる。

　議案を取り下げる旨を株主に通知することは、会社法上要求されていない。もちろん、株主の立場からすると、事前に知らされているほうが望ましいが、通知のコスト、議決権行使書面の変更のコストなどを考慮すると、費用対効果の面で、会社にとっては適当ではないであろう。

　議案の取下げは、株主総会の当日、議場において行うことができる。その場合、理由を説明すべきであるが、理由を述べないで取り下げることも可能である。もちろん、結果として、決議がされなければ決議の瑕疵は問題にならない。

第10節　動議等（議案の修正、撤回および否決を含む）

　議案を取り下げた場合、当該議案に関する議決権行使書面の記載は、ないものとして扱われる。

　なお、指名委員会等設置会社において、取締役選任議案の取下げは、指名委員会の決定がなければできない。もっとも、実際に執行役が指名委員会に無断で取り下げてしまった場合には、当該執行役の責任が生じることは別として、決議自体は行われないから、指名委員会が決定した候補者は取締役に選任されないことになる。

（北村雅史）

第1章 株主総会における諸問題

12. 辞任により役員に欠員が生じた場合の措置

【設　問】

　取締役選任議案が否決された会社がありましたが、「役員が欠けた場合、または法律・定款で定める員数が欠けた場合、任期満了または辞任により退任した役員は、新たに選任された役員が就任するまで、役員としての権利義務を有する」（会社法346条1項）とされています。一方、「権利義務を承継する者は任期満了により退任した者であって、辞任により退任した者は権利義務を承継する者とはならない」とする意見（立法論）があります。この点について、どのように考えられるでしょうか。

【回　答】

> 　辞任により退任した取締役等は、権利義務を有せしめるのが不適当な者だとは当然にはいえず、現行法の規律には合理性がある。

【解　説】

　取締役等の役員に欠員が生じた場合には、遅滞なく後任の役員を選任しなければならないが（会社法976条22号参照）、任期満了または辞任により退任した役員は、後任者が就任するまでの間、なお取締役としての権利・義務を有する（同法346条1項）。退任者が権利義務を有するのは、役員が任期満了または辞任によって退任した場合だけであり、その他の事由によって退任した場合に、退任者が権利義務を有することはない。任期満了または辞任によるのでない退任者（解任された者など）は、会社との間の信頼関係が破壊されているなど、引き続き権利義務を持たせるのが不適当だからである。

　辞任により退任した者は、権利義務を有せしめるのが不適当な者だとは当然にはいえず、会社法は、この者が引き続き権利義務を有する者となることを認めている。もし辞任が病気を理由とするなど、引き続き権利義務を有せしめることが実際上不可能または不適当である場合には、必要があると認められると

326

きは、裁判所は利害関係人の申立てにより一時役員の職務を行うべき者を選任することができる仕組みになっているので（会社法346条2項）、現行法の規律には合理性があると考えてよいのではなかろうか。

（前田雅弘）

13. 株券電子化と定款変更

【設　問】
　株券電子化により、上場会社は、施行日を効力発生日とする定款変更の決議をしたものとみなされることになりますが、その後、最初に到来する株主総会で行う定款変更決議（株券に関連する規定の削除等）が万一否決された場合、どのような対応をすればよいでしょうか。

【回　答】

> 　法律によって定款変更があったとみなされる場合には、実質的意義の定款は、法律により当然に変更される。定款変更決議は不要であり、仮に決議をしても、任意の報告という意味しか持たず、万一否決されても法的な問題を生じることはない。

【解　説】
　「定款」には2つの意味があり、1つは会社の組織活動を定めた根本規則そのものを意味し（実質的意義の定款）、もう1つは、当該規則を記載した書面または電磁的記録を意味する（形式的意義の定款）。そして会社法にいう「定款変更」とは、実質的意義の定款の変更である。実質的に根本規則の内容を変更するからこそ、原則として株主総会の特別決議を要することとなるのである。実質的意義の定款の変更があれば、取締役はそれに合わせて書面としての定款（形式的意義の定款）の記載を書き換えなければならないが、これは定款変更があったあとの手続にすぎず、株主総会決議は不要であり、代表取締役だけで行うことができる。
　法律によって定款変更があったとみなされる場合には、実質的意義の定款は、法律によって当然に変更されることになる。市町村合併などで住所の表記が変われば、本店所在地の地名が当然に変わるのと同様である。したがって、法律によって定款変更があったとみなされる場合には、定款変更決議は不要で

ある。すでに法律によって変更されている事項について定款変更決議をしても、それは決議内容が無意味であって、決議としては法的には無効であり、法律によって定款変更があったことを任意に株主総会に報告しているにすぎないことになる。

　上場会社は、株式の振替制度の施行日を効力発生日とし、株券を発行する旨の定款の定めを廃止する定款変更決議をしたものとみなされる（一斉移行。平成16年株券等決済合理化法附則6条）。振替制度の施行日に、法律の力で、株券を発行する旨の定款の定めは当然に効力を失うこととなるのであって、現実に定款変更手続をすることは法的には必要ない。株券の発行を前提とした株券に関連する規定についても同様である。定款に株券を発行する旨の定めがない限り、会社は株券を発行することはできないのであるから（会社法214条）、株券を発行する旨の定款の定めが当然に失効するのと同時に、株券の発行を前提とする株券に関連する規定も内容が会社法214条に反することとなって、同じく当然に失効するからである（株券保管振替制度を前提とする規定も同様である）。

　したがって、株券を発行する旨の定款の定め、または株券に関連する定款の定めについては、もしこれらを廃止する定款変更決議を行ったとしても、前記のように、それは任意に株主総会に報告するという意味を超えて特に法的な意味を有するものではないから、万一否決されても、法的な問題を生じることはない。

（前田雅弘）

14. 決議（定款変更議案の否決）

【設　問】

　法律上△△という内容を加える定款変更があったものとみなすと規定されていても、株主総会で定款変更の決議をするのが、一般的な実務です。しかしながら、セットで提案された定款変更議案の他の内容等により、定款変更議案が否決されることもありえます。否決された場合、どのようにすればよいでしょうか。

【回　答】

> 　法律によって定款変更があったとみなされる場合、実質的意義の定款は当然に変更されている。株主総会の決議は法的には無効であり、当該議案が否決されても、代表取締役が形式的意義の定款の記載を当該変更内容に従って書き換えればよい。

【解　説】

　「定款」には2つの意味があり、1つは会社の組織活動を定めた根本規則そのものを意味し（実質的意義の定款）、もう1つは、当該規則を記載した書面または電磁的記録を意味する（形式的意義の定款）。そして会社法にいう「定款変更」とは、実質的意義の定款の変更である。実質的に根本規則の内容を変更するからこそ、原則として株主総会の特別決議を要することとなるのである。実質的意義の定款の変更があれば、取締役はそれに合わせて書面としての定款（形式的意義の定款）の記載を書き換えなければならないが、これは定款変更があったあとの手続にすぎず、株主総会決議は不要であり、代表取締役だけで行うことができる。

　法律によって定款変更があったとみなされる場合には、実質的意義の定款は、法律によって当然に変更されることになる。市町村合併などで住所の表記が変われば、本店所在地の地名が当然に変わるのと同様である。したがって、

法律によって定款変更があったとみなされる場合には、定款変更決議は不要である。すでに法律によって変更されている事項について定款変更決議をしても、それは決議内容が無意味であって、決議としては法的には無効であり、法律によって定款変更があったことを任意に株主総会に報告しているにすぎないことになる。

したがって、当該定款変更議案が否決されたとしても、すでに法律の力で定款変更がなされている以上、法的には問題は生じないと考えられる。

（前田雅弘）

第11節　株主総会の終了後

1．株主総会議事録（備置き）

【設　問】

　株主総会議事録は、会社法318条により、株主総会の日から10年間備え置く必要がある旨、定められています。条文上は「株主総会の日」とありますが、遅滞なく議事録を作成すればよいでしょうか。

【回　答】

> 　株主総会議事録は、株主総会終了後に遅滞なく作成し、備え置けば足りる。

【解　説】

　会社法318条2項は、株式会社は、株主総会の日から10年間、株主総会の議事録を本店に備え置くべき旨を定める。株主総会議事録の作成時期について明文規定はないが、株主総会終了後に遅滞なく作成すべきものと解されてきた。株主総会議事録の備置きは、法律の文言上は株主総会の日に開始すべきような表現となっているが、作成前に備え置くことは不可能であり、作成後、直ちに行えば足りると解釈すべきである。

（前田雅弘）

2．株主総会議事録（出席取締役の意義）

【設　問】
　株主総会の直前の取締役会において代表取締役の地位を解かれた株主でもある取締役が、株主総会に株主として株主席に座った場合、株主総会議事録には、出席取締役としてその氏名を記載しなければならないでしょうか。

【回　答】
> 　取締役としての地位を失わない以上、株主席に座ったとしても、総会の議場に現実にいる限り、株主総会に出席したものとして議事録に記載すべきである。

【解　説】
　取締役会で代表取締役を解職された者も、取締役としての地位は失わない。取締役である以上、株主総会に出席し、株主からの質問に答える義務がある（会社法314条）。したがって、本来は取締役の席に座っていなければならない立場にある。取締役が株主でもある場合、株主として議決権を行使できるのは当然であるが、同時に取締役でもある以上、株主総会の議場で取締役としての職務を果たさなければならない。たとえば、当該取締役が答えるのが適当な（当該取締役の職務範囲に関する）質問があったとき、議長は、当該取締役を指名することもでき、その場合、当該取締役は説明しなければならない。なお、当該取締役は、株主として質問権を行使できるかという問題はあるが、取締役である以上会議の目的である事項について判断するための事実を知っているはずであるから（議題・議案を決定する取締役会に出席する義務があった）、議長がその者に質問の機会を与えなくても、議事運営上瑕疵は存しないと解する。
　以上から、取締役は株主総会の議場に現実にいる限り、株主総会に出席したものとして、議事録に記載すべきことになると考えられる。

（北村雅史）

3．株主総会議事録（出席議決権数の記載）

【設　問】

　前日までの書面投票等を含む株主総会の出席株主数およびその保有議決権数（以下「出席議決権数等」といいます）は、議案の賛否を決定する際の重要な判断材料であり、その数値の集計は株主総会の受付で行われます。その関連で、①開会時刻の10分ないし15分程度前の数値を集計し、開会直後、議事冒頭においてその数値を報告することが多いところです。また、②株主総会に提出される最終議案がおおむね採決される時点の出席議決権数等の集計等も行っています。さらに、③議案の採決前に前記①の報告済の数値に大きな変動が生じた場合には、その時点における数値を集計します。

　株主総会議事録の出席議決権数等には、その記載の仕方、表現にもよりますが、③の事態がなければ、基本的に①と②のうちいずれの数値を記載すべきでしょうか。

【回　答】

> 　株主総会議事録には、採決時点における出席議決権数等を記載することが望ましいが、議事冒頭の報告時点の数値とあまり変わらなければ、その数値を記載しても、虚偽記載とはいえない。

【解　説】

　会社法施行規則72条3項は、株主総会の議事録の記載事項を会社法制定前商法（244条2項）より詳細に規定している。議事録の記載の中心となるのは、会社法施行規則72条3項2号の「株主総会の議事の経過の要領及びその結果」であり、その中には、報告事項の内容、決議事項についての質疑応答の概要、議案の採決の結果等とともに、出席株主数およびその議決権数（出席議決権数等）が含まれると解されている。本設問では、議事録に記載すべき出席議決権数等とは総会開始時の株主数と議決権数（株主総会において冒頭にアナウンスされた

数）か、採決時の株主数と議決権数かが問われている。

　議事録において、出席株主数と出席議決権数を記載すべきとされているのは、決議を行うに際し、定足数を満たしており、そこで議案が可決された場合には決議が有効に成立したことを明らかにするためである。この趣旨からすると、採決される時点における出席株主数および出席議決権数（【設問】の②）を議事録に記載することが望ましい。もっとも、株主総会の冒頭に出席議決権数等が発表され、採決時においてもあまり変わりがない（定足数を下回るような事態にはなっていない）のであれば、冒頭の発表時の出席議決権数等を議事録に記載しても、株主総会議事録の虚偽記載（会社法976条7号による過料の制裁）にはならないと解する。

　なお、株主提案権を行使した株主が同一議案を3年以内に再提出することが認められるための要件は、当該議案について議決権を行使できる総株主の議決権の10分の1以上の賛成があったことであり（会社法304条ただし書・305条4項）、出席議決権数の10分の1以上ではないから、提案権との関係では、出席議決権数の正確を期する必要はない。

　　　　　　　　　　　　　　　　　　　　　　　　　　　（北村雅史）

4．株主総会議事録の記載内容(1)

【設　問】

(1)　株主総会において、株主から「自己の発言した内容とそれについての議長の説明内容」を記録するよう求められた場合、議長は、その求めに対し、どのように回答すべきでしょうか。

　　また、議事録の記載として、株主からの求めに応ずる必要はあるのでしょうか。

(2)　株主総会の議事録の作成者は取締役であることだけが求められていますが、その趣旨は、どのように考えられるでしょうか。株主総会に欠席した取締役や全取締役が退任した場合の退任取締役なども、作成者とすることができるでしょうか。

【回　答】

(1)　株主総会議事録の記載について、株主からの求めに応じる必要はない。
(2)　株主総会議事録は、当該総会の終結時まで取締役であった者であれば、誰が作成者となってもよい。当該総会を欠席した取締役でも作成者となれないわけではない。

【解　説】

1　(1)について

　株主総会の議事録には、法務省令で定める事項を記載しなければならない（会社法318条１項、施行規則72条３項）。「議事の経過の要領」が記載事項の１つとされているが（施行規則72条３項２号）、具体的にどのような内容まで記載するかは、議事録を作成する取締役が善管注意義務に従って判断すべき事項であり、株主が判断すべき事項ではない。

　したがって、議長としては、議事録の記載は、会社法の規定に基づいて適正に作成する旨を回答すれば足り、株主からの求めに応じる必要はない。

2　(2)について

　株主総会議事録の作成者について、法律上要求されているのは、「取締役」であることだけである（会社法318条1項、施行規則72条3項6号）。株主総会議事録は、単に記録・証拠の意味を有するにすぎず、この「取締役」は、取締役であればだれでもよく、業務執行の実行者たる取締役（代表取締役・業務担当取締役）には限定されない。指名委員会等設置会社においても、執行役でなく取締役が作成する。

　法定の事項を記載するのに支障がないのであれば、株主総会を欠席した取締役が作成するのでも差し支えないが、欠席していたため法定の事項を適正に記載できないのであれば、その取締役には法令違反による任務懈怠があることとなり（会社法423条1項）、過料の制裁もある（同法976条7号）。また、あえてそのような者に作成を委ねた他の取締役にも善管注意義務違反による任務懈怠が問題となりうる。もっとも、株主総会議事録の記載は、単に記録・証拠の意味を有するにすぎず、それが不適正であるために会社に損害が生じることは稀であろう。

　議事録の作成者となる取締役は、当該総会の終結時までは取締役である者でなければならないが、任期が当該総会の終結時までとされている取締役であっても、作成者となることはできると解される。旧取締役全員が当該総会の終結時に退任する場合も同様である。

（前田雅弘）

5. 株主総会議事録の記載内容(2)

【設　問】
　株主総会議事録には、発言株主の氏名や出席票番号を記載する必要があるでしょうか。

【回　答】
> 　株主総会議事録には、重要な質問と回答を簡潔に記載すれば足り、発言株主の氏名や出席票番号まで記載する必要はない。

【解　説】
　株主総会議事録の記載事項は、法務省令に定められている（会社法318条1項、施行規則72条3項）。議事録の記載は、決議の効力や取締役の責任に関して将来紛争が生じたときに、記録・証拠となる意味を有するにすぎないので、記録・証拠とする意味を超えて詳細な記載をする必要はない。「議事の経過の要領」が記載事項とされ（施行規則72条3項2号）、個々の株主の質問等も記載事項となりうるが、要領の記載で足りるので、重要な質問と回答を簡潔に記載すれば足り、発言株主の氏名や出席票番号まで記載する必要はない。
　法定の各記載事項について、具体的にどこまでの記載をするかは、議事録を作成する取締役（施行規則72条3項6号）に大幅な裁量が認められ、著しく記載が不備である場合にも、取締役の任務懈怠が問題となるにとどまり、決議の効力に影響はない。

（前田雅弘）

6．株主総会決議通知等の取扱い

【設　問】

　会社提案議案が可決されることを前提として、株主総会終了後に、株主宛に株主総会決議通知を送付する準備をしていたところ（事前に決議通知を印刷・封入作業済）、剰余金の配当議案以外の議案の可決に変更（議案の否決、修正および撤回）があった場合、次の①および②についてどのように考えられるでしょうか。

　なお、当該会社は有配会社で、期末配当の効力発生日を株主総会日の翌営業日とし、かつ配当交付手続書類が決議通知にすでに封入されていることを前提とします。

　① 配当交付手続書類の発送を最優先し、予定どおりそのまま（議案が可決されたとしたまま）発送すべきでしょうか。

　② 議案が可決されていないのに、可決されたとする決議通知を送付することは適切でないと判断し、予定を変更し、正確な内容の決議通知とともに配当交付手続書類を数営業日後に送付することは許容されるでしょうか。

【回　答】

> 事前の議決権行使状況等から議案の可決の見込みが明らかでない場合には、配当交付手続書面の送付が遅れたり、虚偽の事実を開示することとならないよう、事前の準備が必要である。

【解　説】

　株主総会決議で定める剰余金配当の効力発生日（会社法454条1項3号）は、基準日に関して会社法124条2項括弧書の定める制限との関係上、株主総会の会日の翌営業日など、株主総会終了後の近接した日とせざるをえない。そして剰余金配当の支払に係る会社の債務は、持参債務であり、確定期限（効力発生日）の到来した時から、会社は遅滞の責任を負うこととなる（民法412条1項）。

したがって、【設問】②のように配当交付手続書類の送付が遅れ、実際の支払開始日が効力発生日よりも遅れる事態になると、会社は遅滞の責任を負うと解さざるをえないであろう。

　他方において、【設問】①のように、事実に反する記載を含むことが判明している決議通知をそのまま株主に送付することは、決議通知が法定の書類でないとはいっても、虚偽の事実を開示することとなり、不法行為を構成しかねず、取締役の責任も問題となる。

　そこで、事前の議決権行使状況等から議案の可決の見込みが明らかでない場合には、（イ）当該議案については可決された場合と否決された場合の両方を想定して複数の決議通知を事前に用意しておくか、（ロ）先に配当交付手続書類だけを送付し、後日に修正済みの決議通知を別途送付できるよう準備しておくか、または（ハ）決議通知を送付することは断念して配当金交付手続書類だけを送付することとし、決議の概要等については会社のホームページ等に掲載するなどの対応策を検討すべきであろう。

（前田雅弘）

7．議決権行使結果の開示

【設　問】
　金融庁のワーキング・グループその他で、「議決権行使の結果開示」について検討されており、議案ごとに賛成○票、反対○票というように賛成・反対の票数を開示することも議論されているようです。
　そこで、そもそも株主の権利として、賛否の個別開示の要求は当然に認められるのでしょうか。

【回　答】

> 議案の成立が明らかであれば、会社法上、賛否の数を確定する必要はなく、その数を開示する義務もない。会社の法的な義務とするのであれば、法令または取引所規則の改正が必要となる。

【解　説】
　株主総会での採決方法について会社法に規定はなく、討議の過程を通じて議案に対する各株主の賛否の態度が明白になり、議案の成立に必要な議決権数を有する株主が決議に賛成することが明らかになれば、採決行為がなくても決議は成立すると解するのが通説・判例（最判昭和42年7月25日民集21巻6号1669頁）である。株主提案権の再行使を拒絶するために賛成票を数えておく必要のある場合は存在するが（会社法304条ただし書・305条4項）、一般に、賛否の数を確定することは必要ない。株主に対して、賛否の数を開示する義務もない。
　機関投資家の一部等からは賛否の個別開示を望む声があるが、会社の法的な義務とするのであれば、法令または取引所規則の改正が必要となろう。
〔注記：平成22年の企業内容等の開示に関する内閣府令の改正により、金融商品取引法に基づき臨時報告書を提出すべき会社は、賛否の個別開示を求められるようになった（開示府令19条2項9号の2）。〕

（前田雅弘）

8．議案別の議決権行使結果等の開示

【設　問】

株主総会における議案別の議決権行使結果について、議場で、株主総会前日までの議決権行使状況および当日の議決権の出席状況を開示する動きがあります。

前記の開示をする場合、賛否が拮抗する場合を含め、会社の法的リスクとしてどのようなことが考えられるでしょうか。

【回　答】

> 議案別の議決権行使結果について議場で不実の開示をすれば、決議取消原因が生じうる。

【解　説】

議案の成立に必要な議決権数を有する株主が決議に賛成することが明らかになれば、会社法上、採決の際に賛否の数を確定することは要求されておらず、会社は、株主に対して賛否の数を開示する義務もない。同様に、議場において、株主総会前日までの議決権行使状況および当日の議決権株主の出席状況を開示する義務もない。

他方、議場において、任意に、株主総会前日までの議決権行使状況および当日の議決権株主の出席状況を開示することは差し支えないと解される。これらの事項は、株主の議決権行使に事実上影響を及ぼしうるが（たとえば、前日までの議決権行使書面による議決権行使により、すでに決議の成立に必要な多数が確保されている旨のアナウンスがあれば、株主は、議場で反対しても無意味であると考えて、漫然と賛成したり棄権をしたりする可能性がある）、事実が正しく開示されるのであれば、法的に問題は生じないであろう。問題は、集計のミス等により、誤った事実が開示された場合である。

故意に不実の開示がされた場合はもとより、不実開示が過失による場合で

あっても、当該決議には、決議方法が著しく不公正であることを理由として、決議取消しの原因を生じうるであろう（会社法831条1項1号。任意の開示なので具体的な法令・定款違反はない）。故意・過失はなくても、真の数値と開示された数値との差が著しく大きい場合、または、その差は小さくても賛否が拮抗しており決議の結果に影響を及ぼしたと認められる場合には、やはり決議方法が著しく不公正であることを理由として、決議取消しの原因を生じるといわざるをえないのではなかろうか（同号）。決議方法の著しい不公正により決議取消原因があると認められる場合には、裁量棄却の余地はない（同条2項）。

　不実の開示が故意または過失（または重過失）によると認められる場合には、取締役の責任（会社法423条1項・429条1項）も問題となる。

（前田雅弘）

9．持株数に比例しない株主優待制度等

【設　問】
持株数に比例的にではなく、長期保有株主と短期保有株主とで優待の内容に差異を設けた株主優待制度を導入する会社や、株主総会終了後に出席株主を対象にしたライブ等を開催して株主サービスを厚くする会社がみられますが、株主平等原則（会社法109条1項）に抵触することはないでしょうか。

【回　答】

> 株式保有期間によって優待の内容に差を設ける株主優待制度は、優待の程度が軽微であれば、実質的に株主平等原則に反しないなどの理論構成により、適法性が認められる。株主総会の出席株主に対するサービスについても、全株主に平等に機会が与えられていれば、株主平等原則に反することにはならない。

【解　説】
1　株主優待制度

平成17年の会社法制定前の商法においては、株主平等原則を定める直接の明文規定は存在しなかったが、株主は持株数に応じて比例平等的に扱われなければならないという原則が存在することに異論はなく、株主優待制度が株主平等原則に反しないかという問題が存在していた。株主優待制度が株主平等原則に反するという少数説もあったが、通説は、結論において株主優待制度は株主平等原則に反しないと解しており、ただ、その説明の仕方は分かれ、優待の程度が軽微であれば、実質的に株主平等原則に反すると解する必要はないなど、さまざまな説明が試みられていた。

会社法は、会社は、株主を、その有する株式の内容および数に応じて、平等に取り扱わなければならない旨の明文規定を設けた（会社法109条1項）。会社法の下では、同一種類の株式相互間では、株主は持株数に応じて比例平等的に

扱われなければならないこととなったが、学説の多くは、明文規定が置かれたことにより、株主平等原則の内容に実質変更があったわけではないと解している。

　持株数に比例させることなく、株式保有期間によって優待の内容に差を設ける株主優待制度は、持株数に応じて株主を比例平等的に扱うことにはならないから、会社法の下でも株主平等原則に反しないかが問題となりうるが、会社法制定前と同様、優待の程度が軽微であれば、実質的に株主平等原則に反すると解する必要はないなどの理論構成により、その適法性が認められるであろう。

　なお、会社法の下では、「株式の数に応じて」とは、必ずしも比例的取扱いを義務づけるものではなく、株主優待制度において株式数に着目して段階的に区別した取扱いをすることは、株式の数に応じた取扱いにほかならず、株主平等原則には抵触しないという解釈も現れている（相澤哲ほか編著『論点解説新・会社法』（商事法務、2006年）107頁）。この解釈によれば、持株数の少ない株主が持株数の多い株主よりも多くの便益を受けるという逆転した扱いは許されないが、厳密な比例的扱いまでは要求されないこととなる。もっとも、この解釈だけでは、株式保有期間による差別的な扱いまでは正当化できないため、株式保有期間によって優待の内容に差を設ける株主優待制度を正当化するためには、やはり、優待の程度が軽微であれば、実質的に株主平等原則に反すると解する必要はないなどの理論構成が必要となる。

　株主優待制度については、以上のような株主平等原則との関係のほか、会社法において導入された現物配当規制との関係も問題となる。会社法の下で、現物配当規制（分配可能額の制限等）の脱法行為として株主優待制度を利用することが認められないことはいうまでもない。しかし、会社法制定の過程で、従前の株主優待制度に規制を加えなければならない旨の議論がされた形跡はなく、従来行われてきたような、優待の程度が軽微な株主優待制度については、会社法の下でも、現物配当とは別個の制度として、現物配当規制を受けることなく行うことができると解すべきであろう。

第1章 株主総会における諸問題

2 出席株主に対する財産的利益の付与

株主総会終了後に出席株主を対象にライブ等を開催してサービスを提供するなどの行為は、株主平等原則に反するか。株主全体の中から出席株主かどうかを問わず一部の大株主等だけにサービスを提供し、または出席株主の中で一部の大株主だけにサービスを提供するのであれば、前記の株主優待制度と同じく、株主平等原則との関係が問題とならざるをえず、前記と同様にこれを正当化するための理論構成が必要となる。

しかし、「出席株主」全体に平等にサービスを提供するのであれば、全株主に株主総会に出席する機会は平等に与えられ、したがって全株主がサービスを受ける機会を平等に与えられているのであるから、結果的にサービスを受けた株主と受けなかった株主が生じるからといって、株主平等原則に反することにはならないであろう。

出席株主を対象にしたサービスの提供がむしろ問題となるのは、利益供与（会社法120条1項）との関係である。出席株主へのサービスの提供が、いわば株主総会への出席等の対価として行われる場合には、株主の権利行使に影響を及ぼす趣旨でサービスが提供されることとなり、利益供与に該当するおそれがある。しかし、一般に株主総会の出席者におみやげを配布することが適法と解されているように、サービスの提供が社会的儀礼と認められる範囲を超えない限りは、そもそも「株主の権利の行使に関し」てなされるものとはいえず、利益供与には当たらない。仮に、出席株主へのサービスの提供が「株主の権利の行使に関し」て行われる場合であっても、最近の裁判例によれば、金額が相当であり、正当な目的に基づいているならば、違法な利益供与にはならない（東京地判平成平成19年12月6日商事法務1820号32頁）。

（前田雅弘）

第12節　法定書類の備置き

１．法定書類の備置き対応

【設　問】

　法定書類の備置き対応として、株主名簿等の閲覧・謄写請求権について、会社法では、プライバシー保護等の観点から、旧商法の規定にはなかった会社側の拒否事由が定められています（会社法125条３項・252条３項・684条３項）。

　一方、議決権行使書面や代理権を証明する書面についても、そのような事由の定めがありませんが、プライバシー保護等の観点は同様と思われます。この場合、株主名簿等の場合の定めに相当する制約がないのは、なぜでしょうか。また、実務対応上の留意点は、株主名簿等の場合と同じように考えられるでしょうか。

【回　答】

> 　代理権を証明する書面および議決権行使書面についても、会社は、濫用的な閲覧・謄写請求を拒むことができる。

【解　説】

　代理権を証する書面（委任状）または議決権行使書面は、本店に備え置かれて株主の閲覧に供されるが（会社法310条６項・７項・311条３項・４項）、特に閲覧を拒否できる事由は明文で定められていない。しかし、株主による閲覧請求が不当な意図・目的に基づくなど濫用的なものである場合には、会社はその請求を拒むことができる。ただし、その立証責任は会社側が負担する。

　株主名簿等については、会社法制定により請求を拒絶できる場合が明文で定められたが、会社法制定前は明文規定がなく、解釈により、濫用的な閲覧請求は拒絶できると解されていた。会社法が株主名簿等についてだけ明文の拒絶事由を設けたのは、いわゆる名簿屋が株主の住所・氏名等の情報を入手して経済

的利益を得るために閲覧請求をするなど、株主名簿等については濫用の危険性が特に大きいことを考慮したからであろう。

（前田雅弘）

2．法定書類の備置き場所

【設　問】
　会社法上、法定書類については、書類ごとに本支店または本店に備え置くことが定められています。たとえば、支店の場合、支店の登記がなければ、書類の備置きは必要ないでしょうか。あるいは、支店の実体を備えていれば、備置きが必要でしょうか。

【回　答】

> 　本店または支店とは、営業所の実質を備えているかどうかで判断され、本店も支店も登記しなければならない。したがって、営業所の実質を備えた場所、すなわち登記しなければならない本店または支店に法定書類を備え置く必要がある。

【解　説】
　会社法で、本店・支店とはいわゆる営業所の実質を備えている場所を意味する。営業所とは、営業活動の場所的中心であり、そこから、営業活動の指揮が発せられ、その成果がそこに統一されるような場所をいう。営業所間に上下関係があるとき、全営業を統括する営業所が本店で、その他の従たる営業所が支店である。会社法は、日本の会社について営業所という用語を用いず（外国会社について、同法933条１項参照）、本店および支店という用語のみを用いている。
　本店も支店も、登記しなければならない（会社法911条３項・930条。登記しなかった場合の過料について、同法976条１号）が、会社法が、本店または支店というときは、前述の営業所の実質を備えているかどうかで判断され、原則的に、登記の有無を問わない。したがって、計算書類等のように（同法442条）、会社法上、本店または支店に備え置かなければならない書類は、営業所の実質を備えた場所に備え置く必要がある。そのような備置きを怠ると、過料の制裁がある（同法976条８号）。

これに対し、書類の備置きは取引行為ではないから、本店・支店として登記された場所に、計算書類等を備え置けば足りるとする見解もある（上柳克郎＝鴻常夫＝竹内昭夫編『新版注釈会社法(8)』（有斐閣、1987年）70頁〔倉沢康一郎執筆〕）。しかし、この見解には賛成できない。登記簿上の支店に書類を備え置かなかった場合、閲覧を求めてきた債権者に対して、不実登記に関する規定（会社法908条2項）を経由して、損害賠償等の責任を会社が負わなければならない可能性はあるが（会社は、その場所が支店でないことを善意の相手方に対抗できないから、書類を閲覧に供することができない場合は、会社法上の義務に違反することになる）、会社法において備置き場所とされている支店は、実質的な支店であると解すべきである。

（北村雅史）

3．株主名簿の閲覧・謄写

【設　問】

　会社法125条により株主名簿の閲覧・謄写が認められますが、実務的には、全株主の一覧表を閲覧・謄写に供する場合もあるようです。その場合、全株主一覧表（株主名簿）の一部（たとえば、電話番号）を削除して閲覧・謄写に供して、問題ないでしょうか。

【回　答】

> 　株主名簿の法定外の記載事項を削除して閲覧謄写させることは問題なく、むしろ、電話番号のような情報の閲覧謄写を認めることは、情報管理の仕方として不適切である。

【解　説】

　株主名簿の閲覧謄写請求は、少数株主権を共同で行使する者を見つける、株主総会決議の瑕疵を追及するために株主総会の議決権行使者の持ち株数を確認するなどの共益権の行使や、委任状勧誘のために行われる。そのような株主としての権利行使のためではないのに閲覧謄写請求が行われた場合、その他会社法125条3項に列挙された事由があれば、会社は請求を拒むことができるが、そのような事由がなければ、会社は、株主名簿の全部の閲覧等を認める必要がある。ただ、閲覧謄写請求を行う者は、請求の理由を明らかにしなければならないから（同条2項）、請求の理由である株主の権利確保ないし権利行使にかかる調査に関係のない部分の閲覧は拒否できると考えられる。権利の行使ないし確保に関係する調査のためでない請求については、閲覧をまったく拒否できることからすると（同条3項1号）、調査との関係で閲覧対象を一部に限定することを否定する理由はないからである。

　本設問では、株主名簿記載事項中の電話番号の部分を削除して閲覧に供してよいかどうかが問われている。株主名簿には、株主の氏名と住所は記載するこ

とが法律上要求されているが（会社法121条1号）、株主の電話番号は法定の記載事項ではない。株主名簿の閲覧謄写請求権に関する会社法125条の規定は、株主の権利の確保または権利行使に関する調査のため、同法121条に規定する情報の開示を要求していると考えられる。したがって、株主名簿の法定記載事項以外の事項がたまたま株主名簿上に記載されていたとしても、それを閲覧謄写させることは、会社法の要求するところではない。したがって、電話番号だけを削除して閲覧に供することは問題ないと考える。電話番号のような法定記載事項以外の情報は、会社と当該株主との連絡の便宜のために記載されているのであって、他の株主等に閲覧させるために記載されているのではない。したがって、法定事項以外を削除して閲覧に供することは、むしろ当然のことであり、電話番号などの情報まで閲覧させてしまうと、個人情報の管理の仕方として会社の扱いが不適切であるといえるであろう。

（北村雅史）

4．会計帳簿・株主名簿の閲覧・謄写請求の拒否事由

【設　問】
　実質的に競争関係にある株主から、会計帳簿、（提案権行使のための）株主名簿の閲覧・謄写請求があり、その閲覧・謄写を認めなくても、違法ではないという東京地裁判決があります。どの程度の事実があれば、競争関係にあると考えられるでしょうか。当該株主の事業について、競合する範囲がきわめて特殊な製品に限られていたり、売上高がきわめて小さい場合であっても、競争関係にあるといえるでしょうか。

【回　答】

> 　競合する事業の範囲は、請求者が営業秘密を探ることにより会社に損害が生じるおそれがあるかどうかという観点から個別に判断せざるをえない。競合する範囲が特殊な製品に限られ、または売上高がきわめて小さい場合には、競合関係にあるとはいえない。

【解　説】
1　東京地裁平成19年9月20日判決の概要
　X社（原告）がY社（被告）に対して、Y社において安定株主工作をしたかどうか、違法ないし不当な有価証券取得行為をしたか否かを調査するため、会計帳簿の閲覧・謄写を請求した事件において、裁判所は、閲覧等の必要性は認めたが、会社法433条2項3号所定の拒絶事由が認められるとし、X社の請求を棄却した（東京地判平成19年9月20日判時1985号140頁）。

　会社法433条2項3号は、会社が株主からの会計帳簿の閲覧等の請求を拒むことができる事由の1つとして、「請求者が当該株式会社の業務と実質的に競争関係にある事業を営み、又はこれに従事するものであるとき」を挙げる。本判決は、この拒絶事由の趣旨は、「競業者等が会計帳簿及び書類の閲覧等により会社の秘密を探り、これを自己の競業に利用し、又は他の競業者に知らせる

353

ことを許すと、会社に甚大な被害を生じさせるおそれがあるので、このような危険を未然に防止することにある」と述べる。そしてこのような趣旨に照らし、本判決は、実質的な競争関係の有無の判断について、次のような2つの重要な判断を示した。第1に、請求者自体の事業と会社の業務とが競争関係にある場合に限らず、請求者が完全子会社であって親会社と一体的に事業を営んでいると評価することができるような場合には、当該事業が会社の業務と競争関係にあるときも含まれる。第2に、現に競争関係にある場合のほか、近い将来において競争関係に立つ蓋然性が高い場合も含まれる。このような判断枠組みに従い、本判決は、実質的な競争関係の有無の判断に当たっては、X社の親会社（楽天）の事業内容も併せて考慮すべきであるとし、Y社の事業とX社らの営む事業とは現に競争関係にあり、かつ、近い将来においてその競争関係はますます厳しくなる蓋然性が高いと認定し、実質的な競争関係の存在を肯定した。

　実質的な競争関係の要件について本判決が示した趣旨および判断枠組みは、会社法制定前の商法293条ノ7第2号の下で一般に採用されていた解釈であり、実質的にこの規定をそのまま引き継いだ会社法の下での解釈としても正当であると考えられる。いったん実質的な競争関係があると認定されれば、請求者が閲覧等に供される書類を競争関係に利用するかどうかにかかわらず、会社は、一律に閲覧等請求を拒むことができる。

2　競合する事業の範囲

　請求者と会社との間に、事業において競合する範囲がどの程度あれば、実質的な競争関係にあるといえるかは、会社法433条2項3号の規定の趣旨に照らし、請求者が営業秘密を探ることにより、会社に損害を生じるおそれがあるかどうかという観点から個別に判断せざるをえないであろう。事業は競合しても、その範囲がきわめて特殊な製品に限られ、または売上げがきわめて小さいなどの事情があり、実質的に会社に損害を生じるおそれがない場合には、実質的な競争関係にあるとはいえず、会社は請求を拒むことはできないであろう。

　なお、実質的な競争関係の存在の立証責任は会社の側にあるが、会社法433条2項3号の規定の趣旨は、会社に損害が生じることを未然に防止することに

あるのであるから、競合する事業が営業秘密を蓄積するだけの期間営まれ続けている主たる事業であることまで具体的に立証する必要はない。前記事件において、X社は、当該事業の全事業に占める割合、当該事業の収益構造・ビジネスモデル、当該事業を営んでいる期間、当該事業の成熟性その他の要素から、当該事業が種々の営業秘密を蓄積するだけの期間営まれ続けている主たる事業であることについて、Y社が具体的に立証していない旨の主張をしたが、裁判所はこの主張を退けた。

3 株主名簿の閲覧請求の場合

以上の会計帳簿閲覧請求の拒絶事由の有無に関する判断基準は、株主名簿閲覧請求の拒絶事由（会社法125条3項3号）の有無の判断にも妥当する。

X社（債権者）がY社（債務者）に対し、Y社の株主に対してX社の行った公開買付けへの応募を呼びかけるために、株主名簿の閲覧謄写を求める仮処分申請をした事件において、裁判所は、会社法125条3項3号所定の拒絶事由が認められるとし、X社の申立てを却下した（東京地判平成19年6月15日資料版商事法務280号220頁）。この事件においても、裁判所は、X社の100％出資の孫会社の事業内容も併せて考慮し、実質的な競争関係の存在を肯定した。

なお、会計帳簿と株主名簿とで、実質的な競争関係の有無についての判断基準がまったく同一でよいかどうかが問題になる。一般には、株主名簿については、会計帳簿と比較して、請求者が会社の営業秘密を探ることによって会社に損害を生じるおそれは小さいと考えられる。しかし、株主名簿についても会計帳簿に関する拒絶事由と同一の文言が用いられていること、会計帳簿についても、前記のように、いったん実質的な競争関係があると認定されれば、請求者が閲覧等に供される書類を競争関係に利用するかどうかにかかわらず一律に閲覧等請求を拒むことができることを考慮すると、立法論としてはともかく、解釈論としては、会計帳簿と株主名簿とで拒絶事由の有無について判断基準を異ならせることは困難であろう。

〔注記：平成26年会社法改正により、会社法125条3項3号の規定は削除された。〕

（前田雅弘）

5．議決権行使書面の備置き(1)

【設　問】
　議決権行使書面は、株主総会の日から3か月間本店に備え置かれますが、たとえば、**本店から離れた場所で株主総会を開催するため、議決権行使書面を総会場に備え置くと、総会当日に本店に備え置くことができないという事情があっても、許容されないでしょうか。**

【回　答】
> 　議決権行使書面の備置きは、株主総会終結後に遅滞なく開始すれば足りる。

【解　説】
　会社に提出された議決権行使書面は、会社法311条3項の文言上は「株主総会の日から」3か月間備え置くべきことを要するかのようにも読めるが、備置きは、株主総会終結後に遅滞なく開始すれば足りると解すべきである。
　議決権行使書面の備置きは、これを株主の閲覧に供することにより、議決権行使が記載どおりに適正に処理されたかどうかを、株主が事後的に調査することを可能にするための制度であり、株主総会終結後に遅滞なく備置きを開始すれば、制度の目的は達せられるからである。すなわち、「株主総会の日から」という文言は、「備え置かなければならない」という文言にかかるのではなく、単に備置きの終期までの「3か月間」の起算点を示すにすぎないと読むべきこととなる。本店から離れた場所で株主総会が開催されたため、総会終結の日には備置きができなかったからといって、会社法311条3項に違反することにはならない。
　なお、株主総会議事録についても、文言上は「株主総会の日から」10年間備え置くべきことが要求されているが（会社法318条2項）、議事録は総会終了後遅滞なく作成し、作成後に直ちに備え置くべきものと一般に解されている。

議決権行使書面が総会終結後遅滞なく備え置かれない場合は、過料の制裁がある（会社法976条8号）。備置きを怠ることは法令違反であり、取締役の任務懈怠（同法423条1項・429条1項）にもなるが、備置きを怠ったことにより会社または第三者に損害が生じることは稀であろう。

（前田雅弘）

6．議決権行使書面の備置き(2)

【設　問】
　議決権行使書面は、株主総会日から3か月間本店に備え置かなければなりませんが、実務では、株主総会の議場（社外の借会場を含む）に議決権行使書面を備え置く例もあるようです。そのような法的根拠があるでしょうか。また、会社は、議決権行使書面の集計を株主名簿管理人に委託し、株主名簿管理人の営業所が遠隔地にある場合であっても、株主総会の日から、議決権行使書面を備え置く必要があるでしょうか。

【回　答】

> 　議決権行使書面の備置き場所は、会社の本店であり、総会場に備え置く法的な根拠はない。備置きの開始は、株主総会の終結後に遅滞なく行えば足りる。

【解　説】
　会社法は、会社に提出された議決権行使書面は、株主総会の日から3か月間、会社の本店に備え置かなければならない旨の規定を設けている（会社法311条3項）。議決権行使書面を本店に備え置いて株主の閲覧等に供することにより（同条4項）、議決権行使が記載どおりに適正に処理されたかどうかを、株主が事後的に調査することを可能にするためである。
　備置きの開始は、会社法311条3項の文言上は「株主総会の日」と規定されているかのようにみえるが、備置きの開始は、株主総会終結後に遅滞なく行えば足りると解すべきである。株主総会終結後に遅滞なく備置きを開始すれば、株主による事後的な調査を可能にするという制度目的は達せられるからである。同項の規定は、3か月間という期間の末日の終了によって備置きの義務が消滅し、その3か月間という期間の起算点が「株主総会の日」であることを示したにすぎない（備置きの開始時期については何も定めていない）と読まざるを

えないであろう。したがって、本店から離れた場所で株主総会が開催されたため、総会終結の日には備置きができなかったからといって、同項に違反することにはならないと解される。なお、株主総会議事録についても、文言上は「株主総会の日から」10年間備え置くべきことが要求されているが（同法318条2項）、議事録は総会終了後遅滞なく作成し、作成後に直ちに備え置くべきものと一般に解されている。

　備置きの場所については、会社法が株主による閲覧等の便宜を考慮して「本店に」と定めている以上、株主総会の議場に備え置くことの法的根拠はないと思われる。立法論としては、会社が議決権行使書面の集計を株主名簿管理人に委託している場合には、株主名簿（会社法125条1項）と同様、議決権行使書面を株主名簿管理人の営業所に備え置けば足りる旨の規定を設けることが考えられるが、現行法の下では、株主名簿管理人の営業所に備え置くことについても法的根拠はないといわざるをえないであろう。

　会社法311条3項に基づく議決権行使書面の備置きがなされない場合は、過料の制裁がある（同法976条8号）。備置きを怠ることは法令違反であり、取締役の任務懈怠（同法423条1項・429条1項）にもなるが、備置きを怠ったことにより会社または第三者に損害が生じることは稀であろう。

（前田雅弘）

7．議決権行使書面等の閲覧等請求権者

【設　問】
　会社法310条7項括弧書は、議決権行使書面等の閲覧等請求権者について、株主より株主総会において議決権を行使することができない株主を除くと定めています（この括弧書は、会社法制定により付け加えられました）。
　振替制度の下で、同請求があった場合、会社としては、まず、①個別株主通知により株主であることを確認し、その後、②基準日における株主であることを確認した上で、権利行使を認めることとしたいと考えています。その方法でよいでしょうか。あるいは、②の確認がとれれば、直ちに権利行使を認めなければならないでしょうか。

【回　答】

> 　振替制度下では、議決権行使書面の閲覧等請求権者（会社法310条7項）は、個別株主通知を行う必要があり、その上で、会社は、株主名簿によってその者が議決権行使の基準日における株主であることを確認する必要がある。

【解　説】
　会社法310条6項・7項、311条3項・4項および312条4項・5項により、株式会社は、株主総会の日から3か月間、議決権行使の代理権を証する書面（委任状）および議決権行使書面ならびにそれらの電磁的記録（以下「議決権行使書面等」という）を、本店に備え置かなければならず、株主は、営業時間内はいつでも、備え置かれた議決権行使書面等の閲覧または謄写を請求できる。これは、株主が、後日、議決権行使書面等の真否を調査したりその記載どおりに議決権が行使されたかどうかを確認できるようにするためである。そのような調査は、決議の成立について疑義のある株主が、最終的には決議取消しの訴えを提起するかどうかを判断するために行うと考えられる。そのため、備置期

間は、決議取消しの訴えの提訴期間（会社法831条1項）に合わせて3か月とされている。

会社法310条7項は、議決権行使書面等の閲覧または謄写を求めることができる株主を、それが提出された株主総会において決議をした事項の1つ以上について議決権を行使することができた株主に限定する。これは、旧商法にはなかった資格制限である。会社法立案担当者の解説では、株主であっても、株主総会において議決権を行使することができず、当該株主総会に関与することができない株主については、議決権行使書面等の真否や記載どおりの議決権行使がされたか否かを調査する手段を与える必要性に乏しいことが、制限を加えた理由であるとされている（相澤哲編著『立案担当者による新・会社法の解説』別冊商事法務295号（2006年）85頁）。この考え方は、当該株主総会において議決権を行使できない株主には決議取消しの訴えを提起する資格がないとの見解に親和的ともいえるが、当該株主総会において議決権を行使できない株主でも、株主総会決議に拘束される以上、法令定款に従った株主総会の運営を求めることができると解すべきであるから、議決権のない株主も株主総会決議取消しの訴えを提起できるとの見解も有力である。

本設問においては、振替株式の株主が、会社法310条7項の請求をするために、個別株主通知を行う必要があるかどうかが問われている。必要であると解すべきである。同項括弧書により、同項の閲覧または謄写の請求ができる株主は、その議決権行使書面等が提出された株主総会において議決権を行使できる株主であり、それは、当該株主総会の議決権行使の基準日にかかる総株主通知によって株主名簿の名義書換が行われた株主かどうかで決まる（振替法151条・152条、会社法130条1項）。一方、会社法310条7項の閲覧謄写請求ができる者は、請求時において「株主」でなければならず、また同項の権利は基準日を定めて行われる株主の集団的権利行使（同法124条1項）ではなく、社債、株式等の振替に関する法律154条の「少数株主権等」に含まれる（同法147条4項参照）。会社法310条7項の権利を行使する者、すなわち行使時に振替株式の株主であることは、個別株主通知によって会社に対抗できる者でなければならない。したがって、同項の閲覧または謄写の請求をする株主は、まず個別株主通知を行う

ことにより、同項の請求時の株主であることを会社に対抗できるようにする必要があり、その上で、会社は、株主名簿によって、その者が議決権行使の基準日株主であることを確認することになる。

(北村雅史)

8．株主総会議事録の備置き対応

【設　問】
　上場会社において、基準日では株主であったものの、現在は株主でない者より株主総会議事録の閲覧・謄写請求があった場合、対応する必要があるでしょうか。また、請求者が、株主総会で発言後、株式を売却した者であった場合は、いかがでしょうか。

【回　答】

> 　基準日において株主であった者も、その後株式を譲渡して株主でなくなれば、株主総会議事録の閲覧・謄写請求をすることはできない。株主総会で発言した者についても、同様である。

【解　説】
　株主総会議事録の閲覧請求権は、議決権を前提とする権利ではない。すなわち、議決権を有しない株主も閲覧請求権を行使することができ（会社法318条4項参照）、基準日後に株式を譲り受けた者もこれを行使することができる。他方において、基準日において株主であった者も、その後株式を譲渡して株主でなくなれば、これを行使することはできず、会社はその請求を拒むことができる。
　その者が株主総会の会日時点では株主であり、株主総会に出席して発言までしていても、その後に株式を譲渡して閲覧請求権の行使時点で株主たる資格を失っているのであれば、前記と異なるところはない。その者が議事録の閲覧をする利益を有しないとは言い切れないが、自ら株式を譲渡した以上、やむをえない。
　なお、株主総会の決議取消しの訴えについても、たとえ基準日時点で株主であっても、株式を譲渡して訴えの提起時点に株主でなくなっていれば、提訴資格はなく、訴え提起後に株式を譲渡して株主でなくなれば、提訴資格を失って

第 1 章　株主総会における諸問題

訴えは却下されることに異論はない。

(前田雅弘)

事項索引

数　字

100％減資 …………………………… 下232

欧　文

EDINET ……………………………… 下126
IR説明会 ……………………………… 上240
MBO ………………………………… 下135
TDnet ………………………………… 下126

あ　行

異議催告手続 ………………………… 下51
一事不再理の原則 …………………… 上79
一括上程方式 ………………………… 上254
一括審議方式 ………………………… 上256
委任状 ………………………………… 上131
委任状勧誘 ………………… 上134, 上136,
　　　　　　　　　　上202, 上204, 上351
インサイダー取引 ………… 上56, **下122**,
　　　　　　　下128, 下225, 下271, 下283
インセンティブ報酬 ………………… 上180
インフルエンザ対応 ………………… 上227
ウェブ開示 ………… 上115, 上118, 上121,
　　　　　　　　　　上122, 上135, 上258
　　──と委任状勧誘 ………………… 上115
ウェブ修正 …………… 上64, 上122, **上123**,
　　　　　　上126, 上130, 上134, 上135, 上319
受付票 ………………………………… 上72
売主追加請求権 …………… 下261, 下263

営業所の実質 ………………………… 上349
延会 …………………………… 上105, 上107
延期・続行 ………… 上216, 上283, 上302
オプション評価モデル ……… 上182, 下238
おみやげ ……………………………… 上97
親子会社上場 ………………………… 上233

か　行

会計監査人
　──の意見陳述 …………………… 上299
　──の解任または不再任の決定の
　　方針 ……………………………… 上21
　──の出席を求める決議 ……… 上298,
　　　　　　　　　　　　　　　　　上302
　──の適法意見 …………………… 上167
会計監査報告 ………………………… 上129
会計帳簿
　──の閲覧 ………………… 上353, 下206
外国会社 ……………………………… 下27
外国人株主 ………………… 上224, 上252
会社関係者 ………………… 下138, 下154
カストディアン ……………………… 上218
合併
　債務超過会社を消滅会社とする──
　　……………………………………… 下35
　──の効力発生日 …… 下31, 下45, 下47
　──の事後開示 …………………… 下48
　──の登記 ………………………… 下45
合併契約の記載事項 ………………… 下29

365

事項索引

合併比率……………………上142
過年度事項…………………上34
株券喪失登録………………下50
株券提出日…………………下50
株券電子化…………………下181
　──と定款変更……………上328
株式
　──の消却…………………上183
　──の担保化………下183, 下197
　──の分割…………上185, 上188
株式併合……………………上181
株主
　──の再入場………………上294
株主一覧表…………………下181
株主権
　──の行使方法……上199, 下185
株主総会……………………上141
　──の開会遅延……………上244
　──の会場変更……………上238
　──の決議通知……………上339
　──の公開…………………上214
　──の設営コスト…………上212
　──の日時…………………上109
　──の場所…………上109, 上111
　──の複数会場……上215, 上216
株主総会議事録……………上215
　──の閲覧…………………上363
　──の記載事項……上336, 上338
　──の虚偽記載……………上335
　──の作成者………………上336
　──の備置き………………上332

株主総会参考書類………上75, 上92,
　　　　　上103, 上118, 上121, 上122,
　　　　　上126, 上128, 上130, 上134,
　　　　　上136, 上141, 上143, 上144,
　　　　　上156, 上158, 上238, 上278,
　　　　　上281, 上287, 上311, 上319
株主総会招集請求権………上103
株主代表訴訟………………上235
株主提案権……………上52, 上72
　──と自己株式……………上83
　──と剰余金配当……下64, 下70
　──と定款変更……………上95
　──の行使期限……上65, 下203
　──の代理行使……………上199
　──の提案理由……………下198
　──の持株要件……………下206
株主平等原則………上43, 上56, 上142,
　　　　　上186, 上191, 上226, 上243,
　　　　　上344, 下92, 下219, 下233,
　　　　　　　　　　　　下244, 下275
株主名簿
　──の閲覧………上286, 上347, 上351,
　　　　　　　　上353, 下210, 下211
　──の免責的効力…………下226
株主優待制度………………上344, 下76
勧告的決議…………………上186, 上188
監査等委員会設置会社……上38, 上81,
　　　　　　　　　　上174, 上261
監査報告………………上129, 下2
　──の審議…………………下6
　──の内容の通知…………下17

366

事項索引

監査役
　──と内部統制システム……上29,
　　　　　　　　下12, 下19, 下113
　──の子会社調査権………下10, 下27
　──の差止請求権…………………下8
　──の説明義務………………上288
　──の任期……………………下32
　──の報酬……………………下239
監査役会設置会社………………上81
議案………………………………上141
　──の修正……………上307, 上318
　──の撤回………上319, 上321, 上324
　──の撤回の動議………………上92
　──の取下げ…………上91, 上159
議案提案権………………………上82
機関投資家……………上218, 上234
企業会計審議会…………………上41
企業価値研究会…………………上186
企業価値の向上及び公正な手続確保の
　ための経営者による企業買収(MBO)
　に関する指針…………………下135
企業結合法制……………………上233
企業行動規範……………………下137
企業集団………………上235, 上261
企業集団の現況に関する事項……上2
議決権
　──の行使期限………上113, 上193
　──の不統一行使………………下72
議決権行使結果………上341, 上342
議決権行使書面………上75, 上92, 上103,
　　　　　上127, 上131, 上158, 上255,
　　　　　上319, 上324, 上360

　──の備置き………上356, 上358
議決権行使書面等の閲覧等請求権者
　………………………………上360
基準日……………………上42, 上47,
　　　　　　　　上78, 上165, 上361
基準日株主……………………上42, 上47
議題………………………………上141
議題提案権………………………上82
議長……………………………**上267**
　──の議事整理権限…………上242,
　　　　　　　　上285, 上300
　──の秩序維持権限…………上242,
　　　　　　　　上253, 上300
　──の不信任…………上300, 上303
　──の閉会宣言………………上283
休憩の動議……………………上266
吸収合併契約……………………下31
業績連動型報酬………下215, 下239
業務執行を決定する機関………下147
形式犯……………………………下130
継続会…………………………上105
携帯電話………………………上246
軽微基準………………下143, 下152
決議ナカリセバ其ノ有スベカリシ公正
　ナル価格………………………下43
決議不存在……………………上239
決定事実………下133, 下143, 下147
検査役選任申請………………下213
現物出資………………………上179
現物配当…………………………下76
公開買付者等関係者……………下135
口座管理機関……………………上72

公正な会計慣行･･････････････････上163
後発事象･･････････････････････････上33
個別株主通知･･･････上58, 上71, 上360,
　　　　　　　　　下185, 下189, 下252
個別審議方式････････････････････上256

さ　行

採決方法････････････････････････上254
債権者異議手続･････下36, 下37, 下40
最終事業年度････････････････････上164
財務及び会計に関する相当程度の知見
　　　　　　　　　　　　　　　上11
債務の履行の見込みに関する事項･･下37
裁量棄却････････････････････････上129
差別的行使条件･･････････････････下92
差別的行使条件付新株予約権････上190
　　──の無償割当て･････上142, 下219
参考書類（金商法上の）････････上136
事業に関して有する権利義務･･････下54
事業報告･･････････････････････････上2
　　──の監査･･････････････････下25
　　──の備置き････････････････上146
自己株式････････････････････････上178
　　──の取得･････下55, 下132, 下225
　　──の消却･･･････････････････上85
　　──の処分･･････････上179, 上183
事前開示事項････････････････････下37
事前警告型買収防衛策･････上94, 上185,
　　　　　上188, 上192, 下81, 下132, 下218
事前質問状･････････上208, 上210, 上301
質疑打切り･････････････上242, 上250,
　　　　　　　　　　　上292, 上302

実質株主･･･････上218, 上219, 上222
失念株式････････････････････････上197
支店････････････････････････････上349
シナジー･････････････････下42, 下232
支配に関する基本方針･･････上23, 上25,
　　　　　　　　　　　　下19, 下97
資本準備金･･････････････････････上162
指名委員会等設置会社･････上38, 上81,
　　　　　　　上174, 上261, 上320, 上325
社外監査役･･････････････････････上234
　　──と買収防衛策･････････････下23
　　──と不正な業務執行･･上27, 上153
　　──を欠く監査･･･････････････下15
社外取締役･･････････････････････上234
　　──と不当な業務執行･･上27, 上153
　　──の報酬･････････････････下164
社外取締役候補者･･･････上128, 上158
社外役員･･････････････････上234, 上281
社外役員候補者･････････････････上158
従業員持株会･･･････････････････下140
修正動議･････････････････上309, 上314
重要事実･･･････････下132, 下136, 下141,
　　　　　　下143, 下145, 下152, 下227
　　──の伝達を受けた者･･･････下154
重要な欠陥･･････････････上29, 下110
重要な兼職に該当する事実･･････････上7
重要な兼職の状況･････････････上7, 上9
授権株式数･････････････････････上183
出席票･･････････････････････････上285
準備金･･･････････････････････････下74
常勤監査役････････････････上288, 下21
招集通知もれ･･････････････････上239

少数株主権等‥‥‥‥‥‥‥上58, 上71,
　　　　　　　　　　　　上361, 下185
常任代理人‥‥‥‥‥‥‥‥‥‥上219
承認特則規定‥‥‥‥上164, 上170, 上240
情報提供請求‥‥‥‥‥‥‥下191, 下256
消滅会社から承継した重要な権利義務
　に関する事項‥‥‥‥‥‥‥‥‥下49
賞与‥‥‥‥‥‥‥‥‥‥‥‥‥下171
剰余金処分‥‥‥‥‥上147, 上163, 上277
剰余金配当‥‥‥‥‥‥上77, 上81, 上147,
　　　　　　　　　上162, 上164, 上277, **下59**
　——と権限行使に関する方針‥‥‥上19
所在不明株主‥‥‥‥下247, 下249, **下265**
書面投票
　——と委任状勧誘‥‥‥‥‥‥‥上202
知れている債権者‥‥‥‥‥‥‥‥下57
新株引受権‥‥‥‥‥‥‥‥‥‥下229
新株引受権証書‥‥‥‥‥‥‥‥下230
新株予約権‥‥‥‥‥‥‥‥‥‥上181
　消滅会社の——‥‥‥‥‥‥‥下235
　——の買取請求権‥‥‥‥‥‥下235
　——の株主割当て‥‥‥‥‥‥上186
　——の行使期間‥‥‥‥‥‥‥下222
　——の行使条件‥‥‥‥‥‥‥下222
　——の内容の変更‥‥‥‥‥‥下223
　——の無償割当て‥‥‥‥上190, 下218
　——の有利発行‥‥‥‥‥上181, 下215,
　　　　　　　　　　　　下223, 下240
新株予約権証券‥‥‥‥‥‥‥‥下230
ストック・オプション‥‥‥‥‥上180,
　　　　　　　　　　　　下215, 下237
　——と有利発行‥‥‥‥‥‥‥下166

　——の廃止‥‥‥‥‥‥‥‥‥下169
説明義務‥‥‥‥‥‥上235, 上241, 上248,
　　　　　上267, 上278, 上281, 上284,
　　　　　上285, 上287, 上299, 上301
　監査役の——‥‥‥‥‥‥‥‥上275
　——と回答者‥‥‥‥‥‥上246, 上289
　——と拒絶事由‥‥‥‥‥‥‥上270
全部取得条項付種類株式‥‥‥‥下231
　——の取得価格決定の申立て‥‥下232
　——の取得の差止め‥‥‥‥‥下234
総株主通知‥‥‥‥‥上71, 上361, 下185,
　　　　　　　　　　下191, 下227, 下254
相場操縦‥‥‥‥‥‥‥‥‥‥‥下123
組織再編‥‥‥‥‥‥‥‥‥‥‥**下29**
その他資本剰余金‥‥‥‥‥‥‥上162
その他利益剰余金‥‥‥‥‥‥‥上162
損失の処理‥‥‥‥‥‥‥‥‥‥上163

た 行

第一次情報受領者‥‥‥‥‥‥‥下144
退職慰労金‥‥‥‥‥‥‥‥‥‥上278
　——と説明義務‥‥‥‥‥‥‥下161
　——の打切り‥‥‥‥‥‥‥‥下173
　——の開示‥‥‥‥‥‥‥‥‥‥上17
　——の減額‥‥‥‥‥‥‥‥‥下179
タイムリーディスクロージャー‥‥下125
代理人資格制限‥‥‥‥‥‥‥‥上217
短期売買差益返還義務‥‥‥‥‥下123
単元未満株式
　——の買取請求‥‥‥‥‥‥‥下244
単独株主権‥‥‥‥‥‥‥‥‥‥‥上74
調査者‥‥‥‥‥‥‥‥‥上236, 上300

事項索引

通訳……………………上224, 上252
定款
　——の記載事項……………上199
　——の事業目的……………上172
　——の変更…………………上311
適時開示………下125, 下127, 下136, 下151
敵対的買収……………………上23
適法性監査……………………上141
デジタル・デバイド………上127, 上135
手続的動議……………………上296
電子公告…………上118, 上121, 上122
電子投票
　——とシステム障害………上195
動議の時機的不適法…………上80
投資顧問会社…………………上234
特殊株主………………………上251
特定監査役……………………下17
特定取締役……………………下17
特定有価証券等………………下228
特別口座……………下242, 下275
特別利害関係…………………上153
独立当事者間取引……………上235
取締役
　——の解任…………………上311
　——の欠員…………………上326
　——の使用人分給与………下159
　——の任期…………………下32
取締役選任議案………………上89

な 行

内部情報管理規程……………下127
内部統制監査人………………下112

内部統制システム………上29, 上37,
　　　　　　　上175, 上235, 上261,
　　　　　　　　　　　上288, **下104**
　——の監査…………………下113
内部統制報告書…………上29, 上40,
　　　　　　　　　　　下12, 下104

は 行

パーチェス方式………………下33
買収防衛策………上23, 上68, 上94,
　　　　　　　上185, 上190, 上288, **下81**
　平時導入型の——………上185, 上188
バスケット条項………下132, 下143, 下153
発行可能株式総数…………上182, 下31
発行済株式総数………………上182
発生事実………下134, 下143, 下153
反社会的勢力…………………上37
反対株主の株式買取請求権………下36,
　　　　　　　　　下40, 下42, 下232
必要的動議……………………上303
ビデオ撮影……………………上230
不公正発行………………上186, 上191
振替株式制度…………………上71
振替機関………………………上72
分配可能額………上77, 上82, 上103,
　　　　　　　　　　　上142, 下63
分配特則規定………上81, 上276, 下258
報告事項
　——の報告…………………上257
報酬……………………………**下157**
　——の開示……………上13, 下175
　——の対象期間……………下157

補欠監査役……………………上160
募集事項の均等の原則……………下223
本店………………………………上349

　　　　ま　行

持株会社
　　――の監査役…………………下21

　　　　や　行

役員持株会………………………上157
有価証券届出書等の虚偽記載………下123

有価証券報告書…………………上40
優先株式…………………………下225
有利発行……………………上179, 上187

　　　　ら　行

利益供与…………上56, 上97, 上176, 上346
利益準備金………………………上162
利益相反取引……………………上234
臨時報告書……………下125, 下151, 下154
連結配当…………………………下78
労務の出資………………………上179

会社法 実務問答集Ⅰ（上）

2017年3月15日　初版第1刷発行
2022年8月31日　初版第2刷発行

編　者　　大阪株式懇談会

著　者　　前　田　雅　弘
　　　　　北　村　雅　史

発行者　　石　川　雅　規

発行所　　株式会社　商　事　法　務
　　　　　〒103-0025　東京都中央区日本橋茅場町3-9-10
　　　　　TEL 03-5614-5643・FAX 03-3664-8844〔営業〕
　　　　　TEL 03-5614-5649〔編集〕
　　　　　https://www.shojihomu.co.jp/

落丁・乱丁本はお取り替えいたします。　　印刷/中和印刷㈱
© 2022 大阪株式懇談会　　　　　　　　　Printed in Japan
Masahiro Maeda, Masashi Kitamura
Shojihomu Co., Ltd.
ISBN978-4-7857-2502-0
＊定価はカバーに表示してあります。

JCOPY＜出版者著作権管理機構　委託出版物＞
本書の無断複製は著作権法上での例外を除き禁じられています。
複製される場合は、そのつど事前に、出版者著作権管理機構
（電話03-5244-5088、FAX 03-5244-5089、e-mail: info@jcopy.or.jp）
の許諾を得てください。